땅에서 쓰는 生命錄

그리스도인의
자서전 쓰기

이준영 지음

쿰란출판사

모질고 고마운 우리의 삶에
이 책을 헌정합니다.

이 준영 목사

추천사

이준영 목사님이 쓰신 이 책을 미리 받아 읽었습니다. 책이라기보다는 이 목사님의 심장 같았습니다. 지금까지 많은 책을 읽었지만 '글쓰기' 분야의 중요성은 전혀 보지 못하였던 처녀지였습니다. 추천사를 쓰려고 읽다가 새로운 시야가 더해졌습니다. 이 책이 태어나기도 전에 신선하게 읽은 기쁨과 영광을 모두와 나누고 싶습니다.

방향이 속도보다 중요합니다. 잘 잡힌 '글쓰기' 방향으로 깊이가 더하여질 내일을 바라봅니다. 흔들리지 않고 피는 꽃은 없습니다. 성공은 대박이 아니라 누적입니다. 과정이 힘들면 결과가 소중합니다.

이준영 목사님의 탁월한 발견에 치하드리며 내일은 더 좋은 작품이 돋아날 것을 기대합니다. 축하드립니다. 응원하고 싶습니다.

충주 봉쇄수도원 강문호 목사

추천사

언젠가 하나님의 사랑을 시로 표현하고 싶어서 상상 속의 시어를 찾아 노트에 옮겨 적을 때였다. 내가 뭐라고 적는지 천사가 가만히 그 노트를 들여다보는 느낌을 받았다. 하나님을 찬양하며 하나님의 사랑을 묘사하는 나를 부러워하는 눈초리였다.

이 책은 그렇게 시를 쓰듯 어떤 문학 장르든지 그리스도인으로 자서전을 쓰라 격려하고 도전을 안겨 준다. 내가 처음 하나님을 만난 이야기며 슬픔에 잠겨 기도할 때 위로해 주시던 하나님의 손길이며 기도할 때 내 마음에 울려 퍼지던 하나님의 음성 등을 기록할 마음이 솟아나게 한다.

이제 노년으로서 내가 살아온 날들에 대해 몇 날 며칠을 이야기해도 못다 할 세월을 돌아보며, 이 책의 표현대로 자서전의 여행을 시작하고 싶다. 언젠가 나는 천국으로 가겠지만 또 다른 나의 자서전은 이 세상에서 내 흔적을 남기며 누군가에서 가르침을 주고 혹 선한 영향력을 흘려 주고 전도까지 해줄 것을 기대할 수 있을 것이다.

이 책은 문장이 짧아서 이해가 쉽고 설득하는 힘이 크다. 우리가 자서전을 쓰기에 뛰어난 전문가가 아닐지라도 마음에 품은 것을 표현할 수 있다면 모두 전문가라며 용기를 북돋아준다. 자서전을 쓰기에 정한 때는 없다. 젊으면 젊은 대로, 노년이면 노년대로 마치 성경의 이야기처럼 믿음으로 내 인생의 의미를 부여하는 자서전을 쓰고 싶은 사람들에게 일독을 권한다.

평택순복음교회 담임 강헌식 목사

추천사

　이준영 박사의 《성경 따라 글쓰기》 발간을 진심으로 축하하며 하나님께 영광을 돌립니다. 아우구스티누스는 그의 고백론에서 "나는 나의 하나님이신 당신을 찬미하기 위하여 이 책을 씁니다. 나는 당신을 잃어서 비참했고 당신을 찾아 행복했기 때문입니다. 이제 나는 당신을 찬미하고 싶습니다. 나는 나와 같은 다른 죄인을 위해 이 책을 씁니다. 그리고 그들도 평화를 찾을 수 있기를 바랍니다"라고 말했습니다.

　아우구스티누스의 고백처럼 본서를 통해 성경적 고백이 되는 모세, 다윗, 요한, 바울의 글쓰기를 통찰하고 자신과 하나님의 관계에서 자신에 대한 참담함과 회복의 기쁨을 함께 느끼기를 기대합니다. 이 책의 영감으로 그리스도인의 고백록이 쓰이기를 권합니다. 그것은 하나님과 자신과의 관계와 믿음을 다시 생각하는 계기가 될 것이라고 확신합니다. 이 귀한 저서를 통해 많은 그리스도인들이 하나님과 진실하고 정직한 관계가 회복되고 다른 사람들에게 선한 사랑의 향기를 품는 영향력이 채워지기를 바랍니다.

　다시 한번 《성경 따라 글쓰기》 발간을 축하드리고 이준영 박사의 저술 활동과 사역에 하나님의 영광이 임하시길 기도합니다.

웨스트민스터바울신학교 총장 허창범 박사

추천사

참 좋은 계절에 귀한 소식을 듣게 되었습니다. 《성경 따라 글쓰기》를 읽으면서 많은 생각이 떠올랐습니다. 여러 잡지나 신문을 통해 늘 글을 쓰고 계신 목사님께서 글쓰기 강의를 한다는 소식을 들었는데, 이렇게 성경을 따라 글을 쓰도록 하는 책을 출판하게 되어 반가웠습니다.

자서전을 쓴다는 것은 참으로 망설여지는 일입니다. 이 책은 '왜 써야 하는가?'와 '어떻게 써야 하는가?'를 잘 보여주는 것 같습니다. 모세와 다윗, 사도 요한과 사도 바울의 글쓰기를 통해 나의 자서전이 그려지는 장면에서 벅찬 감동을 느껴봅니다.

나이가 더해지면서 지나온 세월이 아쉽고 아련합니다. 이런 것들이 복음과 세상에 왜 필요한 것인지 이 책을 통해 함께 나누기를 추천합니다. 많은 그리스도인들로 하여금 용기를 내게 하는 길잡이가 되기를 기도합니다.

AD농어촌방송선교회 회장 차재완 장로

추천사

우리는 모두 이 땅에서 단 한 번의 삶을 살아갑니다. 그 삶을 글로 남긴다는 것은 단지 기록을 넘어서 하나님께서 우리 각자에게 주신 소명을 세상에 전하는 일이기도 합니다.

이준영 목사님의 《성경 따라 글쓰기》는 바로 그 놀라운 여정을 가능케 하는 귀한 안내서입니다. 이 책은 단순한 글쓰기 교본이 아니라, 말씀을 따라 걷는 삶의 기록을 어떻게 진실하게 감동적으로 써내려갈 수 있는지를 성경적 통찰과 목회적 경험을 바탕으로 정성껏 풀어낸 자서전 쓰기의 교과서입니다. 글쓰기를 두려워하거나 어떻게 시작해야 할지 막막한 이들에게 이 책은 따뜻한 등불이 되어줄 것입니다. 특히 "생명록"이라고 표현한 자서전은 복음의 흔적이요, 후대에 남길 수 있는 가장 귀한 유산입니다. 이준영 목사님은 우리 각자가 '작은 예언자'로서 하나님 나라의 역사를 글로 기록할 수 있음을 일깨워 줍니다.

그리스도인의 삶이 나눔과 기록을 통해 더욱 풍성해질 것이며, 그런 의미에서 이 책은 우리 모두에게 필요한 선물이니 교회와 성도들에게 널리 읽히고 사용되기를 추천합니다.

(사)나눔과 기쁨 이사장 나영수 목사

추천사

원고를 받아보고 '이게 뭐지'라는 생각을 하면서 읽기 시작했다. 태어나 살아가는 시간의 공간 속에 퇴적된 저자의 글은 영원한 생명의 생수가 흐르는 여정의 강을 보는 것 같았다.

그동안 볼 수 없던 것들, 들을 수 없던 것들, 할 수 없었던 것들의 의미와 가치가 글을 읽는 동안 감동으로 몰려왔다. "구슬이 서 말이라도 꿰어야 보배"라는 속담처럼 인생의 흔적을 엮어서 남기었으면 좋겠다. 《성경 따라 글쓰기》는 그 길을 안내해 주는 지침서가 될 것 같다. 어느 것과도 비교할 수 없는 귀한 존재인 우리가 글을 남기는 것은 존재를 남기는 것이라는 대목에 깊은 공감과 감동을 느꼈다. 많은 이들이 이 감동에 함께하기를 기도하며 일독을 추천하는 바이다.

더복있는교회 담임 신상철 목사

추천사

"야곱의 고백처럼 참 험한 세월을 살았다" 한 이준영 목사님의 글을 읽자니 나도 자서전이란 걸 쓰고 싶어진다. 부끄러움을 무릅쓰고 자신의 참모습과 마주하는 용기를 닮고 싶어진다. 지나온 삶의 의미를 더 늦기 전에 곱씹어보고 앞으로 살아갈 날의 의미 또한 찬찬히 다지고 싶어진다.

우리가 사랑하는 성경 속의 주인공들, 모세와 다윗 왕, 요한과 바울이 역사 속에 남긴 발자취와 하나님을 향한 그들만의 관계를 자서전의 시선으로 다시 읽어 내려간 2편 울음의 소리는 《성경 따라 글쓰기》의 백미(白眉)다. 때론 영롱한 시상과 기발한 상상을 담아, 때론 엄격한 해석과 치밀한 분석을 시도한 2편은 땅에서 쓰는 생명록의 생생한 실례다.

자서전은 한 권으로 마침표를 찍는 것이 아닐 게다. 삶의 어느 시점을 기록하느냐에 따라, 삶의 어떤 모습을 기억하느냐에 따라 무궁무진한 변주가 가능하지 않던가. 끝없는 절망 속에서도 결코 희망의 끈을 놓지 않았던 깊은 마음과, 연이은 좌절 속에서도 항상 회복력을 발휘할 수 있었던 넓은 가슴을 지닌 이준영 목사님의 다음 자서전이 벌써부터 기다려진다.

이화여대 사회학과 명예교수 함인희

prologue | 자서전으로 글쓰기를 시작하며

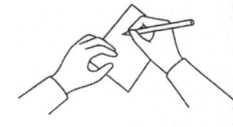

"이제 가서 백성 앞에서 서판에 기록하며 책에 써서 후세에 영원히 있게 하라"(사 30:8).

늘 침묵하는 나에게

　창조된 모든 것들은 연결되어 있고 그 크기와 깊이에 따라 상통하고 있다. 영향력이다. 그 고리의 삶에 내가 존재하고 필연의 역할을 하고 있는 것이다. 영향을 받지 않고 살아가는 어떤 존재도 없고, 살고 난 후의 무의(無意)도 없다. 나의 삶을 기록한다는 것은 고리의 삶을 인식한다는 의미며, 나의 삶에 영향을 준 모든 것들에게 기억과 감사를 남기는 것이다.

　살아 계신 창조주 하나님께서도 피조물을 통하여 존재를 알렸다. 그 기록을 성경이라고 부른다. 성경은 지금도 쓰이고 있으며 영원히 기록될 것이다. 성경에는 '기억하라'(זכר zakar)라는 말이 자주 등장한다. 기억은 단순한 회상이 아니라 언약의 관계를 현재로 끌어오는 영적 행위다. 연대적 기록이 아니라 하나님의 언약을 삶으로 되새기는 예배다. 그래서 기록은 지나온 날의 기억이 아니라 미래의 예언이다. 그것은 창조 때에 자녀가 되었던 계약이다. 그래서 살고 난 후에 자서전을 쓰는 것이 아니라 자서전을 쓰기 위해 사는 것이다.

기억에서 지워 버리고 싶은 어떤 순간도, 어떤 추억을 찾으려는 순간도, 쓰이지 않는 글도, 기록된 참회도, 하늘은 모두 기록한다. 그 깨달음이 믿음이다. 난 지상에 생명록을 남길 것이다. 글은 생각과 생각을 옮기는 너무 자유스러운 마력이 있고 그래서 과거와 현재가 미래가 되는 힘이 있다. 펜을 손에 들고 종이 앞에 서는 순간이 바로 또 다른 생각과 행동의 시작이다. 펜을 놓은 순간까지 삶은 이어질 것이고 그 후의 이야기까지 종이는 스며든 글을 품고 있는 것이다.

글을 쓰면 버릴 것이 없다. 조그마한 지식도, 내가 경험했던 믿음도, 기도했던 모든 것들도, 사랑하고 미워했던 모든 것, 어느 하나도 우연한 것은 없다. 죽음의 이야기가 없다면 산 자의 희망은 없다. 우리는 지구의 첫 사람이며 마지막 존재다. 어떤 시대에도, 환경에도, 변할 수 없는 고독한 사람, 외로움을 안고 가는 유일한 존재다. 우리는 태어나면서부터 말하기를 하며 자란다. 이것이 부족한 것 같아 글쓰기를 한다. 글을 쓰면 또 말하고 싶어 책에 쓴 글을 말한다. 오늘은 그렇게 쓰는 것을 해야 할 것 같아 써보지만 다시 말이 되고 글을 창작하는 시작이 되면 더 좋겠다.

글은 스스로 존재하는 것이 아니다. 말과 생각과 믿음과 분노와 용서가 어느 상자에서 어우러져 만난다. 복잡하지만 그래도 엉클어져 소리를 내는 그 아우성이 좋다. 어느 것도 그것을 대신할 수 있는 것이 없다. 글은 탄식, 분노, 기쁨, 고백, 회개가 그대로 드러나는 보이지 않는 것들의 얼굴이다. 자기 자신을 설득력 있게 드러내는 인격적 예술이다.

   지식을 많이 가진 사람이 정의롭지 못한 것은 유리창을 바라보기 때문이다. 유리창 너머에는 내가 보이지 않는다. 공동체의 정의는 각자의 얼굴을 보는 것이다. 유리를 바라보는 것보다 거울을 많이 보아야 한다. 사람이 일기를 기록하지 못하는 이유는 자신에 대한 양심의 거울 때문이다. 그것은 기억할 만한 자랑보다도 자신에 대한 부끄러움과 미안함, 그리고 자신에 대한 실망 등이다. 교묘히 사람은 다른 한 길을 찾았다. 그것이 서로에 대한 친밀감이다. 나와 비슷한 사람을 통해 거울을 만드는 것이다. 그대를 만나 나의 생이 아름다운 것은 희미하게 내 거울을 찾았기 때문이다. 이제 그 거울 이야기를 기록해야 한다. 사랑하는 것들은 언젠가 나를 떠난다. 나를 기억하고 사랑했던 그들의 기억 속에서도 나는 떠나야 한다.

   빛과 소리를 두드리는 말의 기막힌 변화를 우리는 기억하지 않는다. 망각은 글을 낳았다. 말은 글의 호흡이다. 글이 공간에 흩날리는 소리가 말이다. 종이와 말과 연필이 하나 되는 것, 그의 말이 글이 된다는 것은 심장이 뛰는 일이다. 아는 것은 삶이 되어야 한다. 삶은 남은 자의 기억이 되어야 하고 나의 흔적이 되어야 한다.

   누군가는 모든 사람의 기억에 남는다. 우리는 그들을 '선택'이라고 말한다. 전쟁에는 이긴 자가 없고 사랑에는 진 자가 없다. 오늘 움직인 사람이 내일을 만드는 것이다. 천둥소리, 빗방울이 바다를 채우듯이.

글이 힘을 잃어버리면 이야기는 각각의 사연으로 돌아간다. 연기 속의 흐릿한 그림자가 되어 까불거리는 말처럼 허무하게 의식을 잃어간다. 언젠가는 신화로, 누군가의 창작으로 남을 기억이다.

개혁 사상가였던 박규수는 "추사의 글씨는 어릴 때부터 늙을 때까지 여러 번 변했다"라고 했다. 천재라고 불린 추사 스스로는 "나는 평생 벼루 열 개를 구멍 냈고, 붓 천 자루를 몽당 붓으로 만들었다", "중국의 유명한 비문 309개를 온몸으로 익혀 글씨를 쓸 때까지 간직하고 있어야 한다. 내 어깨에는 309개의 비가 들어 있다"라고 했다. 글쓰기가 천재성이라면 누구도 도전할 수 없다. 그러나 노력하면 된다는 것에 우리들의 희망이 있는 것이다.

글쓰기는 학문과 예술이 섞여 있는 감성이다. 감정이 정확하게 전달된다면 어떤 명문도, 명작도, 기준이 없는 훌륭한 흔적의 기억이 된다. 학문적 글쓰기는 감성을 억제하며 쓴다. 조심하고 자기 자신에 대한 감정보다는 문제에 대한 분석과 종합적 결론을 내리는 것에 초점을 맞춰야 한다. 자서전 쓰기는 나 자신에 대한 학문이며 내 감성에 대한 예술이다. 자기를 정리하고, 정체성을 정의하고, 인간 존재의 의미를 탐구하는 과정이 글쓰기가 된다. 나의 삶을 신학적 주제나 내면의 변곡점 중심으로 재구성하는 것이다.

저항 없이 말을 글로 옮길 수는 없다. 저항이 없다면 펜을 놓아야 한다. 사랑의 뒷모습처럼 강인한 웃음이 처량할 때가 있다. 분노를 존엄으로, 부끄러움을 거룩한 위선으로 감싸려는 나그네의 침묵—그것도 글이 될 수 있다.

  자서전은 내일을 만드는 책이다. "인생에서 가장 중요한 것은 돈이 아니라 시간이다." "행복하기 위해서는 다른 사람을 인식해서는 안 된다. 인간은 스스로를 거부하는 유일한 존재다. 실험을 통해 경험을 얻을 수 없다. 만들 수도 없다. 반드시 겪어야만 얻는다." 알베르 카뮈는 말한다. "뜻을 찾지 못하고 이해하지 못했다면 천 권을 읽어도 담벼락을 보는 것과 같다." 다산 정약용의 말이다.

  모세는 십자가의 길을 돌봄과 여정으로 완성한 위대한 시인이었다.

  다윗은 십자가에 기대어 엄마의 품에서 흥얼대며 노래했던 절창이요 고상한 시인이었다.

  사도 요한은 사랑의 끝을 본 예언자였고, 사도 바울은 십자가를 가장 우아하고 고상하며 거룩하게 묘사한 뛰어난 시인이었다.

  자서전은 모세와 다윗과 요한과 바울이 그린 십자가의 아류다. 십자가는 아직도 남아 있는 커다란 산 밑의 보석이다. 혼자 배우고 나누는 심한 신음 소리다. 조용한 아우성이다. 느낌과 감정은 글쓰기의 시작이다. 종이 위에 찍은 내 발자국은 영원한 나의 존재다.

자신의 자서전을 읽고 눈물이 흐르지 않는다면 다시 펜을 들어라.

목차

추천사　**강문호** 목사(충주 봉쇄수도원) • 4
　　　　　강헌식 목사(평택순복음교회 담임) • 5
　　　　　허창범 박사(웨스트민스터바울신학교 총장) • 6
　　　　　차재완 장로(AD농어촌방송선교회 회장) • 7
　　　　　나영수 목사((사)나눔과 기쁨 이사장) • 8
　　　　　신상철 목사(더복있는교회 담임) • 9
　　　　　함인희 교수(이화여대 사회학과 명예교수) • 10

prologue | 자서전으로 글쓰기를 시작하며 • 11

1편 탯줄을 끊으며

들어가기 – 기록하지 않는 삶은 사라진다	• 22
말이 글이 되게 하라	• 23
신앙 기록, 영적 유산이 되는 자서전 쓰기	• 26
한 줄의 글, 영혼이 머무는 자리	• 29
기도, 종이 위에 무릎을 꿇다	• 33
빛은 가장 어두운 페이지에 머문다	• 37
노년의 자서전	• 42
믿음의 옹알이	• 45
글로 정리되는 믿음	• 47
자서전의 한 줄, 용서다	• 50
종이의 반란, 나는 무엇을 남길 것인가	• 54
영원한 시간 속으로의 여행	• 56
세상에 대한 집착은 악의 동기가 된다	• 59

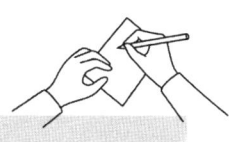

2편 울음의 소리

들어가기 - 성경 따라 써라 • 66

1. 모세의 글쓰기

하나님의 대필자, 신탁의 숨결을 따라 걷다 • 68
하나님의 물음과 응답 사이를 걷다 • 69
광야를 걷는 심장의 기록 • 71
계시의 구조, 광야의 시로 흐르다 • 75
인터뷰하라 • 82
창세기처럼 시작하라 • 83
하나님과의 인터뷰, 모세는 가슴이 뛴다 • 87
시내 산 돌판의 글쓰기 • 89
5경의 필자 모세 • 91
광야에서의 삶처럼 쓰라 • 93
사명으로 쓰기 • 94
광야의 글쓰기 • 95
글을 쓰기 위한 모세의 이유 • 99

2. 다윗의 글쓰기

노래가 된 기도, 예언이 된 시 • 104
하나님께 올린 영혼의 문장들 • 108
한 사람의 시, 공동체의 예배가 되다 • 115
살아 숨 쉬는 시편, 하나님께 띄운 자서전 • 119
성시란 무엇인가 • 125
말씀으로 쓰는 성시 • 129
문학의 틀에 앉아 있는 진정한 문학 • 131
상상의 Image • 134
하늘의 노래 • 135

시를 올린 다윗 • 137
종이 위의 성전 • 140
시로 스토리 만들기 • 141

3. 요한의 글쓰기

말보다 글을 더하다, 비움의 글쓰기 • 146
신학의 깊이와 영적 글쓰기 • 148
빛과 상징 사이, 말씀이 춤추는 문장들 • 150
하나님께 속한 꿈, 공동체라 불리는 하나의 몸 • 157
사랑받는 자의 자리에서 쓴 영원의 기록 • 165
복음서를 쓰는 심정으로 써라 • 169
계시록 쓰기 • 172
믿음 또 하나의 에덴 • 177

4. 바울의 글쓰기

글이 된 사명, 편지가 된 인생 • 180
말의 옷을 벗고 복음이 노래가 되다 • 182
문체적 특징, 복음을 짓는 문장들 • 187
복음은 하나, 그러나 글은 달랐다 • 192
복음을 자기 생애로 쓰다 • 201
바울 서신의 가치 • 208
사랑하는 사람에게 편지 쓰기 • 210
바울의 글은 유서다 • 212

3편 말을 가슴에, 그 조각의 흔적
내 호흡 남기기

자서전 쓰기 강단 • 219
생애가 글이 되는 세 가지 길: 시선, 이름, 손끝 • 221
먼저 목차를 만들자 • 224
단어를 불러오라 • 226

글은 책임을 가진다	• 229
기도의 실재를 상상하라	• 231
영혼을 토하라	• 233
드러남	• 235
교회, 자서전이 멈추는 곳	• 237
종이 신문과 사진	• 239
'무엇인가'의 기억, 자서전	• 242
글쓰기의 본질은 흔적이다	• 244

4편 다시 이어지는 탯줄로
extra-story

노란 집에서의 영원한 별 Vincent, 그가 십자가를 놓치다	• 251
이단자 얀 후스, 100년 뒤에 개혁자가 되다	• 256
현실을 계시로 만들라	• 259
창조의 완성은 흔적이다	• 262
상상이 죽어 버린 사고는 오만한 허상이다	• 264
생명이 된 죽음, 그것으로 살아야 할 이유다	• 266
나이 듦! 앞을 향해 달리는 바퀴처럼 침묵하자	• 269
죽음의 신화와 동화, 그 현실	• 275
나의 연대기, 인생 2막을 쓴다	• 278

epilogue 다시 에덴으로 • 284

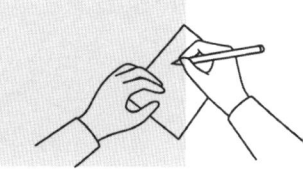

1편

탯줄을
끊으며

어떤 시작도 우연은 없다. 탄생은 어느 섭리의 조각일 뿐이다. 성경에서 나의 자서전이 걸어 나오는 순간, '내가 왜 왔는가'에 대한 질문의 답을 듣게 될 것이다.

🦋 기록하지 않는 삶은 사라진다

너는 두루마리 책을 가져다가 내가 네게 말하던 날 곧 요시야의 날부터 오늘까지 이스라엘과 유다와 모든 나라에 대하여 내가 네게 일러준 모든 말을 거기에 기록하라. _ 예레미야 36장 2절

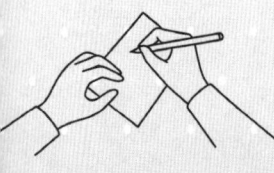

말이 글이 되게 하라

"태초에 하나님이 천지를 창조하시니라." 하나님을 만나는 시작이다. 이스라엘 백성이 이 말씀을 듣기 전까지 하나님은 오랜 세월 동안 구술사의 하나님이었다. 모세를 통해 확인시켜 준 말씀은 육신이 되고 종이를 뚫고 나온 형상이 되었다.

모든 역사의 시작은 글이다. 존재는 글로 남는다. 호랑이가 죽어서 가죽을 남기는 것은 가죽밖에는 남길 것이 없어서 그런 것이다. 사람이 죽어서 이름을 남기는 것은 이름에 내 모든 삶이 담겨 있기 때문이다. 소리도 말도 글이 될 때에 비로소 존재가 되는 것이다.

사람은 본능적으로 가진 것을 남기려 한다. 짝짓기를 통해 나를 남기고 그림을 그리고 노래를 만들어 정신을 남긴다. 흔적을 남기는 것은 동물들의 영역 표시와 같은 것이다. 나를 닮은 것을 남겨야 한다는 본능적 행위는 죽음에서 삶을 이어 내려 하는 원초적 행위다. 나를 남기는 방법은 많다. 자식을 낳고 그를 키워서 나와 같이 만드는 것도 있고 무엇인가 보람된 일을 해서 내 자취를 남기는 것도 있다. 이제 자서전을 통해 내 생각과 꿈을 남겨야 한다. 이것은 어떤 방법보다 오래가고 정확하다.

남들이 나를 기억할 수 없다면 내 삶의 가치는 어떻게 평가될까? 훌륭한 일을 한 어떤 사람의 흔적을 찾지 못한다면 구술의 힘도 없다. 그래서 사람은 동굴에 벽화를 그리고 문자를 만들었다.

나의 자녀가 노트 한 권을 주면서 내 이야기를 글로 써 달라고 하면 나는 생각할 것이다. 무엇을 써야 할 것인가. 어떻게 써야 할 것인

가. 왜 아이들은 나에게 이것을 쓰게 하였는가. 자서전은 내 인생에 대한 것이고 내가 살면서 느끼고 사랑하고 고민했던 모든 이야기를 남기는 것이다. 내 삶의 의미, 그것은 내 우주며 가장 위대한 이야기다.

부모님이 우리 곁을 떠난 후 나는 많은 후회와 그리움 그리고 많은 아쉬움을 느꼈다. 그중에 하나는 그들과 많은 이야기를 하지 못했다는 것이다. 어떻게 사셨는지 무엇을 생각하셨는지 이제는 물어볼 수 없고 그리움만 눈시울을 적신다. 자서전은 유산이며 세상에 대한 유언이다. 질문이 없으면 답이 없다. 흔적이 없으면 기억은 사라진다. 알면 쉽고 모르면 어렵다. 이것은 삶의 방식에 있어 진리다.

- 존재하는 것은 무엇인가를 남기기 위해 목숨을 건다. 누군가의 그런 노력으로 나도 존재하였고 나도 무엇인가를 위한 노력으로 삶의 의미를 만든다. 존재하는 것이 어느 날 모든 것들의 기억 속에서 사라진다면 어떨까? 존재의 의미는 무의하다. 내 기억을 남들이 기억해 줄 수 있는 것은 내가 그들에게 나의 이야기를 전하는 것이다.

우리는 살면서 내 이야기보다는 남의 이야기를 더 많이 말하고 듣는다. 그것은 매우 흥미롭고 관심이 간다. 내가 살아보지 않은 경험과 생각이 지식이 되고 지혜가 되기 때문이다. 자서전은 철저하게 나를 생각해 보는 작업이다. 내가 어떻게 살았고 무슨 생각을 했는가, 그리고 어떤 미래를 꿈꾸고 있는가를 고백하는 자술서다. 누구에게도 말하지 않았던 나만의 비밀도 있고 모두가 알고 있지만 사실이 아닌 경우도 있다. 어떤 것이든 자서전은 내 삶에 대한 정리를 하는 것이다. 자서전은 평생 내가 해온 일에 대한 반성과 보람, 그리고 기쁨과 부끄러움까지를 내 나름대로 정리하는 것이다. 이 작업은 순수하고 가치 있는 일이다. 특히 신앙을 가진 사람에게는 필수적이다. 그것은 '하나님은 어떤 분이시며 나는 하나님과 어떤 관계였는가?'를 말하기 때문이다. 그것은 신앙인으로서의 전도다. 영혼의 가치다.

삶은 많은 것들이 유기적 관계로 얽혀 있고, 그 속에서 지나온 길을 찾는 것은 내 존재에 대한 최고의 대우다. 성경은 하나님의 자서전이다. "태초에 하나님이 천지를 창조하시니라." 이 말씀을 통해 하나님께서는 천지를 창조하셨음을 말씀하셨다. 이 말씀을 기록하지 않았다면 우리는 하나님의 역사를 알 수 없었을 것이다. 복음서를 쓰지 않았다면 우리는 예수 그리스도의 탄생과 사역을 알지 못했을 것이다. 바울의 자서전이 없었다면 복음의 실체를 알기 어려웠을 것이다. 나에게도 이런 의무와 사명이 있고 당연히 그것을 후손이나 많은 사람들에게 말해야 한다. 내가 만난 하나님을 전하고 내가 받은 소명을 통하여 하나님의 역사를 증거하는 것은 너무나 당연한 일이다.

자서전은 내 영혼의 말이다. 그리고 당연히 자기가 살아온 날을 소재로 한다. 내 삶 속에서 만난 수많은 사람과의 관계를 통하여 내 존재가 어떤 것이었으며 그 가치와 의미는 어떤 것이었는가를 살펴보아야 한다.

말씀은 하나님이시며 우리와의 대화다. 모세, 이사야, 다윗…. 그들은 삶의 자서전을 통해 우리에게 자신을 남겼고 사도 바울은 진하게 그 인생의 모든 것을 보여주었다. 주님의 모든 것도 글로 쓰여 우리 영혼까지 흔들고 있다. 당연히 나의 믿음도 나의 기도도 글이 되어야 한다.

신앙 기록, 영적 유산이 되는 자서전 쓰기

글을 쓰는 이유가 너무 많다.

치유 글쓰기 프로그램이 많이 생겨나는 것도 우리의 생령이 흔적을 원하고 있기 때문이다. 치유 글쓰기는 고통스러운 감정과 경험을 글로 써내려가면서, 내면을 다스리고 자신의 경험에 의미를 부여하여 찢긴 자아를 통합하고 긍정적인 자아 개념을 높여준다. 새로운 시각을 열어주고 성장을 촉진함으로써 자기 초월의 지평을 열어주는 것이다. 이런 목적의 글쓰기는 우리의 감정과 본능적 영혼의 울림이다.

인간이 흔적을 남기려는 욕구는 치유적 글쓰기의 목적을 넘어선다. 먹이를 찾고, 땅에 발톱을 박으며 영역을 새기는 호랑이의 본능과 달리 생령인 인간의 본능은 다른 차원의 문과 연결된다. 위험을 피해 살아남으려는 욕구는 성공의 기억을 글로 남기고, 의미의 추구는 나를 넘어선 어떤 존재, 궁극적인 존재에의 갈망으로 이어진다.

글을 쓴다는 건 지금, 이 순간을 시간의 벽에 못질하는 것이다. 말은 흘러가지만, 문장은 멈춰 선다. 종이 위에 내려앉은 흔적이 나를 붙든다. 나를 넘어선 존재에 대한 갈망은 때로는 문장이 되어 집단의 유산으로 공동체의 기억에 쌓이고, 때로는 초월적 존재 앞에서 자기 존재를 증명하려는 절실함이 된다.

족보는 혈연의 계통과 혈통에 관계된 기록이다. 이것은 한 사회의 구성단위인 가족의 역사적 분류다. 현대사회에서는 이러한 가족 공동체가 무너지고 있다. 계보 잇기를 통한 흔적 남기기가 어려워졌다. 공동체가 무너지고 있는 현실에서 자서전은 공동체의 마지막 기록이다. 내가 살아온 날을 통하여 조상과 나와 후손을 이어주는 줄이 되고 신앙의 유산이 된다. 존재의 가치를 남겨 내가 죽지 않고 산 자와 말하는 유일한 통로다.

7대에 걸친 노예의 삶 끝에서 자유를 찾는 인간 승리의 역사를 그린 알렉스 헤일리의 《뿌리》라는 소설이 유행한 적이 있다. 우연히 집안의 내력에 관심을 갖고 조상 찾기를 시작한 그는 10여 년의 세월을 추리와 집념으로 자기가 어떻게 이곳에 있게 되었는가를 완성하였다.

이순신 장군은 《난중일기》를 썼고 백범 김구는 《백범일지》를, 많은 정치인들은 회고록을 남겼다. 단테는 《신곡》으로 자신의 삶과 꿈을 자서전으로 썼다. 후손이나 동시대의 사람들에게 남겨야 할 업적이나 행동은 당연히 기록되고 기억되어야 한다.

> 하나님의 사명을 받고 이 땅에 남겨진 사람들은 사명 행전을 남겨야 한다. 생명책은 천국에서 기록한 나의 자서전이다. 이 땅에서 나는 미리 보는 나의 생명록을 남겨야 한다.
>
> 자서전의 더 깊은 의미는 한 발 더 나아간다. 그것은 단지 나의 삶을 기록하는 데 그치지 않고, 공동체를 위한 영적 유산이 된다는 데 있다.
>
> "이 일이 장래 세대를 위하여 기록되리니 창조함을 받을 백성이 여호와를 찬양하리로다"(시 102:18).
>
> 나의 고백이 자녀에게는 신앙의 뿌리가 되고, 교회에는 믿음의 계보가 되며, 후손에게는 하나님과 동행한 자의 삶을 증거하는 생생한 발자취가 된다. '그들로 오는 세대, 곧 후에 태어날 자손에게 이

를 전하고, 그들은 자기 자손에게 일러서 하나님을 의지하게 하며' 라는 시편 78편 6-7절 말씀처럼, 자서전은 하나님께 받은 은혜의 전승이자 한 시대의 믿음을 다음 세대로 잇는 언약의 끈이다. 내가 쓴 한 문장이 공동체의 기억을 지탱하고, 후손의 길을 밝히는 등불이 될 수 있다.

성경의 예언자는 크게 두 부류로 나뉜다. 첫째는 문서 이전의 예언자로 나단, 미가야, 엘리야, 엘리사 등이다. 이들은 이름을 남겼으나, 그들의 예언이 독립된 문서로 기록되지는 않았다. 둘째는 문서 예언자다. 아모스, 호세아, 이사야, 미가, 예레미야, 에스겔, 다니엘처럼, 그들의 예언이 이름을 따라 문서로 전해지는 이들이다. 문서 예언자들은 주로 말로 일했고, 때로는 상징 행동을 통해 예언을 드러냈다. 행동보다 말씀으로 움직인 사람들이었다.

성 아우구스티누스의 《참회록》은 많은 자서전 중에서도 위대한 작품으로 꼽히는 영혼의 소리다. 구세주를 찾아 나섰던 한 사람의 고뇌와 방황이 생생하게 그려져 있다. 우리는 그의 자서전에서 높은 찬양의 소리와 통곡의 소리를 함께 듣는다. 아우구스티누스의 생애와 믿음의 혼란을 대변하면서 낯선 교회와 격변의 투쟁을 하나님께 구하고 대중 앞에 섰다. 주후 400년, 그의 나이 46세가 되던 해 《참회록》이라는 제목으로 신학의 토대가 되는 자서전이 탄생한 것이다. 평생 목회의 실현이요, 장소의 한계를 넘고 시대를 뛰어넘는 그리스도인들의 신앙의 토대가 세워졌다.

한 줄의 글을 누가 쓰든지 그것은 많은 사람들과의 관계로 이어진다. 알 수 없는 상상의 세계에도 현실적인 대안도 모두가 드나드는 공간이다. 한 명이 올 수도 있고 만 명이 올 수도 있고, 시대를 넘어, 생각을 넘어, 계층을 넘어, 모든 것이 가능한 공간이다. 불편한 질문도, 따뜻한 위로도, 풍부한 지식도, 모두 담겨 있는 생의 보물 같은 공간이다. 그곳에서 외로움을 달래고 욕망도 누린다.

그러니 잘한 것은 잘한 대로, 잘못한 것은 잘못한 대로, 못 배운 사람은 못 배운 대로, 배운 사람은 배운 대로, 살아온 날들에 대한 값진 삶의 발자취를 담아내보자. 일생의 내용을 담아낼 수도 있고 자신이 남기고 싶은 사건에 대한 부분을 담아낼 수도 있다. 사람은 늙고 죽는다는 단순한 자연의 섭리를 누구나 알고 있다. 나이가 들면서도 어린아이의 기억을 가지고 산다. 그래서 자서전은 하루 만에 쓸 수도 있다. 불편한 진실일 수도 있고 은밀한 기억도 있다. 그것은 나의 솔직한 모습이다.

공동체에서 민주주의는 많은 사람들을 보호하고 이롭게 한다. 그러나 소수 의견을 존중한다. 이유는 다수의 의견이 언제나 옳은 것은 아니며 소수 의견이 존중받는 것이 민주주의이기 때문이다. 하나님의 나라를 위해 큰 일을 하는 사람과 작은 일을 하는 사람의 역할은 다르다. 큰 일을 한 업적이 작은 일을 무시해서 안 되는 것은, 그 일과 의견이 없으면 큰 일을 할 수 없기 때문이다. 출애굽에서 모세의 역할 뒤에는 이름도 없고 빛도 없던 작은 일을 담당한 그들이 있었다는 사실을 알아야 한다. 큰 일을 한 사람의 흔적보다 오히려 작은 일을 한 그들의 흔적이 소중하다. 나는 그래서 자서전을 써야 한다.

한 줄의 글, 영혼이 머무는 자리

시로, 소설로, 수필로, 음악으로, 연극으로, 영화로, 자기의 삶을 쓰는 것은 모두 자서전이다. 화폭에 자신을 담으면 자화상이 된다. 종이에 글로 담으면 자서전이 된다. 영화나 연극에 자신의 이야기를 담는 경우는 흔하다. 음악과 함께 쓰는 자서전도 등장한다. 사진을 조합하여 자서전을 만드는 작업도 눈에 많이 띈다. 종이에 글을 써서 자서전을 만들어 책에 담는 것은 지극히 평범하고 가장 고전적이다.

우주를 보기 위해서는 천체 망원경이 필요하다. 커다란 렌즈나 오목거울의 기능을 이용해야 인간의 눈보다 많은 빛을 모으는 것이 가능하기 때문이다. 인생의 커다란 전체를 보기 위해 그런 관점이 필요하다. 인생의 한 대목을 크게 보기 위해서는 눈이 담지 못하는 빛을 모으는 망원경이 필요하다. 그러나 육안으로 확인하기 힘든 미세한 섭리를 보기 위해서는 현미경이 필수적이다. 그것은 작은 물체를 확대해 볼 수 있는 기능이 필요할 때 사용하는 도구다. 어제까지 스쳐 지났던 감정, 느낌, 깨달음이 세세한 영혼의 틈에서 올라올 때 글은 깊은 곳을 찾아 헤맨다.

사실 말을 하는 것은 쉽다. 그러나 그 말들을 모아 글을 쓴다는 것은 어렵다. 슬픔, 그리움, 사랑, 믿음, 그 모든 감정을 글로 표현한다는 것은 많은 어려움이 있다. 하나님께 말로 기도를 하는 것은 누구나 할 수 있다. 그러나 글로 기도를 쓴다면 어렵다. 더욱이 비밀을 비유로 써야 한다면 그것은 더욱 어려운 일이다.

글은 단어를 고르는 인내에서 자라고, 침묵을 견디는 마음에서 깊어진다. 쉬운 단어 하나를 반복해서 쓰다 보면, 어느 날 그 단어는 나의 기도가 되어, 하나님의 숨결을 담는 그릇이 된다. 말처럼 글도 걸음마가 있고, 글도 숨이 있다. 자주 쓰고, 조용히 읽고, 오래 묵상할수록 글은 비로소 의미를 머금기 시작한다. 깊은 글은 화려하지 않고, 짧은 문장은 많은 것을 말한다. 단순한 한 줄의 고백이 영혼의 깊이를 열어젖힌다.

"주의 말씀의 맛이 내게 어찌 그리 단지요 내 입에 꿀보다 더 다니이다"(시 119:103).

"너는 이 묵시를 기록하여 판에 명백히 새기되 달려가면서도 읽을 수 있게 하라"(합 2:2).

《돈 키호테》의 작가 세르반테스는 "인간에게는 치명적으로 과한 것 세 가지와 부족한 것 세 가지가 있다. 말은 많고 아는 것은 부족한 것, 소비는 많고 가진 것은 부족한 것, 생각은 많고 가치는 부족한 것"이라고 말한다. 말로 하는 대화는 많은데 남겨야 하는 글은 부족한 것이 아닐까?

소리는 표현이다. 울음소리, 무엇을 만지는 소리, 아픔을 호소하는 소리, 웃음소리, 이러한 소리는 무엇인가를 나타내는 소리다. 이러한 소리를 말로 하는 것은 이야기다. 소리는 아무것이나 소리가 되지만 말은 아무것이나 말이 되지는 않는다. 말도 안 되는 소리라고 하는 것이 이런 의미다. 말은 언어가 되어 소통이 되고 정확히 전달되어야 비로소 말이 되는 것이다. 이러한 말이 문자와 만나서 말의 의미를 오래 기억할 수 있도록 하고 깊은 의미나 속내를 파악할 수 있게 하고, 보이지 않는 생각과 감정을 눈에 보이는 형상으로 빚어낸다. 그것이 글이다.

말씀은 말을 글로 쓰는 것이다. 그냥 쓰는 것이 아니라 영과 혼의 의미를 담는 것이다. 영은 보이지 않는 것이기 때문에 보이는 글로 영의 생각과 뜻을 담는다는 것은 쉬운 일이 아니다. 어떤 영감이 깊이 동반되지 않으면 보이지 않는 것을 상상하는 것과 다르지 않다. 기도와 묵상 그리고 내면의 깊은 호흡이 동반되어야 그 말을 말씀으로 쓸 수 있는 것이다. 어떤 때는 침묵이 진실이 될 수도 있고 사실이 될 수도 있다.

성경은 사람의 인생을 통하여 하나님의 뜻을 알 수 있는 하나님의 말씀이다. 천지가 창조되는 모습을 우리는 글을 통해 생생하게 볼 수 있다. 홍해가 갈라지는 모습도 보인다. 다윗의 기도도 들리고 요나의 회개도 예레미야의 눈물도 본다. 예수께서 말씀하시는 목소리도 들린다. 글은 자신의 거울이다. 우리가 다산 정약용을 알게 되는 것은 그가 남긴 책을 통해서다. 자기의 일생을 시로 쓰든, 수필로 쓰든, 소설로 쓰든, 모두 자서전이다. 윤동주의 시를 보고 그가 무슨 생각을 하고 어떤 삶을 살았는가를 안다.

● 글은 영혼의 드러남이다. 글 속에 나의 좌절, 고통, 슬픔이 영으로 새겨진다. 하나님 섭리의 실타래에 내 삶이 엮인다. 그 순간 나의 삶은 하나님의 뜻 안에서 생동하게 된다. 종이에 쓰는 두려움, 기록된다는 두려움이 있기 때문에 종이의 글은 타당성과 합리성을 가진다. 이 보잘것없는 한 줄의 글이 내 인생을 정리하는 것이 된다는 사실에 전율하고 사명의 의지를 굳게 해야 한다. 이것이 내가 여러분을 만난 이유며 나의 독백이다.

어렵다. 역량을 갖춰야 하기 때문이다. 내면의 나를 보여주는 일이기 때문에 쉽지 않다. 나를 포장도 해야 하고 적당한 방어도 필요하다. 그래서 어렵다. 그래도 시작하자. 사실 어떤 글쓰기보다 내 이야기를 쓰는 것이 가장 쉽고 정확하다. 보이는 것 중에 나를 가장 잘 아는 것은 나 자신이기 때문이다. 가장 추한 모습을 보는 것도 나 자신이다. 억울한 것을 모두 아는 것도 나 자신이다.

사람은 모든 질문의 답을 글에서 찾아야 한다. 글은 복음의 완성이다. 땅끝까지 이르러 복음이 전해지는 방법도 하나님의 말씀이 글로 전해지는 순간이다.

글은 갈대처럼 뿌리를 내려야 한다. 유연성이다. 끝까지 버티고 움직이는 글이 생명이다. 수없이 사라지는 글이 되지 않으려면 어떤 충격도 흡수하고 회복하는 힘이 있어야 한다. 견디는 것이 아니라 받아들여야 한다. 하나님의 말씀은 세상의 모든 것을 흡수하고 있기 때문에 생명력을 가지는 것이다. 인생의 변곡점에는 글이 버티고 있다.

기도, 종이 위에 무릎을 꿇다

말이 글이 될 때, 기도는 더 깊어진다. 기도는 하나님과의 대화다. 말로 올리는 기도는 뜨겁고, 글로 적는 기도는 깊다. 말은 흘러가지만 글은 머문다. 입술을 지나간 고백은 바람처럼 사라지지만, 종이에 적힌 탄식은 영혼의 언덕에 오래도록 남아 있다. 삶의 고단한 밤, 누군가는 하나님 앞에 엎드려 소리 내 울고, 누군가는 등불 아래서 조용히 글을 적는다. 그 둘은 같은 방향을 향해 있는 서로 다른 문이다. 그러나 글로 기도하는 일은, 말로 드리는 기도보다 한층 더 자신과 하나님 사이에 고요한 틈을 만들어낸다. 그 틈 사이에서, 영혼은 스스로를 더듬어가며 자기를 해석한다.

"내가 주의 법도들을 작은 소리로 읊조리며 주의 길들에 주의하며 주의 율례들을 즐거워하며 주의 말씀을 잊지 아니하리이다"(시 119:15-16).

말로 기도할 때, 우리는 감정과 충동을 따라 하나님께 나아간다. 기도는 때로 눈물이고, 비명이기도 하며, 어설픈 읊조림이기도 하다. 하지만 글로 기도할 때, 우리는 한 문장, 한 단어를 삼키듯 다시 곱씹는다. 그리고 그 안에 숨겨진 상처와 바람, 후회와 믿음을 명료하게 본다. 글로 쓰는 기도는 급하지 않다. 말은 흘러가며 감정을 실어 보내지만, 글은 그 감정을 앞혀서 머물게 한다. 한 마디의 단어를 적기까지 오래 침묵하고, 쓰고 나서도 오래 멈춘다. 그 멈춤은 곧 기도의 숨결이다. 느헤미야는 예루살렘의 폐허 소식을 듣고 마음이 무너졌다. 그는 앉아 울었고, 금식하며 기도했다. 그 기도의 한 자락이 성경에 이렇게 기록되어 있다.

"하늘의 하나님 여호와 크고 두려우신 하나님이여 주를 사랑하고 주의 계명을 지키는 자에게 언약을 지키시며 긍휼을 베푸시는 주여 간구하나이다"(느 1:5).

이 문장은 울부짖음이 아니다. 차분히 쓰인 믿음의 고백이고, 무너진 성벽 위에 쌓아 올린 신뢰의 문장이다. 글로 쓰인 기도는 그처럼 마음을 하나님의 성전 위에 놓는 작업이다. 혼란한 감정이 정제되고, 바람처럼 흩어졌던 생각이 길이 되어 모인다. 예레미야는 조국의 멸망과 백성의 고통을 눈물로 품은 예언자였다. 그는 입으로 울었고, 글로 탄식했다. 그의 애가 중 하나는 이렇게 시작한다.

"여호와의 인자와 긍휼이 무궁하시므로 우리가 진멸되지 아니함이니이다"(애 3:22).

참혹한 현실 속에서도, 그는 글로 하나님의 자비를 붙들었다. 그 글은 시대를 넘고, 영혼을 위로한다. 말로는 도달하지 못했던 믿음의 진심이, 글로는 닿는다. 글로 쓰는 기도는 자기 성찰의 도구다. 자신의 마음을 가만히 들여다보며, 하나님의 응답을 기다리는 영적 저술이다. 말로 기도할 때는 쉽게 지나쳤던 죄책감이나 상처도, 글로 적을 때는 한 줄 한 줄 더 깊게 다가온다. 글 속에서 나는 내 마음을 본다. 그리고 하나님 앞에 벗은 자로 서게 된다.

시편의 기자는 말했다. "나의 눈물을 주의 병에 담으소서 이것이 주의 책에 기록되지 아니하였나이까"(시 56:8). 하나님은 우리의 눈물조차 기록하신다. 그렇다면 우리가 우리의 기도를 적지 않을 이유가 무엇인가.

한 줄의 기도는 그날의 영적 흔적이며, 내 마음의 지도를 만드는 일이다. 그것은 흔들리는 믿음에게 '여기까지 왔다'는 표식을 남겨주는 성스러운 표시다. 말은 순간이지만, 글은 흔적이다. 말은 울음이고, 글은 회고다. 말은 기도의 시작이고, 글은 기도의 기억이다.

"이 율법책을 네 입에서 떠나지 말게 하며 주야로 그것을 묵상하여 그 안에 기록된 대로 다 지켜 행하라"(수 1:8). 기도의 말을 글로 옮기는 순간, 기도는 나를 떠나지 않는다. 글로 쓴 기도는 성경의 구절처럼 내 마음 안에 거하고, 내 생각을 붙들고, 때로는 다시 읽히며, 나를 위로하고 다시 믿음의 자리로 이끌어준다. 말로 기도하는 사람은 지금 하나님을 찾는 사람이다. 글로 기도하는 사람은 하나님이 찾으시는 사람이다. 그의 마음이 적혀 있는 그 자리로, 하나님은 다시 찾아오신다. 그리고 그 자리에서, 다시 시작된 기도가 기다리고 있다.

"내가 산을 향하여 눈을 들리라 나의 도움이 어디서 올까 나의 도움은 천지를 지으신 여호와에게서로다"(시 121:1-2). 이 짧은 문장도 기록되었기에 다시 읽을 수 있다. 고개를 들어본 적이 있던 그 순간을 기억하게 하고, 지금도 여전히 하늘을 보게 한다.

글은 기도의 반복을 가능케 한다. 같은 기도라도 읽는 순간에 따라 다른 울림으로 다가온다. 그리고 그것이 우리를 다시 무릎 꿇게 한다. 글로 기도하는 이는 시간의 경계를 넘는다. 글로 기도하면, 시간 안에 머물지 않는다. 그 기도는 자신만의 것이 아니라 누군가에게 위로가 되고, 또 다른 이의 기도가 된다. 다윗의 시편이 그러했고, 예레미야의 탄식이 그러했다. 느헤미야가 성벽을 위해 쓴 기도도, 지금 우리에게 다시 성을 쌓는 믿음의 벽돌이 되어준다.

> "주여 구하오니 귀를 기울이사 종의 기도와 주의 이름을 경외하기를 기뻐하는 종들의 기도를 들으시고 오늘 종이 형통하여 이 사람 앞에서 은혜를 입게 하옵소서"(느 1:11).

기도는 흩어지지 않는다. 글로 쓴 기도는 더 오래, 더 깊게, 더 멀리 간다. 글은 침묵처럼 조용히 퍼져나가 하나님께 닿고, 다시 사람의 가슴에 닿는다. 그래서 우리는 기도도 글로 써야 한다. 무릎 꿇고 말하는 기도도 귀하고 눈물로 부르짖는 기도도 귀하지만.

● 글로 남기는 기도는 '기억'의 기도고, '거울'의 기도며, '전달되는 믿음'이다. 말의 기도는 시간과 함께 지나가지만, 기록된 기도는 세월을 건너뛴다.

기도는 개인적이지만, 쓰인 기도는 공동체의 신앙이 된다. 기도는 눈물이지만, 글로 된 기도는 언젠가 누군가의 길이 된다. 그러므로 조용한 날, 연필을 들자. 기도를 써보자.

기도는 어디서든 시작되지만, 글로 옮길 때 비로소 형체를 가진다. 그 형체는 때로 울퉁불퉁하고, 문장이 되지 못한 상처처럼 흐트러져 있다. 그러나 하나님은 그 불완전한 글에서도 자신의 형상을 본다. 우리가 말로 다 하지 못한 것을, 글은 끝내 써내려간다. 기도는 그렇게 말에서 글로, 글에서 생명으로 이어진다. 그리고 하나님은 오늘도 한 사람의 고백을, 종이 위에서 조용히 기다리고 계신다.

빛은 가장 어두운 페이지에 머문다

자서전을 쓴다는 것은 살아온 인생을 한 장 한 장 벗겨내는 일이다. 그 속에는 빛나는 날도 있지만, 누구에게도 말하지 못했던 어두운 밤도 있다. 그래서 진짜 자서전은 잘 쓴 글이 아니라, 벗은 영혼의 기록이다. 우리는 본능적으로 추한 것을 감추고 아름다워 보이려 한다. 그러나 자서전을 쓰는 그리스도인에게 주어진 소명은 겉을 정돈하는 것이 아니라 진실을 고백하는 일이다. 자신의 은밀한 내면까지 하나님 앞에 꺼내 보이는 일이다.

"주께서 내 내장을 지으시며 나의 모태에서 나를 만드셨나이다…내 형질이 이루어지기 전에…주의 책에 다 기록이 되었나이다"(시 139:13, 16).

하나님은 이미 나의 모든 것을 알고 계신다. 모태에서의 시작도, 지금의 흔들림도, 마지막 날의 표정도. 그러니 그분 앞에서 가장 정직한 자가 되는 길은, 내가 가장 부끄러워했던 그 시간까지도 기록하는 것이다.

우리는 종종 우리 자신을 속인다. 용서한 줄 알았지만 여전히 아프고, 극복한 줄 알았지만 아직도 떨고 있다. 글로 적으려 하면 손끝에서 정직함이 먼저 깨어난다. 자서전 속에 내 실패와 상처, 질투와 죄의 순간을 담을 때 나는 나를 새롭게 마주하게 된다. 그 순간, 하나님의 말씀은 내 안에서 이렇게 울린다.

"내 은혜가 네게 족하도다 이는 내 능력이 약한 데서 온전하여짐이라"(고후 12:9).

이 구절은 용기의 다른 이름이다. 추함을 드러낼 수 있는 힘, 그것은 이미 하나님이 나를 품으셨다는 믿음에서 오는 용기다. 나는 하나님 품에 기대고 있으며, 그분은 나의 연약함마저 그분의 이야기 안에 넣으셨다.

● 진정한 자서전은 정직한 나와 마주하는 데서 시작된다. 가장 보이고 싶지 않았던 모습, 보고 싶지 않았던 감정, 모른 체하고 지나왔던 순간들…그것들이 문장 위에 오를 때, 비로소 하나님이 열어주시는 내면의 방이 있다. 그 방은 어둡지만, 결코 무섭지 않다. 그곳에서 나는 내 그림자와 눈을 맞추고, 내가 버렸던 나를 다시 껴안는다.

"내가 입을 열지 아니할 때에 종일 신음하므로 내 뼈가 쇠하였도 다…내가 이르기를 내 허물을 여호와께 자복하리라 하고 주께 내 죄를 아뢰고 내 죄악을 숨기지 아니하였더니 곧 주께서 내 죄악을 사하셨나이다"(시 32:3, 5).

솔직한 나 자신과 마주하면, 회개와 내적 치유로 나아가는 문이 열린다. 글은 그 문을 여는 열쇠다. 말은 수면 위를 스쳐버린 고백이지만 글로는 깊이 내려앉는다. 기록된 회개의 문장마다 회복의 꼬리다. 아무 말 없이 가만히 글을 적을 때도 그분은 옆에 계신다. 아무도 이해하지 못했던 감정의 균열을 하나님은 아시고, 그 틈 사이로 은혜를 부으신다. '내가 치료하였으니 네 상처가 낫게 되었다. 너를 치는 자는 너와 같지 않고, 너를 삼키는 자는 멸망하리라'(렘 30:16-17).

치유는 위로가 아니라, 진실과의 대면에서 시작된다. 회개는 자책이 아니라, 은혜를 받아들이는 믿음의 문턱이다. 글 위에 나는 쓰러지고, 하나님은 그 자리에 손을 얹으신다. 글 아래에 나는 울고, 하나님은 그 눈물을 기억의 병에 담으신다.

"모든 눈물을 그 눈에서 닦아 주시니 다시는 사망이 없고 애통하는 것이나 곡하는 것이나 아픈 것이 다시 있지 아니하리니 처음 것들이 다 지나갔음이러라"(계 21:4).

나를 정직하게 바라보는 일은 하나님의 시선에 나를 맞추는 일이다. 그 시선이 만나는 그곳에 거룩한 치유의 빛이 깃든다. 자서전은 나의 상처를 하나님께 되돌려드리는 여정이며 내 인생에서 가장 깊은 어둠 위에 하나님의 회복이라는 빛을 기록하는 일이다.

내 이야기를 있는 그대로 쓴다는 건 하나님의 은혜를 선명히 하는 일이다. 내 자랑을 늘어놓는 것이 아니라, 하나님의 은혜를 드러내는 무대에 나의 실패를 올리는 일이다. 나의 자격 없음 속에서 주신 사랑, 깨어진 마음에 부어진 위로, 넘어진 자리에서 들려온 음성. 그 모든 순간이 하나님의 은혜를 증언하는 증거가 된다.

"오호라 나는 곤고한 사람이로다 이 사망의 몸에서 누가 나를 건져내랴 우리 주 예수 그리스도로 말미암아 하나님께 감사하리로다" (롬 7:24-25).

바울은 그의 서신 곳곳에서 자신의 죄와 과거를 숨기지 않았다. 오히려 그것을 통해 복음의 위대함을 더 높였다. 하나님은 은혜 받을 자격이 없는 자에게 은혜를 주시는 분이기에, 내가 받은 용서와 회복의 이야기를 솔직히 기록하는 일은 곧 복음을 온전히 전하는 방식이 된다.

한 사람의 고백은, 또 다른 누군가의 울음을 닦아준다. 너무 자주 우리는 강해 보이는 신앙만 보며 자신의 연약함을 감추고 살아간다. 자서전에 적힌 '나의 가장 추한 모습'은, 완벽하지 않아도 괜찮다는 복음을 독자에게 직접 보여주는 설교가 된다. 그 설교는 말보다 강하다. 눈물이 묻은 문장은 설득이 아니라 공감의 힘으로 마음에 스며든다.

"우리에게 있는 대제사장은 우리의 연약함을 동정하지 못하실 이가 아니요 모든 일에 우리와 똑같이 시험을 받으신 이로되 죄는 없으시니라"(히 4:15).

예수도 우리의 연약함을 아셨고, 우리가 겪는 고통과 시험을 친히 지나가셨다. 나의 자서전이, 예수의 마음을 조금이라도 닮아 누군가의 눈물에 손을 얹을 수 있다면, 그것은 이미 거룩한 위로가 된다.

글로 쓰인 내 이야기는 전도를 위한 정직한 통로가 되기도 한다. 복음은 완벽한 사람이 말할 때보다 상처받은 사람이 고백할 때 더 설득력 있게 들린다. 전도는 논리로 이끄는 일이 아니라, 삶의 이야기를 통해 하나님을 보여주는 일이다.

● 자서전이 진짜 복음서가 되기 위해서는 성공보다 실패가 필요하고, 자랑보다 고백이 필요하다. 그 안에 있는 진실한 고통과 회개, 그리고 회복의 이야기가 믿지 않는 이의 닫힌 마음을 두드릴 것이다.

"그는 허물과 죄로 죽었던 너희를 살리셨도다…긍휼이 풍성하신 하나님이 우리를 사랑하신 그 큰 사랑을 인하여 허물로 죽은 우리를 그리스도와 함께 살리셨고 (너희는 은혜로 구원을 받은 것이라)" (엡 2:1, 4-5).

나는 과거에 허물과 죄로 죽은 자였다. 하지만 그 사실을 감추지 않고 드러낼 때, 하나님의 긍휼은 내 글 위에 선명히 새겨진다. 그렇게 쓰인 자서전은 복음의 반사경이 된다.

하나님의 시선은 부끄러움 위에 머무신다. 감추고 싶은 그 시간 위에 크신 긍휼로 함께 하신다. 그때 우리가 얼마나 연약했는지, 얼마나 두려워했는지, 얼마나 도망치고 싶었는지를 다 알고 계신다. 그리고 바로 그 자리에, 하나님은 은혜를 덮으신다. "주를 바라는 자들은 수치를 당하지 아니하려니와 까닭 없이 속이는 자들은 수치를 당하리이다"(시 25:3).

자서전을 쓰는 그리스도인으로서 가장 추한 내 모습을 적는 일은 하나님 앞에서 벌거벗는 일이 아니다. 덮으시는 은혜를 체험하는 일이다. 그분이 기억하지 않겠다고 하신 것을 기억해내며 고백하는 일이다. 그 고백은 부끄러움이 아니라, 하나님의 이름을 높이는 영광의 문장이 된다. 마침표 대신, 믿음의 쉼표. 나는 모든 것을 다 고백할 수 없지만, 하나님은 모든 것을 아신다.

나는 부족한 글을 남기지만, 하나님은 그 글을 사용하신다. 자서전은 내 이야기 같지만, 하나님의 이야기이기도 하다. 내가 무너진 자리마다 은혜가 기록되고, 내가 주저앉은 시간마다 하나님의 손길이다. 그래서 나는 오늘, 나의 가장 추한 이야기를 믿음의 손으로 적는다. 그것이 하나님 앞에서만 가능한 정직이며, 그 정직이야말로 진짜 믿음의 시작이기 때문이다.

노년의 자서전

내 삶을 넘어선 세계, 그 너머에 대한 상상력으로 죽음은 의미를 덮고 있다.

"너희가 노년에 이르기까지 내가 그리하겠고 백발이 되기까지 내가 너희를 품을 것이라 내가 지었은즉 내가 업을 것이요 내가 품고 구하여내리라"(사 46:4).

"하나님이여 내가 늙어 백발이 될 때에도 나를 버리지 마시며 내가 주의 힘을 후대에 전하고 주의 능력을 장래의 모든 사람에게 전하기까지 나를 버리지 마소서"(시 71:18).

나는 하나님에 대하여 말하고 싶다. 모든 어떤 방법과 수단을 다 동원하여 사람들에게 하나님의 이야기를 들려주고 싶다. 미래보다 과거의 삶이 더 길다는 사실에 우리는 겸손하고 조용해야 한다.

다윗은 성경을 세상에 나오게 한다. 그 사명을 위해 모든 생애를 십자가에 글로 새겼다. 고독의 소리조차 골방의 구석에 가둬버린 뜨거운 몸부림이었다. 내리는 빗속에서 가득 물감이 묻은 붓을 이리저리 움직이면서 외로운 그림을 그리고 있었다. 내리는 비가 모두 종이에 숨겨진 이야기들을 토하면서 두껍게 채색되어갔고 비가 그치면 그 아름다움은 완성되었다. 휘파람 소리가 멈추면 다시 찾아오는 고요처럼 모든 소리를 글에 담았다. 누군가 내 곁에 있었으면 좋겠다는 상상으로도 그는 우리에게 왔다. 동정을 잃어버린 부끄럼에서 숨어버릴 공간을 찾는 소년처럼 홀로 견뎌야 하는 곳에서도 그는 믿음의 소리를 종이에 묻고 우리 곁을 지켰다. 질문을 해야 하는 곳에서 그는 항상 또 다른 의문을 가지고 기다리고 있다.

생각은 스스로의 의지다. 혼란한 것은 지키려는 것이고 고독한 것은 누군가를 향한 소리다. 죽음의 문턱에서 사고는 한 발자국의 거룩한 참회를 한다. 차마 의지로 내디딜 수 없는 조용한 순종은 결국 용서를 비는 침묵의 귀향이다. 나무는 낙엽에 죽음의 편지를 쓴다. 바람이 그려준 빨갛고 노란 색깔로 연필심을 눌러쓴 나무의 생명에 대한 유서다. 선택으로만 살아온 삶의 마지막은 선택되어지는 것이다. 피아노 건반을 맥없이 두드리는 어린 소녀의 귀처럼 먼 곳을 헤맨다. 소년이 들어야 하는 어른의 지난 이야기들은 호기심을 동반한 나의 전령이다. 결국, 유년의 기억으로 신의 앞에 선 서툰 몸짓의 무대다.

● 내가 그리는 나의 생은 땅에 떨어진 작은 겨자씨다. 겨자씨는 모든 것을 간직한 기다림이다. 이제 그가 울음을 낸다.

그에게는 우렁차고 기쁜 터짐이지만 세상은 그저 첫울음이라 한다. 생명을 지닌 어린 싹이 자란다. 그래서 아름답고 신비하다. 죽음의 길에 선, 그들의 손은 떨리고 가슴은 멈췄다. 그때 홍해는 울음을 멈추고 두 팔을 벌리며 그들을 향해 웃고 있었다. 푸른 얼굴이 여호와의 지긋한 미소가 되어 이제껏 두려움에 떨던 그들에게 다가온 것이다. 믿음의 옹알이는 이곳에서 시작된다. '믿느냐' 하는 물음에 머뭇거리며 확신 없이 부끄러움으로 새어 나오는 대답이 옹알이다. 그것은 이미 빠른 화살이 시위를 떠나는 모습이다.

"말씀이 네게 가까워 네 입에 있으며 네 마음에 있다 하였으니 곧 우리가 전파하는 믿음의 말씀이라"(롬 10:8).

아브람은 약속의 말씀을 따라간다. 시작이다. 누군가가 들려주는 소리를 그저 한번 옹알이로 답을 한다. 예수께서 주시던 떡을 먹으려 두 손을 내미는 손이다. 성령께서 재촉하는 울림의 시작이다. 광야의 소리는 죄를 때리고 깨운다. 천지가 부서지는 것보다 우렁차고 아픈 매가 되어 세상에 소리를 낸다. 온 유대 지방과 예루살렘 사람이 다 나아가 자기 죄를 자복하고 요단 강으로 온다. 그들의 발걸음이다. 허다한 무리의 발소리가 대지의 숨소리를 잠시 멈추게 한다. 너무나 부드러운 그리고 흥겨운 냄새를 흘리며 믿음은 배움을 시작한다. 옹알이는 말이 아니다. 혼자 생각하고 나만 아는 언어다.

일을 잘하려면 사람들과 교제와 협력이 필요하다. 젊은이들은 노인의 지혜와 경륜이 필요하고, 노인들은 젊은이들의 에너지와 추진력이 필요하다. 일을 하기 위해서 서로가 필요한 것이다. 일을 하기 위해서는 건강을 유지해야 하고, 건강을 유지하기 위해 시간과 노력을 투자해야 한다. 우리의 육신은 하나님께서 주신 사명의 도구다. 그 몸을 잘 간직하여 선한 청지기의 임무를 다해야 한다. 노년에는 여러 가지 여건이 일을 하는 데 녹록지 않다. 육체적 힘이 약해질 뿐만이 아니라 마음도 진취적이지 못하다. 환경에 불만이 많아지고 의지도 상실된다. 자신에 대한 포기가 빠르고 무기력해진다. 이런 시련을 이기고 일어서야 한다. 이런 것들을 이기는 최선의 방법은 섬김이다. 사람들과 좋은 관계를 쌓으면 인생이 즐거워진다.

노년의 글쓰기는 살아온 모든 날들에 대한 조용한 예의다.

믿음의 옹알이

베드로가 옹알이를 한다. 부끄러워 예수께 떠나가기를 간구했다. '주여 나를 떠나소서, 나는 죄인이로소이다.' 웃으셨다. 예수께서는 결코 그를 떠나지 않는다. 그는 옹알이를 들으시는 분이기 때문이다. 갈릴리 호숫가의 넘실대는 물소리가 찬양을 한다. 시몬의 배는 춤을 춘다. "무서워 말라, 네가 사람을 취하리라." 실패를 무서워 말라. 결코 무서워 말라. 네가 이제 후에는 성공을 취하리라. 살아 있는 것은 움직인다.

　끊임없는 옹알이, 믿음의 출발이다. 찌르면 아프고, 때리면 울면서 듣는, 나만이 알고 있는 고백이다. 고기를 잡으라고 가르침을 받았지만 물속에서 건진 것은 고기가 아니었다. 심히 많아 그물이 찢어지게 담아 올린 것은 믿음이었다. 옹알이였다. 이제껏 듣지도 보지도 못한 설명할 수 없는 비밀이었다. 그들의 마음속에 심어진 알 수 없는 옹알이였다. 호렙 산에서 음성을 들었던 모세처럼, 여호와의 성전에 누웠던 사무엘처럼, 광야의 샘물 곁 사라의 여종 하갈처럼, 다메섹 길가에서의 사울처럼, 그때 들려온 목소리는 뛰는 심장을 잠재웠고 누웠던 영혼을 일으켰다.

　이 순간은 타인의 시간이다. 내가 할 수 있는 것이 아니라 외부의 힘에 의해서 내가 결정되는 순간이다. 믿음은 단지 학습일 뿐이다. 배우는 것은 쉽다. 그러나 배운 대로 행하는 것은 어렵다. 우리는 율법과 복음의 숙제를 영원히 해결할 수 없을지도 모른다. 우리가 옹알거렸던 율법을 듣자.

　아브람의 옹알이는 오직 믿음이었다. 죄의 기준을 분별할 수 없는 옹알거림이다. 그는 그렇게 듣고 배웠다. 세월은 생명을 낳는다. 모래알처럼 많은 그의 후손들은 입마다 그가 옹알거렸던 믿음의 옹알이를 찾았다. 이제 모두에게 필요한 옹알이가 되었다. 시내 산은 꿈이 모이는 제국이다. 이제 믿음의 옹알이가 율법과 계명으로 그곳에서 출발한다.

　세상에 살면서 출세하고 명예를 얻고 사람들에게 존경을 받으면, 우리는 하나님께 감사한다. 내가 가진 재주나 노력보다 더 많은 것으로 채워주셨기 때문이다. 우리는 축복이라는 말로 하나님께 영광을 돌리고 하나님을 자랑한다. 그러나 이런 것들은 욥의 시험처럼 한 순간에 없어질 수도 있는 것들이다. 그런 시련이 오면 우리의 신앙은 흔들린다. 하나님을 잘 믿고 있던 사람도 불행한 일을 당했을 때 믿음이 한순간 나락으로 떨어지는 경우를 종종 본다. 우리는 하나님의 선물에 너무 믿음을 가진다. 선물을 받으면 모두가 좋아한다. 그러나 그 선물의 진짜 의미를 알게 되면, 선물 자체에 마음을 빼앗기는 것이 아니라, 선물을 주는 마음을 신뢰하고 감사하게 여길 수 있다. 하나님의 선물보다는 믿음에 더 관심을 가져야 한다.

"네가 이 세대에서 부한 자들을 명하여 마음을 높이지 말고 정함이 없는 재물에 소망을 두지 말고 오직 우리에게 모든 것을 후히 주사 누리게 하시는 하나님께 두며"(딤전 6:17).

자서전은 은혜와 소명의 옹알이다. 언젠가는 믿음으로 자라나 천국의 열매가 될 싹이다.

글로 정리되는 믿음

믿음 그 지독한 혼란, 믿음 그 진실 속의 흔들림, 그래도 정리되어야 한다. 믿음을 글로 정리한다는 것은, 믿음이라는 무형의 떨림에 의미와 흐름을 부여하는 일이다.

모세와 아론, 나답과 아비후와 이스라엘 장로 칠십 인이 존귀한 자들이 되어 하나님을 보고 먹고 마셨다(출 24:9-11). 그들은 아직 어린 입술을 가졌고 그의 말은 옹알이였다. 모세의 옹알이는 아브람의 옹알이와 다르다. 아브람의 것이 처음 하는 아기의 옹알이라면, 모세의 것은 배운 말을 되새기는 아이의 옹알이다. 믿음과 율법의 차이다. 율법은 몽학선생이 되어 믿음의 씨앗이 되고 옹알이가 된다. 과정이다. 아기가 세월 없이 어른이 될 수 없는 것처럼 믿음의 성숙 단계다.

> "내가 율법이나 선지자를 폐하러 온 줄로 생각하지 말라 폐하러 온 것이 아니요 완전하게 하려 함이라 진실로 너희에게 이르노니 천지가 없어지기 전에는 율법의 일점일획도 결코 없어지지 아니하고 다 이루리라"(마 5:17-18).

거칠 것이 없는 바람도 우연은 아니다. 질서는 단계의 산물이다. 시냇물의 옹알이는 바다의 그리움이다.

부자 청년이 있다. 젊은이가 부자가 될 수 있는 조건은 뛰어난 재주와 부자인 아버지를 두고 있는 경우다. 그는 부자였고, 그래서 부러울 것이 없었다. 그는 이제 예쁘고 지혜로운 여인을 찾아 함께 살아갈 미래가 있다. 보고 싶은 것을 찾아 여유롭게 여행도 하고 가난한 자에게 긍휼을 베풀어 존경을 받을 수도 있다.

세상은 천국이라고 그는 생각했다. 영원히 이 행복을 가질 수 있다면…그는 이 세상의 것이 아닌 다가올 세상의 행복까지를 꿈꾼다. 그는 결심한다. 배워야겠다. 들어야겠다. 꿇어앉아 간절히 답을 구한다. '무엇을 하여야 영생을 얻으리이까?' 예수께서는 옹알이를 주신다. 그는 옹알이를 마쳤다고 자신있게 말한다. 분명 그것은 옹알이였다. "내가 이제 말을 할 수 있습니다. 사람의 계명을 내가 다 지켰습니다." 믿음의 옹알이는 반복된다. 그것은 초등학문을 다했으니 고등학문이 필요하지 않다는 것과 같다. 시냇물이 소금물이 되기 위해서는 바다까지 가야 한다. 머무름은 더 이상의 믿음을 가질 수 없다. 그래서 율법은 믿음의 옹알이다.

율법은 두 가지의 명령이다. '정절과 효.' 지키라는 것과 행하라는 것이다. 이것이 훈련되고 연습되어야 믿음으로 갈 수 있다는 것이다. 변화는 만드는 것이다. 만들어진다는 것은 미친 존재감이다.

변화는 진보만을 의미하지 않는다. 잘못된 변화는 현재보다 더 퇴보한 존재가 된다. 끊임없는 변화는 앞과 뒤를 오가며 한 발을 딛는 것이다. 믿음의 첫걸음은 넘어짐이다. 그러나 일어남을 전제로 한 넘어짐에는 오직 전진이 남아 있다. 서툰 믿음의 옹알이는 아브람의 입에도, 모세의 입에도, 다윗의 입에도, 베드로의 입에도, 사울의 입에도 끊임없이 입술에서 흔들거렸다. 믿음아! 두려워 말라. 시작은 그저 내 존재의 알림뿐이다.

믿음아! 걷자, 뛰자, 넘어지자, 그리고 다시 일어나자.

사밧의 아들 엘리사는 밭을 갈고 있었다. 그의 마음속은 기다림이다. 그는 걸었다. 넘어질 때마다. 그는 다시 일어나 믿음을 그의 곁에 두었다. '엘리야를 보고 자라나는 씨앗.' 믿음은 자립이다. 믿음은 본능이 아니다. 자극이다. 영이 아닌 물질은 믿음을 가질 필요가 없다. 믿음이 없어도 살아갈 수 있기 때문이다. 짐승은 태어나는 순간부터 자립할 능력이 있다. 그러나 사람은 태어나는 순간부터 연약하고 무능력하다. 인간은 영이기 때문이다. 신이다. 물질이 아니라 정신이다. 육신의 껍데기는 포장이다. 바로 일어날 수도 없고 먹을 수도 없다.

스스로 껍데기를 만들 수 있는 것은 아무것도 없다. 또 다른 껍데기의 힘을 빌리지 않는다면 부서져버릴 수밖에 없는, 어처구니 없는 세찬 바람 앞의 종이일 뿐이다. 아이를 죽이는 데 누가 힘이 필요한가. 그는 아무것도 할 수 없기 때문이다. 그러나 그에게 믿음의 영이 있다. 그것은 완전한 씨앗이다. 자라면 나무가 되고 열매를 맺는 모든 것을 담고 있는 씨앗이다. 믿음의 가치는 씨앗에 담겨 있다. 물을 주고 바람이 불면 성령의 사람이 된다.

바람 따라 흩날리는 믿음은 글로 새길 때 방향이 생긴다. 떨리는 입술보다는 흔들리는 손끝에서, 믿음은 비로소 길을 걷는다. 말이 되기 전의 믿음, 넘어지는 옹알이 같은 고백도 문장으로 놓이면 흐름이 된다. 믿음의 글쓰기는 보이지 않는 씨앗을 보이는 흔적으로 남기는 일이다.

믿음의 자명고를 찢으면 생은 파괴된다. 내가 머무는 곳, 지독한 혼란과 아픔을 견디며 그곳에서 비를 기다리고 햇볕을 맞이해야 한다. 더러는 길가에 떨어지고 더러는 흙이 얇은 돌밭에, 더러는 가시떨기 위에, 더러는 좋은 땅에 그렇게 믿음은 우리에게 온다. 믿음은 새 일이다. 여호와는 그 입김으로 씨앗을 불어 우리를 그곳에 있게 한다. "너희는 이전 일을 기억하지 말며 옛날 일을 생각하지 말라"(사 43:18). 어른이 된 육신에 담긴 작은 믿음은 실체다. 그는 작은 자다. 작은 육신에 담은 큰 믿음은 실체다. 그는 큰 자다. 씨앗은 열등감도 우월감도 없다. 모두 그 자리에 있다. 형식적이거나 내용적인 면도 없다. 그저 그곳에서 엉크려 있다.

믿음이 기다리는 곳, 내 글의 마침표다.

자서전의 한 줄, 용서다

진실의 펜, 종이에 갇혀버리다. 목에 걸린 멍에에 짓눌려 눈물이 되어 올라오다. 우리는 스스로에 대한 실망이 얼마나 많은가. 세상의 향연도 얼마 남지 않았다. 창조의 질서가 무너지는 소리가 너무 크기 때문이다.

용서는 찢어진 성경 조각을 붙이는 일이다. 불에 타 재가 된 눈물을 영혼에 모으는 일이다. 터진 살 한 조각이 창자에서 호소하는 신음 소리다.

바다의 끝은 땅이고, 하늘의 끝은 주님의 보좌다. 성경의 파편과 찢긴 살, 울음과 물고기와 십자가가 함께 말한다. "이것이 용서다." 박넝쿨 그늘의 호소는 꿈에서 들은 침묵이며, 성결을 통한 회한이다. 던져진 물맷돌의 우렁찬 예언이 골고다로 이어진다. 말씀의 칼을 들지 않고 어떻게 회개의 끈을 달고 십자가에 서겠는가. 용서 없이는 말씀이 산산조각 나고, 신은 침묵으로 남는다.

어른은 아이의 생각을 모아야 한다. 많은 얼굴들이 하나의 얼굴이 되듯, 흩어진 조각들이 다시 사랑의 얼굴을 닮아가는 것이 용서다. 찢어진 말씀과 살, 목구멍을 지나온 울음, 메마른 땅 위를 튀는 물고기, 그 모든 것이 십자가에서 손을 맞잡는다. 자서전을 통해 용서의 끝자락을 붙든다. 누군가의 멍든 가슴을 영혼의 빗자루로 쓸고 있는 것이다. 나는 울음이다. 비틀린 심장과 잃어버린 상상이 절규하는 찢어진 바람이다.

용서 없는 자서전은 거울 없는 방에 새긴 낙서다. 선악과를 든 아담의 떨리는 손, 아벨의 피가 흘렀던 자리, 가인의 두려움이 숨었던 구석, 거룩한 잔인함과 자유를 위한 항거, 사랑이 흘리는 흑백사진이다. 나무는 언덕의 눈물이고 흙은 하늘의 살점이다.

울음을 만나면 소리가 된다. 말씀은 모세의 지팡이가 되었고 다윗은 광야의 꽃을 먹었다. 세속을 지운 바울의 펜은 십자가를 세웠다. 마지막을 본 자는 울지 않는다.

용서는 하늘의 진동이며 바다에 갇힌 은밀한 감옥이다. 다윗이 흘린 마지막 울음은 유언이었다. 이제 나는 글자로 십자가를 세워야 한다. 종탑을 울리고 바다을 만들어 엎드려야 한다. 가쁜 숨소리의 신음도 시가 되어야 한다. 환풍기에 매달린 벌레 하나가 들녘의 웃음을 회상한다. 이제 집으로 돌아가야 한다. 그것이 존재의 의미다.

홍해의 물을 갈라야 한다. 검고 높은 파도는 두렵지만 에덴을 추리소설의 무대로 삼아서는 안 된다. 오랜 침묵은 화가의 손에 쥐어지고 시인의 상상은 실재를 외면하지 않는다. 허상은 성스러운 사건을 빼앗아 탐욕의 벽을 세운 광신의 믿음 속에 숨 쉬고 있다. 노래도, 광기도, 어쩌면 그들에게는 대화였다. 이제 오해를 풀기 위한 삶의 노력이 있어야 한다. 주님의 십자가처럼, 용서는 내 죽음 위에 피는 모양 없는 향기다.

나는 누군가에게 에덴의 뱀이 된다. 누군가는 나를 사랑한다는 이유로 뱀이 된다. 우리는 함께 똬리를 튼다. 그 안에서 서로의 가시를 품고 주님의 음성을 듣는다. "네가 어디 있느냐." 다시 믿음으로 주조한 활자가 에덴이 된다. 늘 상처 입은 자는 불신의 벽에 기대어 있다. 조용히 먼 길을 걷는 걸음이 용서다. 벽을 타고 하늘에 오르는 물고기의 꼬리가 용서다.

허구의 진실은 모래다. 아기 예수는 동산 중앙의 생명 과실이다. 창조의 예언이 달린 열매의 붉은 속살이다. 찢어진 하늘의 바람은 썩은 저주를 말릴 것이다. 말씀은 뼈의 기둥을 세우고 살을 붙여 흙이 된다.

살로메의 춤은 흩어지고 유다의 창자는 바람이 멈춘 먼지처럼 사라진다. 찢긴 성경은 길을 잃었고 살은 기억을 잃었고 울음은 말을 잃었다. 그래도 물고기 한 마리는 방향을 기억했고 십자가는 그 기억을 품었다. 그것이 용서다.

은전 삼십의 선악과를 바라보고 목에 오라를 걸었던 사내는 흙이 되지 못했다. 빌라도의 법정에서 울린 채찍 소리를 이제 우리도 토해야 한다. 골고다는 에덴의 문이 되었고 신음 소리는 바람을 안고 에덴을 향한다.

우리는 무엇을 하고 있는가. 그것은 지금 무엇을 고민하고 있는가의 질문이다. 이 판단을 기도하지 않으면 나는 더 나아갈 수 없다. 천국을 앞에 두고 쓰러질 것이다.

용서와 사랑이 없는 곳, 거울이 없다. 내가 세상을 창조하려는 순간은 슬픔이다. 창조된 대로 사는 것이 순종이고 행복이다. 우리는 어제의 삶을 다른 얼굴로 오늘을 만든다. 늘 고독하고 힘겹다. 삶은 끝이 없다. 하루도 죽음도 끝이 아니다. 육체는 정신을 위해 존재해야 한다. 그래야 정직하고 선할 수 있다. 육체와 정신은 삶의 젓가락이다. 둘이 함께 있어야 세상을 집어낼 수 있다. 하나만 있다면 위선이다. 상상은 기도여야 하고 현실은 기도의 삶이어야 한다. 목소리는 크고 넓게 울려도 행동이 자신만을 지킨다면, 그것은 한 개의 젓가락으로 음식을 집는 것과 같다. 영의 양식은 두 젓가락으로 집는다.

세상은 시끄럽다. 각자의 목소리가 넘쳐나기 때문이다. 늘 새로운 방식의 삶을 살고 있다. 그래서 다툼과 논쟁과 살인이 일어난다. 주님이 다시 오셔도 사람은 십자가를 또다시 세울 것이다. "세 사람이 말하면 없던 호랑이도 만든다." 이제 모두가 세 사람이 되었다. 글은 품위를 잃었고 말은 방향을 잃었다. 시는 낙서가 되고 예술은 포장된 속임이 되었다. 진실이 없는 삶은 패배한다. 용서가 없는 삶이 만들어낸 세상이다.

용서의 흙에 영혼을 새긴 것이 문자다. 그림도, 소리도, 바람도 그곳에서 멈췄다. 흔적을 남기고 살았다. 꽃은 노래했고 짐승은 신음을 남겼다. 사람은 신의 호흡을 품었다.

나귀의 입으로 우화를 듣고, 기도는 종이를 뚫고 신을 깨웠다. 새는 하늘에 발자국을 찍고 고래는 울음으로 연인을 찾았다. 저주받았던 땅은 종이가 되어 하얀 거품을 흘렸다.

잃어버린 것은 신의 기억이다. 씨앗은 어둠 속에서 썩는다. 기도가 응답되면 생명이 된다. 신의 호흡이 코에 들어왔던 그 모습으로. 하나님이 보시기에 좋으신. 자서전의 용서다.

종이의 반란, 나는 무엇을 남길 것인가

● 잔인한 날의 문장은 틀어져 있다. 미움조차도 용납되고 사랑조차 몸을 돌린다. 추락한 글자 하나가 너무나 뼈아프고 치명적이다. 더욱 처절하다. 자신에게도 용납받을 수 없는 허무다. 그것은 사랑의 환상과 죽음의 그림자가 함께 투영되는 모습을 본다. 이런 날이 오면 피를 쏟으며 우리는 원하는 것을 찢어버린다.

치욕의 배가다. 그러나 기다리면 펜은 조용해질 것이며, 잊을 것은 잊으라 할 것이다. 그리고 고통의 망령을 떠나보낼 것이다. 이상한 희열과 좌절감은 오히려 새로워질 것이다.

왜 쓰느냐는 질문에 화려한 변명이나 거창한 이유를 댈 수는 없었다. 남의 삶을 대신 살 수 있는 것이 소설이라면 나의 자서전은 나의 에덴이다. 타인의 영혼 깊숙이 발을 딛는 대필도 나의 자서전이다.

자신을 알고 있는 사람이 누가 있을까. 독백의 자존감을 종이에 긁어본다. 어쩌면 내 팔을 잘라보는 것 같은 끔찍한 경험도 순수다. 작심한 듯 나에게 질문한다. 분노를 주체하지 못하는 뜨거운 존재가 되어 있더라도 글은 침착하다. 평온한 듯하다가도 돌변하는 바다처럼 모순은 격정적이다. 맥박이 심장을 두드리면 손마디 하나는 내 영혼을 부르고 이슬처럼 삶의 숨결이 욕망을 부른다.

상상이 불러들인 소문난 잔치의 허상은 믿음의 실체가 아니다. 시공을 초월한 무대의 마당은 그렇게 사라지는 것이 아니다. 존재는 믿음을 증명하는 실제의 삶이어야 한다.

찢어진 조각을 꿰매어 조각보를 만든 믿음을 펴고 하늘을 본다.

악은 늘 눈물 속에도 있고 웃음 속에서도 기쁨과 슬픔을 가리지 않는다. 그는 열심일 수도 있고 고독과 기다림과 성공과 실패도 기준을 삼고 있지 않다. 육체도 영혼도 삶도 죽음도 그 어떤 것도 거칠 것이 없다. 갇힌 자도 자유한 자도 어떤 방향도 없다.

선도 똑같은 조건이다. 우리는 용서가 아니라 복수다. 사랑에 대한 가장 확실한 방법인지도 모른다. 내 사랑을 당신이 파괴했다면 복수의 칼은 날카롭게 다듬어지고 용서를 벤다.

내일과 애기하자. 오늘은 내일의 역사다. 그 이야기는 내가 들을 수 있고 나를 대신하여 나를 알고 있는 사람이 들을 수도 있고 나와는 전혀 상관이 없는 누군가가 들을지 모른다. 지금의 이야기는 내일의 현실일지도 모르고 어제의 꿈일지도 모른다. 이야기의 반전이 되어 있을 수도 있지만 어떤 경우도 지금은 내일의 역사다. 달아나 버린 기억도 지쳐 잠이 들어 쉬었다.

노루 엄마를 바라보는 노루 아이의 눈동자처럼 용서에 덮인 자서전으로 채우자. 너무 완벽하여 감춰진 흔적들 속에 위선과 가면의 완전범죄를 스스로 벗어야 하는 순간이다.

용서의 여백은 반성이다. 간절한 회개의 기도다. 한 줄의 장면이 흘렀지만 아무도 그것을 발견할 수 없다. 꼭꼭 채워진 글은 토함을 시작했다. 종이의 주인공은 글자만이 아니다. 그저 한숨을 담은 여백의 순수도 글자다. 용서는 눈물을 흘린다. 그것은 읽을 수 있는 영혼이며 숙제를 가득 안고 엎드린 가슴이다. 삶에 대한 정리는 세상을 향한 우리의 반란이다.

내 앞에 놓인 구겨진 종이에 비틀거린 글자 한 줄이, 삶의 반란을 꿈꾸며 나를 붙잡고 있다.

영원한 시간 속으로의 여행

가장 좋은 삶은 어떤 것일까. 이 생각에 대한 또 다른 질문은 '과연 그런 것들이 있는 것일까'라는 것이다. 잘 살았다고 느끼는 것은 좋은 죽음이라는 결론을 내린다면, 억지가 될까. 어떤 이는 삶이 즐거운 소풍처럼 기분 좋은 날이었다고 말한다. 어떤 이는 살아 있는 동안 너무 힘이 들었다고도 말한다. 어떤 이는 삶은 아무것도 아닌 허무였다고 외친다. 나의 삶은 무엇이었을까. 어쩌면 좋은 죽음을 위해 최선을 다하는 삶을 사는 것이 아닐까.

좋은 죽음은 우연히 만들어지지 않는 것이라는 생각으로 이야기를 시작한다. 삶 속에서 채워진 선택들이 모여 결과를 만들어낸다. 우리는 살기 위해서 세상에 있는 모든 것을 이용한다. 병원에도 가고, 몸에 좋은 식품과 음료를 먹고, 운동을 한다. 그런 것들을 남용하는 것도 부질없는 것이지만 어떻게 보면 그런 것들을 제대로 활용하지 못하는 것도 어리석은 일일 것이다.

하나님께서 에덴을 허락하셨을 때, 그곳은 살아가기에 전혀 부족한 것이 없었다. 그러나 에덴의 것들을 이용하지 않는다면 그것은 모두 무용한 것이 된다. 세상의 것을 알기 위해서 공부도 하고 지식을 넓혀야 한다. 균형 있는 삶이란 삶에 저항하지 않고 그 안의 섭리를 기꺼이 수용하는 삶이라고 말할 수 있다.

나는 그리스도인이다. 창조주 하나님과 심판의 하나님을 믿는다. 그러나 지금 이 글이 그리스도인만을 위한 것은 아니다. 다만 이 글을 그리스도인의 관점에서 쓰고 있을 뿐이다. 이것은 옳고 그른 차원과는 다르다. 신앙은 내 시선이지만, 죽음을 삶 안에서 바라보는 이 물음은 누구에게나 열린 초대다. 삶은 죽음 이후의 가치다. 우리는 삶 속에서도 끊임없이 삶과 죽음의 통로를 헤매면서 질문과 답을 만들어냈다. 배움의 통로는 성경이다. 이 문제에 대하여 씨름해 온 사람들의 공통적인 견해는 성경에 대한 믿음의 차이가 삶에서도 나타난다는 사실이다.

지금은 문명이 시작된 이래 한 번도 경험하지 못한 100세 인생의 시대를 살고 있다. 노년은 죽음에 대해 더 많은 생각을 하고 정리하는 데 익숙하다. 사람은 누구나 늙고 병들고 죽음을 맞이한다. 살아 있는 자의 존재는 한 줄의 자서전이다.

노년에 기회를 만들라. 삶을 간소화하라. 남아 있는 시간에 무엇을 할 것인가를 계획하고 마무리하라. 첨단 의학을 적절히 활용하라. 우리는 세상의 수없이 많은 답을 듣고 있다. 시간 속에서 우리의 여행은 이 고백으로 시작되어야 한다. "우리에게 우리 날 계수함을 가르치사 지혜로운 마음을 얻게 하소서"(시 90:12). 지나온 날들을 정리하면서 한때 여행의 그날을 오늘의 삶 속에 섞어본다.

● 가을은 풍성하다. 어쩌면 자서전은 가을에 하는 정리다. 책날개에 새긴 <에덴의 계절>이다. 여름의 따가운 빛과 폭풍을 이겨낸 결과다. 우리의 삶에서 잘 마무리한다는 것은 결국 인생을 잘 사는 것이다. 인생은 죽음을 두고 달려가는 것이 아니라, 살아가는 것이다. 인생에는 분명한 목적이 있고 소명이 있다. 우리를 이곳에 보내신 이의 뜻을 이루고 가는 것이 인생의 가치다.

"너는 센 머리 앞에서 일어서고 노인의 얼굴을 공경하며 네 하나님을 경외하라 나는 여호와이니라"(레 19:32).

젊음으로 돌아가려고 하지 마라. 그것은 어리석은 일이다. 아무리 노력해도 그것은 이루어질 수 없는 것이기 때문이다. 백 세의 노인에게 육십대 같다고 칭찬하는 것은 위로다. 세월을 인정하고 지금 이 순간에 무엇을 할 것인가를 생각하는 노년의 삶이 지혜다. 그렇게 하면 노인은 결코 사회에서도 무가치한 잉여인간으로 남지 않는다. 젊음이 모두 좋았던 것은 아니지 않은가. 친구들은 "젊음은 좋은 것이지만 다시 그 시절로 돌아가 인생을 시작하라고 하면 싫다"라고 말한다. 세월이 가면 지혜로울 수 있다. 바둑이나 운동경기를 보면 관람자가 더 냉정하고 정확한 작전을 구사할 수 있는 것을 본다. 삶을 살면서 연단된 몸에 익은 습관과 생각이 지혜를 만드는 것이다. 물론 젊은 사람들도 지혜로울 수 있고 노인이 어리석을 수 있다는 사실은 부정할 수 없다. 나이가 든다는 것을 인정하고 삶을 살아가는 것은 남은 생을 위해서 매우 중요한 일이다.

● 우리는 매일 잠자리에 눕는다. 어쩌면 죽음이란 긴 잠을 위한 연습일지도 모른다. 언젠가 다시 그 잠에서 일어나 또 다른 삶을 살기 위한 조용한 기도다.

노년은 육체적 힘을 잃는다. 그래서 육체로 하는 일보다는 기도나 격려처럼 잔잔한 활동에 집중하는 것이 필요하다. 성경에서도 노년의 삶 속에서 소명을 다한 사람들의 이야기가 많이 나온다. 모세는 여든의 나이에 백성을 약속의 땅으로 인도했다. 아브라함도 75세에 고향을 떠났고, 그의 아내 사라는 폐경이 훨씬 지나 아들을 낳았다. 늙은 사가랴의 부인 엘리사벳은 세례 요한을 낳았고, 다윗은 성전 건축을 준비했다. 노인 안나와 시므온은 성전에서 예언된 메시아를 만났다. 사도 요한도 구십이 넘어 예수 그리스도의 계시를 보고 글을 남겼다. 나의 여행은 지금으로부터 종이 한 줄로 이어질 것이다.

세상에 대한 집착은 악의 동기가 된다

은퇴는 일을 멈추는 것이 아니라 새로운 일을 다시 시작하는 것이다. 은퇴가 힘이 드는 것은 젊은 시절, 열심히 일해온 터전을 떠나는 것이다. 이제까지의 정체성을 상실하는 것이기도 하다. 그동안 사용하던 기술과 지식과 지혜가 아직도 남아 있는데 일터를 떠난다는 것에 대한 상실감이다. 이제 인생은 길어졌다. 은퇴 후에 조금 더 살면 세상을 떠나야 하는 시대가 아니다.

　은퇴 후의 삶이 길어져 젊은 시절 일하던 시간과 비슷하게 나머지 삶을 살아야 한다. 이제 새로운 삶으로 대체해야 한다. 다시 제2의 인생을 살아야 하는 것이다. 육체적인 힘이 부족한 것 말고는 오히려 젊었을 때보다 좋은 여건인지도 모른다. 재산도 정리를 하고, 포기할 것은 포기하고, 젊었을 때 하지 못했던 것도, 하고 싶은 것도 찾아서 해보는 것이다. 남에게 피해를 주는 일들은 모두 정리하고 인생이 가장 아름다울 수 있도록 계획을 세우는 것이다. 늙어서 혹시 잃어버릴 것이나 잊게 되면 아쉬운 것들을 기록으로 남겨놓는 일도 중요하다. 육체적인 상실에만 너무 집착하게 되면 새로운 것을 다시 시작할 수 없다.

　새롭게 출발하는 기회가 줄었고 힘이 들지만, 그것은 나를 위해 반드시 필요하다.

　우리는 살면서 많은 사람들의 죽음을 대한다. 가까운 사람으로부터 이름만 아는 사람까지 많은 사람들의 죽음을 보면서, 나 자신은 어떤 삶을 살아야 하며 어떤 죽음을 맞이할 것인가를 스스로에게 질문해야 한다. 헤어짐은 고통과 슬픔이다. 떠나는 사람도 남아 있는 사람도 모두가 아픈 경험이다. 그러한 아픔을 극복할 수 있는 성숙한 슬픔을 만드는 방법을 찾아야 한다.

　음식을 먹지 않고 사람은 40일을 버틸 수 있다. 물을 마시지 않고는 3일, 숨을 쉬지 않고는 3분을 견디기 힘들다. 어떻게 보면 산다는 것은 늘 위태롭다. 사람이 죽을 수 있는 상황은 그렇게 거창하지 않다는 것이 사실이다. 그래서 우리는, 소망을 죽음 이후에 두는 것이다.

"소망의 하나님이 모든 기쁨과 평강을 믿음 안에서 너희에게 충만하게 하사 성령의 능력으로 소망이 넘치게 하시기를 원하노라"(롬 15:13).

"만일 그리스도 안에서 우리가 바라는 것이 다만 이 세상의 삶뿐이면 모든 사람 가운데 우리가 더욱 불쌍한 자이리라"(고전 15:19).

죽음이 가장 두려운 것은, 소중했던 모든 것을 포기해야 하기 때문이다. 이것은 참으로 힘이 들고 어렵다. 그러나 이 순간은 반드시 온다. 우리는 그 순간을 기다리는 것이 아니라 맞이해야 한다.

창조주 하나님이 보기에 좋았더라고 하신 세상의 모든 피조물은 다시 시작된 곳으로 돌아가야 한다. 우리는 스스로 죄의 결과를 낳았고 피조물은 분열되었다. 죄와 질병, 미움, 전쟁이 우리를 덮었고 하나님이 주신 자연은 파괴되었다. 타락의 결과물로 남게 된 세상을 떠나 다시 시작하는 선이 바로 죽음이 된다. 그것은 소망이다.

마라톤에서 가장 힘든 부분은 바로 마지막 얼마를 남긴 시기다. 중간까지 어떻게 잘 뛰었지만 후반부에 가서는 힘이 배가 든다. 기운이 빠지고, 포기하고 싶을 때도 생기고, 목이 말라 갈증은 심해지고, 정말 최악의 경우가 온다. 그러나 그것을 극복하고 완주하는 것이 곧 승리다.

"나는 선한 싸움을 싸우고 나의 달려갈 길을 마치고 믿음을 지켰으니 이제 후로는 나를 위하여 의의 면류관이 예비되었으므로 주 곧 의로우신 재판장이 그날에 내게 주실 것이며 내게만 아니라 주의 나타나심을 사모하는 모든 자에게도니라"(딤후 4:7-8).

욥기는 인간의 내면을 잘 나타낸 절창이다. 격동과 믿음 그리고 극한의 고통에서의 심정을 잘 보여준다. 사탄에게 시험을 받는 모습을 통해서 인간이 어떻게 견디어낼 것인가를 초조한 모습으로 그려내고 있다. 만약에 욥이 사탄에게 영혼을 던져버렸다면 성경에 그 이름은 지워졌을 것이다. 욥기는 이런 과정을 통하여 하나님을 의지하고 나아가는 모습을 보여줌으로써 하나님과 사람과의 관계를 더욱 세밀히 말해준다.

우리는 죽음을 맞이하면서 죽음을 부정하고 싶어 한다. 남아 있는 시간을 잘 활용하기 위해서는 죽음의 시간은 그렇게 냉정한 것만은 아니라는 것을 알아야 한다. 죽음을 말하려면 생명을 정확히 알아야 한다. 단순히 세포의 살아 있음을 가지고 생명이라고 할 수 있는가? 단순한 생명이라면 모르겠지만 사람에게 이런 정의를 내리는 것은 좀 곤란하지 않을까? "하나님이 자기 형상 곧 하나님의 형상대로 사람을 창조하시되 남자와 여자를 창조하시고." 하나님의 형상대로 지음을 받은 우리가 그런 단순한 생명일까? 하나님의 형상을 닮았다는 것은 바로 다른 생명체와의 구별이다.

"여호와 하나님이 땅의 흙으로 사람을 지으시고 생기를 그 코에 불어넣으시니 사람이 생령이 되니라"(창 2:7). 우리의 영혼은 하나님의 호흡이다. 성경은 삶에 대하여 엄청난 선언을 하고 있다. 죽음에 대비해 삶도 구분해 볼 수 있다. 육적인 죽음과 영적 죽음을 분리할 수 있으며, 영적인 죽음은 바로 하나님과의 단절을 의미하는 것이다.

성경에서 예수께서 죽은 나사로를 살리시는 것을 본다. 그런데 그 기적이 일어나기 전에 예수께서는 무덤 앞에서 눈물을 흘리셨다. 조금 있으면 살아날 나사로 무덤 앞에서 그 눈물은 어떤 의미였을까.

죽음이라는 어찌할 수 없는 인간의 슬픔에 고통스러웠던 것은 아니었을까. 우리는 죽음으로써 하나님과 함께할 수 있을 것이라는 믿음을 잊어서는 안 된다. "죽는 것도 유익함이라"(빌 1:21)고 말한 사도 바울의 고백은 신선하고 혼란스럽다.

진실의 순간(moment of truth)이라는 말은, 투우 경기에서 투우사가 검으로 소의 급소를 찔러 투우를 마무리하는 순간을 뜻한다. 삶과 죽음이 마주하는 순간을 이렇게 표현한 것이다.

의학이 발달하지 못한 과거에는 대부분의 죽음은 급사였다. 지금은 위급한 상황에서도 빨리 대처하기 때문에 많은 생명이 급사로 죽지 않는다. 이제 죽음은 서서히 그리고 천천히 온다. 우리는 이제 느린 죽음에 적응해야 한다. 그래서 많은 것을 준비하고 마무리해야 한다. 누구나 잠을 자는 동안 자신도 모르게 죽음을 맞이하고 싶어 한다. 과거의 사람들은 오히려 갑작스러운 죽음을 두려워했다. 죽음을 언제 맞이하게 될 것인가를 안다는 것은 두려움도 있지만 의미 있는 시간을 만들어 갈 수도 있다. 내가 살아가는 삶에 대하여 잘 정리할 수 있기 때문이다. 죽어가는 과정과 나는 진지하고 진솔한 이야기를 나누어야 한다.

자서전은 죽음 앞에서 가장 당당한 울부짖음이다. 생의 집착에서 자유하는 당당한 포효다. 합격증을 바라보는 수험생의 고된 지난날이다. 자서전은 집착을 버린 웃음이다.

2편

울음의
소리

기도는 하나님의 구술사다. 기도를 통하여 하나님과 통하고자 하는 것은 질문과 답이다. 우리는 사람끼리의 대화를 인터뷰로 만들어야 한다. 인터뷰는 작은 박물관을 만드는 일이다.

🌿 성경 따라 써라

요단을 건넌 후에 이 율법의 모든 말씀을 그 위에 기록하라 그리하면 네 하나님 여호와께서 네게 주시는 땅 곧 젖과 꿀이 흐르는 땅에 네가 들어가기를 네 조상들의 하나님 여호와께서 네게 말씀하신 대로 하리라. _ 신명기 27장 3절

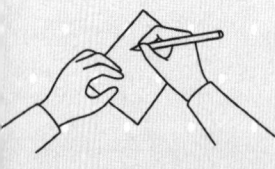

1. 모세의 글쓰기

"여호와께서 두 돌판을 내게 주셨나니 그 돌판의 글은 하나님이 손으로 기록하신 것이요"(신 9:10).

하나님의 대필자, 신탁의 숨결을 따라 걷다

"하나님이 떨기나무 가운데서 그를 불러 이르시되 모세야 모세야 하시매 그가 이르되 내가 여기 있나이다"(출 3:4).

글을 쓰기 전에 모세는 부르심을 먼저 들었다. 말씀이 그에게 떨어졌고, 그는 말씀 아래 무릎 꿇은 채 글을 시작했다. 그는 하늘의 불꽃을 받은 자, 하나님의 숨결을 글로 옮긴 대필자였다. 모세의 글에는 시공을 가르고 내려온 하늘의 순간들이 있다. 신탁의 순간이다. 그는 하나님의 음성을 듣고, 그 음성이 멈추기도 전에 떨리는 손으로 글을 옮겼다. "여호와께서 모세에게 이르시되 너는 이 말들을 기록하라"(출 34:27). 이 명령 앞에서, 모세는 아무 말도 덧붙이지 않는다. 그는 설명하거나 해석하지 않는다. 오직 들은 그대로, 본 그대로, 받은 그대로 기록한다.

신탁은 즉각적이고 압도적이며 때로 설명을 거부하는 하늘의 직접적인 말씀이자 선언이다.

"태초에 하나님이 천지를 창조하시니라"(창 1:1). 시간 이전, 존재 이전, 말 이전에 이미 존재한 진실을 말씀으로 기록했다. 빛을 보지 못했지만, 빛을 부르신 분의 말씀으로 빛을 기록했다. 모세는 단지 이야기꾼이 아니다. 그는 율법을 받는 사명자였고 하늘로부터 내려오는 말씀의 통로였다. "하나님이 이 모든 말씀으로 말씀하여 이르시되"(출 20:1). 십계명은 모세가 만든 문장이 아니다. 하나님께서 돌판에 새긴 말씀을 받았다. "그 판은 하나님이 만드신 것이요 글자는 하나님이 쓰셔서 판에 새기신 것이더라"(출 32:16). 그는 글을 창조하지 않는다. 글을 창조하신 하나님의 말씀 속으로 들어간다. 모세의 손이 움직인 것이 아니라, 하나님의 숨결이 그를 밀어낸다.

모세는 하나님과 논쟁하기도 했다. 광야에서는 탄식하고, 백성의 죄악 앞에서는 절규했다. 그러나 말씀이 임할 때, 모세는 침묵하고 기록했다. 신탁은 해석을 허락하지 않는다. 모세는 단지, 말씀 앞에 무릎 꿇고 그 말씀이 흘러가도록 손을 내어놓는다. "모세가 여호와의 모든 말씀을 기록하고"(출 24:4). 여기에는 인간적 감상이 없다. 자신의 감정도, 자신의 해석도 덧붙이지 않는다. 그는 말씀 앞에서 스스로를 지우는 사람이 된다. 모세는 글을 쓴 사람이 아니다. 모세는 하늘의 숨결을 받아 적은 사람이다. 그는 기억할 수 없는 태초를 기록했고, 목격할 수 없는 창조를 선언했고, 이해할 수 없는 거룩함을 글로 남겼다.

하나님의 물음과 응답 사이를 걷다

모세는 하나님과 대면했고, 하나님의 물음과 응답 사이를 걸었고, 그 긴 인터뷰의 흔적을 조심스레 글로 남겼다. 그의 글은, 하나님과 주고받은 숨결의 기록이다. 물음 없는 기록이 아니었다. 대화 없는 기록이 아니었다. 모세는 끊임없이 물었고, 하나님은 때로 천둥처럼, 때로 바람처럼 대답하셨다.

그는 듣는 자, 응답하는 자, 심장을 울리는 질문을 품은 자가 되었다. 광야의 한복판, 모세는 하나님께 묻는다. "내가 이스라엘 자손에게 가서 이르기를 너희의 조상의 하나님이 나를 너희에게 보내셨다 하면 그들이 내게 묻기를 그의 이름이 무엇이냐 하리니 내가 무엇이라고 그들에게 말하리이까"(출 3:13). 그리고 하나님께서는 대답하신다. "나는 스스로 있는 자이니라"(출 3:14).

이것이 모세 글쓰기의 출발점이었다. 모세는 하나님의 이름을 듣고, 그 이름을 가슴에 새기며 글을 시작했다. 모세의 글쓰기는 단순한 신탁의 전달이 아니었다. 그것은 하나님과 주고받은 질문과 대답, 침묵과 고백, 기다림과 깨달음의 흔적이었다. 말씀을 가슴에 품었고, 광야의 긴 시간 속에서 묵상했다. 묵상은 단순한 과거 회상이 아니다. 그것은 광야의 시간마다, 하나님의 손길을 다시 읽어내는 과정이었고, 말씀을 삶으로 번역하는 과정이었다.

"오직 너는 스스로 삼가며 네 마음을 힘써 지키라 그리하여 네가 눈으로 본 그 일을 잊어버리지 말라 네가 생존하는 날 동안에 그 일들이 네 마음에서 떠나지 않도록 조심하라"(신 4:9). 모세는 묵상했다. 받은 율법을, 지나온 고난을, 약속의 땅을 바라보는 꿈을. 그리고 그는 깨달았다. 말씀은 단지 들려온 것이 아니라, 심장에 새겨야 하는 비문이다.

모세는 들은 말씀을 가슴에 품고, 광야의 긴 시간 속에서 되새겼다. 묵상은 즉각적이지 않다. 천천히, 기억하고, 해석하고, 되새기며 삶으로 풀어낸다. "네 하나님 여호와께서 이 사십 년 동안에 네게 광야 길을 걷게 하신 것을 기억하라"(신 8:2). 여기서 모세는 받은 말씀을 삶에 비추어보고, 과거를 돌아보고, 백성에게 다시 풀어 가르친다. 모세의 글은 하늘의 물음과 땅의 대답이 교차하는 자리에서 태어났다.

"이는 너희에게 헛된 일이 아니라 너희의 생명이니"(신 32:47). 말씀을 기록하는 것은 곧, 생명을 기록하는 일이었다. 모세는 붓을 든 순간, 광야를 건너는 백성들의 심장까지 함께 기록하고 있었다. 그리하여 모세의 글은 단순한 역사도 아니고 차가운 율법 조항도 아니었다. 그것은 하나님과 인터뷰한 기록이었고, 삶으로 묵상한 증언이었다. 그는 하나님의 입술과 백성의 가슴 사이를 걸었다. 하나님의 말씀을 듣고, 자기 가슴에 새긴 다음, 백성의 심장에 다시 새겨주었다.

광야를 걷는 심장의 기록

모세의 삶은 하나님의 부름과 백성의 꿈속에서 함께했다. 그는 걸어간 광야의 시간을, 하늘 앞에 조용히 풀어놓은 자서전적 서술자였다. 모세의 글은, 자신의 이야기를 단순히 '나'로 중심 잡지 않는다. 그는 하나님의 이야기 속에, 자신의 생을 묻어 기록한다. "여호와께서 내게 이르시되 일어나서…길을 떠나라"(신 10:11). 모세는 자기 발걸음을 스스로 옮긴 적이 없다. 그의 삶은 부름에서 시작되었고, 부름의 끝까지 말씀의 끈을 따라 흘렀다.

모세는 자신의 시작을 기억한다. 떨기나무 불꽃 앞에서, 하늘이 부른 그 자리. "하나님이 떨기나무 가운데서 그를 불러 이르시되 모세야 모세야 하시매 그가 이르되 내가 여기 있나이다"(출 3:4). 자서전은 언제나 '나는 언제, 어디서 어떻게 불렸는가?'라는 물음에서 출발한다. 모세는 이 첫 부름을 삶의 중심에 새기고 다시 풀어낸다. 그는 자신이 왕궁에서 배운 지식이 아니라, 광야에서 들은 부름에 의해 정의된 존재임을 고백한다.

자신의 자서전적 여정에서 그는 자신의 실패와 슬픔을 숨기지 않는다. 그의 글은 승리의 기록이 아니다. 그의 글은 버티고 인내한 광야의 기록이다. "네 하나님 여호와께서 이 사십 년 동안에 네게 광야 길을 걷게 하신 것을 기억하라 이는 너를 낮추시며 너를 시험하사 네 마음이 어떠한지 그 명령을 지키는지 지키지 않는지 알려 하심이라"(신 8:2). 모세는 자신이 광야에서 깨달은 것, 낮아진 것, 부서진 것을 기록한다. 그의 자서전은 자기 힘을 노래하는 글이 아니라, 하나님의 훈련을 고백하는 글이다.

모세는 자신의 실패를 숨기지 않는다. 그는 가나안 땅에 들어가지 못하게 된 이야기도 정직하게 기록한다. "여호와께서 너희 때문에 내게도 진노하사 이르시되 너도 그리로 들어가지 못하리라"(신 1:37). 그는 가리거나 포장하지 않는다. 자신의 한계와 좌절마저, 하나님과 백성 앞에 드러낸다.

자서전이란, 빛나는 순간만을 적는 것이 아니다. 넘어지고 주저앉은 자리까지 담아내는 것이다. 하나님의 손으로 새겨진 돌판을 품고 내려왔으나 백성들의 타락한 춤과 금송아지 앞에서 분노했던 그는 돌판을 깨뜨렸다.

하나님은 모세를 책망만 하지 않으셨다. 다시 두 돌판을 깎아오라 하셨고, 깨진 자리 위에 다시 은혜를 새기셨다. 하나님은 그의 주저앉음을 보셨으나, 버리지 않고 다시 글을 새기셨다. 그의 무너진 손끝에도, 하나님의 언약은 다시 시작되었다. "여호와께서 모세와 아론에게 이르시되 너희가 나를 믿지 아니하고 이스라엘 자손의 목전에서 내 거룩함을 나타내지 아니한 고로 너희는 이 회중을 내가 그들에게 준 땅으로 인도하여 들이지 못하리라 하시니라"(민 20:12).

모세는 광야의 긴긴 고단함 끝에, 백성의 원망 소리 앞에서 무너졌다. 그는 하나님의 명령대로 반석에게 말하기보다는, 분노한 손으로 반석을 두 번 내리쳤다. 믿음의 사역자조차 지친 걸음 안에서 무너질 때가 있다. 하나님은 모세를 책망하셨다. 그 땅에 들어갈 수 없다고 선언하셨다. 그러나, 그분은 모세를 떠나지 않으셨고, 우리는 그를 여전히 여호와의 종이라 부른다.

모세는 단지 과거를 나열하지 않는다. 그는 과거를 묵상한다. 과거 속에 숨겨진 하나님의 손을 읽어낸다. "이 사십 년 동안에 네 의복이 해어지지 아니하였고 네 발이 부르트지 아니하였느니라"(신 8:4). 아무도 알아차리지 못한 하나님의 세밀한 돌보심을 모세는 기억하고 새긴다. "여호와께서 그를 황무지에서, 짐승이 부르짖는 광야에서 만나시고 호위하시며 보호하시며 자기의 눈동자같이 지키셨도다…여호와께서 홀로 그를 인도하셨고 그와 함께 한 다른 신이 없었도다"(신 32:10-12). 부르짖는 광야 한복판, 하나님은 그를 눈동자같이 품으셨다. 모세의 글은 먼지로 덮인 시간이 아니라, 눈동자처럼 감싸 안은 은혜의 흔적을 더듬어 쓴 것이었다.

모세는 언약을 이어 심는 기록자이다. 그의 글은 자기 시대만을 향하지 않는다. 다음 세대를 바라본다. "네 자녀에게 부지런히 가르치며 집에 앉았을 때에든지 길을 갈 때에든지 누워 있을 때에든지 일어날 때에든지 이 말씀을 강론할 것이며"(신 6:7). 자서전은 나만을 위한 책이 아니다. 모세는 자신의 생애를 넘어, 다음 세대에게 살아 있는 말씀을 심어주는 글을 남긴다. "이제 너희는 이 노래를 써서 이스라엘 자손들에게 가르쳐 그들의 입으로 부르게 하여 이 노래로 나를 위하여 이스라엘 자손들에게 증거가 되게 하라"(신 31:19). 그의 자서전은 폐허 위에 쓴 고백이 아니라, 약속을 품은 씨앗이다.

모세는 자신의 죽음을 알고 있다. 자신이 약속의 땅에 들어가지 못할 것도 알고 있다. "나는 이 땅에서 죽고 요단을 건너지 못하려니와 너희는 건너가서 그 아름다운 땅을 얻으리니"(신 4:22). 그러나 자신의 백성들을 향해 따뜻한 권면을 남기며, 생애의 완성을 인간적 성공이 아니라 하나님 앞에 선 순종으로 정의한다. 신명기 4장은 하나님의 말씀을 지켜 행하라는 명령과 하나님의 말씀에 순종하는 것이 복된 삶의 비결이라고 적고 있다.

마침내 죽음 준비를 마치고 마지막 노래를 부른다. "하늘이여 귀를 기울이라 내가 말하리라 땅은 내 입의 말을 들을지어다 내 교훈은 비처럼 내리고 내 말은 이슬처럼 맺히나니 연한 풀 위의 가는 비 같고 채소 위의 단비 같도다 내가 여호와의 이름을 전파하리니 너희는 우리 하나님께 위엄을 돌릴지어다 그는 반석이시니 그가 하신 일이 완전하고 그의 모든 길이 정의롭고 진실하고 거짓이 없으신 하나님이시니 공의로우시고 바르시도다"(신 32:1-4).

'하나님의 완전한 의와 신실하심', '이스라엘의 배반과 타락', '하나님의 징계와 자비', '하나님의 구원의 확신'을 선포한다. 그리고 죽음의 자리로 조용히 걸어간다. "모세와 눈의 아들 호세아가 와서 이 노래의 모든 말씀을 백성에게 말하여 들리니라"(신 32:44). "이에 여호와의 종 모세가 여호와의 말씀대로 모압 땅에서 죽어"(신 34:5). 그는 죽음 앞에서도 탄식하거나 저항하지 않는다. 오히려 마지막 순간까지, 말씀을 부르고 언약을 심는다.

모세의 자서전은 광야에서 시작되어 약속을 품은 노래로 끝난다. 그 노래는 단순한 작별 인사가 아니다. 생애 마지막으로 부르는 언약의 증언이자, 광야를 걷는 백성들에게 주는 영원한 유산이다.

계시의 구조, 광야의 시로 흐르다

모세의 글쓰기에는 다양한 방식이 사용되었다. 역사적, 신학적, 문학적, 언어학적 분석을 포함하여 여러 관점에서 접근할 수 있다. 글을 쓰기 위한 주제와 방법은 어떤 관점에서 바라볼 것인가를 생각해야 바른 전달성을 가진다.

모세의 글쓰기를 문학적 관점에서 살펴보면, 그의 기록은 단순한 역사적, 서사적 기록이나 법률 조항의 나열이 아니라 신앙과 삶의 원칙을 다양한 문학적 기법으로 융합하는 특징을 보인다.

● **구조를 세우고 언약을 심은 기록:**

모세는 구조적 글쓰기로 글의 길을 열었다. 광야 한복판에서도 질서를 세우는 글을 지었다. 그가 율법과 언약을 정리하는 방식은 흩어진 모래가 아니라, 단단한 구조를 가진 언약의 길이었다. 레위기와 신명기에서, 모세는 법 조항들을 명확히 구분하고 정리했다.

십계명, 제사법, 정결법 등 모두 하나하나 분명한 항목으로 나뉘어, 백성들이 기억하고 실천할 수 있도록 다듬어졌다. 이러한 구조의 기본 틀 위에 명령과 경고가 대조적으로 서술되는 방식을 얹는다. 축복과 저주, 순종과 불순종을 병렬하여 나열하면서, 백성들의 심장에 두 개의 문을 열어주었다. 특히 신명기 28장은 율법을 따를 경우 받게 될 축복과 율법을 어길 경우 당하게 될 저주를 상세하고도 엄중하게 병렬시키고 있다.

"네가 네 하나님 여호와의 말씀을 삼가 듣고 내가 오늘 네게 명령하는 그의 모든 명령을 지켜 행하면"(신 28:1). "네가 만일 네 하나님 여호와의 말씀을 순종하지 아니하여…지켜 행하지 아니하면"(신

28:15). 축복과 저주의 나열은 단순한 경고가 아니다. 삶과 죽음, 번영과 파멸이라는 선택의 무게를 가슴 깊이 새기게 하는 언약의 메아리였다. 율법 준수는 선택이 아니라, 삶을 결정하는 길이었다.

율법 준수가 단지 의무를 넘어, 생명을 품은 순종임을 보여주기 위해 키아즘 구조가 사용되기도 한다. 레위기에서 특정 율법들은 중심 개념을 기준으로 대칭적으로 배열하는 키아즘 구조로 나타난다.

레위기 전체는 제사 규례, 정결법, 성결의 명령을 중심으로 거룩함이라는 하나의 심장을 품고 흐른다. "너희는 거룩하라 이는 나 여호와 너희 하나님이 거룩함이니라"(레 19:2). 모세는 율법의 문장마다 하나님의 거룩을 심었다. 대칭적 배열 속에, 백성의 기억을 곧게 세우고, 말씀의 중심으로 걸어가게 했다.

● 기억 위에 기억을 겹쳐 생명을 짓다:

모세는 율법의 중요한 개념이나 규정을 반복하면서도 점진적으로 세부 사항을 추가하는 점층적 서술 방식을 사용하였다. 점층적 서술은 삶의 맥락에 따라 다시 말하는 것이다.

광야의 백성은 시간이 흐르면서 변했다. 처음 출애굽 했을 때의 백성과 가나안 입구에 선 백성은 같지 않다. 그는 과거의 명령을 현재의 상황과 심령에 맞게 다시 풀어내야 했다.

출애굽 직후 하나님의 법은 '나는 너희를 구원한 하나님'이라는 권위 위에 놓였다. "나는 너를 애굽 땅, 종 되었던 집에서 인도하여 낸 네 하나님 여호와니라"(출 20:2). 그러나 광야 40년을 지난 뒤, 모세는 백성들에게 다시 묻는다. 너희는 그 구원을 기억하는가? '네가 애굽에서 종 되었던 것을 잊지 말고 기억하라'(신 5:15).

그는 율법을 고정된 문장으로 보지 않았다. 율법은 기억 위에 새로 써야 할, 살아 있는 언약이었다. 출애굽기에서는 율법이 산 위에서 하늘의 번개와 천둥 가운데 주어진다.

"시내 산에 연기가 자욱하니 여호와께서 불 가운데서 거기 강림하심이라"(출 19:18). 모세는 이 광경을 전하고, 율법의 엄위함을 선포한다. 하지만 신명기에서는 그 율법을 백성 한 사람 한 사람의 심장 가까이 끌어당긴다. "이 명령은 네게 어려운 것도 아니요 먼 것도 아니라…오직 그 말씀이 네게 매우 가까워서 네 입에 있으며 네 마음에 있은즉 네가 이를 행할 수 있느니라"(신 30:11, 14).

율법은 천둥 치는 하늘의 소리가 아니라, 이제는 백성의 입술과 가슴에 맺히는 말이 된다. 점층적 서술의 효과다. 처음에는 멀리서 듣던 하나님의 음성이, 나중에는 가슴안으로 스며들게 하는 글쓰기다.

그는 단지 법을 가르치지 않았다. 법 뒤에 숨은 하나님의 마음을 가르치려 했다. 그래서 그는 같은 명령을 또다시 꺼내어 백성의 기억 안에 심고자 했다. 율법은 암기해야 할 문장이 아니었다. 살아야 할 이야기였다. 점층적 서술은 반복을 통해 기억을 심고 믿음을 심화하는 글쓰기다.

● 비유와 상징의 무늬로 새긴 언약:

모세는 율법을 선포한 자였지만, 그 율법을 단단한 돌 던지듯 하지 않았다. 그는 비유와 상징을 통해 말씀을 풍경처럼 그려내고, 언약을 이미지로 새겨 백성의 가슴에 남기려 했다. 신명기 32장 10절의 눈동자와 같은 보호는 대표적인 비유다. "여호와께서 그를 황무지에서, 짐승이 부르짖는 광야에서 만나시고 호위하시며 보호하시며 자기의 눈동자같이 지키셨도다." 이스라엘을 지키시는 하나님의 마음을 '눈동자'라는 상징으로 풀어낸다. 눈동자는 가장 민감하고 가장 연약하면서도, 가장 귀히 여겨지는 부위다. 모세는 하나님이 백성을 단지 지킨 것이 아니라, 그 눈동자처럼 지켜내셨음을 노래한다.

거친 광야에서, 언제 짓밟힐지 모르는 그들의 삶을 하나님은 큰 손으로 감싸셨다.

이어지는 독수리의 날개 역시 비유다. "마치 독수리가 자기의 보금자리를 어지럽게 하며 자기의 새끼 위에 너풀거리며 그의 날개를 펴서…여호와께서 홀로 그를 인도하셨고…"(신 32:11-12). 독수리는 둥지를 흔들고 새끼를 공중에서 떨어뜨린다. 그러나 떨어지는 순간, 자신의 날개로 그 새끼를 받는다. 하나님은 단순한 보호자가 아니라, 고통을 통해 비상(飛上)을 가르치시는 분이다. 이런 비유는 광야의 고난이 단지 벌이 아니라, 하나님이 백성을 훈련시키는 방식임을 드러낸다. 낮게 떨어진 그 자리가 오히려 날아오르기 위한 발판이 된다.

만나와 메추라기는 사람의 논리로 설명되지 않는 선물이다. 하나님의 은혜는 항상 익숙하지 않으며, 우리가 알고 있는 명칭보다 더 크다. 필요한 만큼만 내려진 그 하얀 조각은, 배를 채우지만 믿음을 훈련하는 양식이고, 이름조차 붙일 수 없었던 은혜의 상징이다.

"반석에게 명령하여 물을 내라 하라 네가 그 반석이 물을 내게 하여"(민 20:8). 이 장면은 반석에서 물이 솟는 사건이다. 반석은 광야에서 생명을 기대할 수 없는 단단한 돌이다. 그러나 모세가 명하자, 그 반석은 물줄기를 터뜨린다. 이는 하나님의 은혜가 불가능 속에서 흐른다는 것을 보여준다. 굳고 막힌 인생의 지점에도 말씀 한마디면 생명이 터진다. 반석은 더 이상 무생물이 아니다. 하나님의 말씀을 품은 생명의 문이다. 모세는 다채로운 풍경을 통해 하나님을 말했고, 사건을 통해 언약을 노래했다.

● **설교자의 외침, 글이 되다:**
모세는 설교 양식의 글쓰기를 했다. 글을 쓸 때, 단순히 기록하는 자리에 머물지 않았다. 그는 글 위에 서서, 설교자의 심장으로, 백성의 심장을 울렸다. "들으라, 이스라엘아!"(신 6:4). 설명이 아니라 소리다. 단어가 아니라 외침이다. '들으라'는 명령이 아니다. 그것은 '들리지 않으면 죽는다'는 생명의 부름이다. 그는 법을 외우기 전에 먼저 귀를 열라고 말한다. 마음이 닫히기 전에 귀가 먼저 열려야 한다는 걸, 모세는 알고 있었다.

"오늘 내가 네게 명하는 이 말씀을 너는 마음에 새기고"(신 6:6). 말씀은 돌에 새겨지기도 하지만, 모세는 돌보다 더 연한 것, 심장에 새기기를 원했다. '마음에 새기라'는 설교자가 가장 깊이 원하는 일이다. 말이 흘러가 버리지 않고, 마음 깊이 남기를 원한다. "네 하나님 여호와를 기억하라"(신 8:18). 기억하라, 또한 설교다. 과거를 잊어가는 세대에게, 기억의 심지에 불을 붙인다. 너희가 배부를 때, 하나님을 잊지 마라. 광야의 공기를, 밤의 기도를, 아침마다 내리던 만나를 기억하라. 기억은 설명이 아니라 흔들림이다. 논리가 아니라 믿음을 되감는 실타래다.

"이스라엘아 네 하나님 여호와께서 네게 요구하시는 것이 무엇이냐 곧 네 하나님 여호와를 경외하여 그의 모든 도를 행하고 그를 사랑하며 마음을 다하고 뜻을 다하여 네 하나님 여호와를 섬기고"(신 10:12). 여기서 그는 하나님이 원하시는 것은 순종만이 아니라 사랑임을, 율법의 목적이 행위가 아니라 헌신임을 분명히 말하고 있다. 그는 기억을 넘어 사랑을 요구했다. 단순한 전달자가 아니라 말씀을 심는 농부고, 말씀을 돌에 새기는 광야의 목자다. 설교는 가르침이 아니라, 하나님을 향한 마음의 물줄기를 끌어올리는 일이다. 백성을 부르고, 흔들고, 깨우며, 요청하는 그의 간절한 설교가 글이 되었다.

● 사람을 내세운 인물 중심의 서사적 서술
(Narrative Writing):

그는 내러티브 서술을 통해 사건을 사람들의 심장에 새겼다. 사건을 나열하기보다는 사람을 세웠고, 그 사람을 따라 사건을 걸어갔다. 인물 중심의 내러티브 서술에서 멈추지 않고 드라마를 만들었고, 그 드라마 속에 교훈을 숨겼다. 하나님의 구원 이야기를 살아있는 심장으로 펄떡이게 했다.

광야의 여정에서 중요한 인물이었던 아론의 실패와 회복의 드라마는 지도자의 연약함과 하나님의 인내를 함께 기록했다. 아론은 백성의 요구에 무너졌다. 금송아지를 만들고, 광야의 진을 혼란에 빠뜨렸다. 그는 이 실패를 통해 영적 지도자의 유혹과 책임을 드러냈다. 그러나 아론을 심판하지 않았다. 아론을 위해 기도했고, 하나님은 다시 아론을 사용하셨다. 드라마와 교훈이 함께 걸었다.

여호수아는 모세 이후를 이을 자였다. 그는 여호수아를 단순한 후계자로 등장시키지 않고, 계승과 소명의 드라마로 등장시킨다. 그를 훈련하고, 세우고, 마지막 순간에 기름 부었다. "여호수아에게 명령하여 이르시되…강하고 담대하라 내가 너와 함께 하리라"(신 31:23). 여호수아를 통해, 지도자의 길이 단순한 승계가 아니라 순종과 믿음의 여정임이 드러난다. 모세는 물러났지만, 하나님의 일은 멈추지 않았다. 그는 여호수아의 손에 공동체의 미래를 건넸다. 개인의 성공이 아니라, 언약의 계승이었다. 드라마틱한 순간 속에, 믿음의 대를 잇는 교훈이 흐른다.

모세의 글에서 가장 긴장감이 흐르는 장면 중 하나는 고라와 그 일당의 반역 사건이다. "고라와…다단과 아비람과…온이 당을 짓고 이스라엘 자손 총회에서 택함을 받은 자 곧 회중 가운데에서 이름 있는 지휘관 이백오십 명과 함께 일어나서 모세를 거스르니라"(민

16:1-2). 그는 고라의 반역을 단순한 정치적 사건으로 기록하지 않았다. 하나님의 권위에 대한 도전으로 해석했다. 그리고 하나님은 심판하셨다. "땅이 그 입을 열어 그들과 그들의 집과 고라에게 속한 모든 사람과 그들의 재물을 삼키매 그들과 그의 모든 재물이 산 채로 스올에 빠지며 땅이 그 위에 덮이니 그들이 회중 가운데서 망하니라"(민 16:32-33). 이 사건은 단지 반역의 기록이 아니라 하나님의 거룩을 지키는 드라마였고, 순종이 생명을 결정하는 교훈이었다. 그는 인물을 세우고, 그 인물의 흔들림과 일어섬을 따라 하나님과의 언약을 살아 움직이게 했다.

모세의 글쓰기는 오늘날에도 적용할 수 있는 중요한 원리를 제공한다. 그는 하나님의 말씀을 기록하고 묵상하는 습관을 강조하였으며, 이는 현대의 신앙적 글쓰기에도 유용한 지침이 된다. 또한, 그의 율법 정리 방식은 논리적이고 체계적인 글쓰기를 위한 좋은 본보기가 된다.

설득력과 감성을 결합한 그의 설교 방식은 오늘날에도 강한 메시지를 전달하는 데 중요한 참고 자료가 될 수 있다. 그뿐만 아니라 그는 신앙적 경험을 이야기 형식으로 풀어내어 백성들이 쉽게 받아들이도록 하였으며, 이는 현대적인 글쓰기에서도 유효한 기법이다.

결과적으로, 모세의 글쓰기는 신탁적, 법률적, 문학적, 설교적, 서사적, 묵상적 요소가 결합된 독특한 형태를 가진다. 그는 하나님과의 대면 경험을 기록하고, 백성들에게 전달하는 과정에서 신적 권위를 지닌 글쓰기를 수행하였다. 그의 글쓰기 방식은 단순한 고대 문헌이 아니라 신앙적 글쓰기의 방향을 설정하는 중요한 원칙을 제시하며, 오늘날에도 성경적 글쓰기의 본질을 이해하는 데 큰 도움이 된다.

인터뷰하라

하나님이 천지를 창조하시고, 흙으로 사람을 지으시고, 불순종한 사람이 에덴에서 추방당하고, 이 땅에서 사람의 역사가 시작되었다. 이러한 사실을 창조주께서 모세에게 일러주셨다. 모세는 그것을 기록하는 사람이 되었으며 가장 위대한 하나님의 종이 되었다.

모세의 글쓰기는 하나님의 섭리에 대한 대필 형식을 가진 인터뷰다. 모세의 대필은 결국 모세의 삶이 된다. 글은 주관적인 관점에서 쓰는 가장 객관적인 표현이다. 누군가의 이야기를 들으면 나는 글을 써내려가면서 그것을 정리해야 한다. 모세는 하나님과 질문과 답을 통해 인터뷰를 한다. 이때 인터뷰이(interviewee)의 발언을 그대로 기록하여 글의 소유권이 인터뷰이에게 있게 한다. 창작 개입이 적고 사실 전달 중심이 된다. 인터뷰이의 답을 기다리면서 인터뷰어(interviewer)는 질문을 만들고 답을 정리하면서 듣는다. 말이 글이 되는 순간이다. 자서전 쓰기는 스스로를 인터뷰하는 것이다. 그렇게 완성된 글은 그와 내가 하나가 되는 것이다.

대필자는 단순한 기록자가 아니라, 의뢰인의 생각과 목소리를 충실히 반영하면서도 읽기 쉽게 정리하는 역할을 한다. 문체, 어휘, 서술 방식까지 조정하며, 독자가 자연스럽게 받아들일 수 있도록 구성하는 것이 핵심이다.

인터뷰의 글은 인터뷰이의 목소리를 충실히 전달하는 목적을 가지지만 인터뷰어의 관심사와 시각이 반영될 수 있다는 점에서 차이가 있다.

● 모세의 글쓰기는 인터뷰와 대필이 어우러진 하늘과 땅의 합체다. 거룩함이다. 천지와 사람의 탄생과 실재. 자서전을 통한 모세의 들음은 말씀의 대필이다.

우리는 많은 경험과 지식을 통해 글을 쓸 수 있다. 그러나 대필은 그런 것들이 동반되지 않는다. 지금 내 앞에서 그의 이야기가 내 글의 주제다. 모세는 '창조'와 '소명'과 '언약'의 대필자다. 그래서 거룩함을 기본으로 해야 한다. 모세 전의 모든 언어는 죽은 글이다. 아브라함도 이삭도 야곱 시대에도 글이 존재했지만 죽은 구절이다. 진실을 덮은 그림자였고 해석이었다. 모세의 첫 문장은 "태초에 하나님이 천지를 창조하셨느니라"고 선언한다. 모든 말씀의 시작이며 결론이다. 말씀의 형상과 소리의 표현을 고스란히 드러내고 있다. 빛깔과 맛이 모두 어우러진 살아 있는 글이다. 죽은 글은 신화다. 모든 몸짓의 형상을 그대로 옮기는 것이 글이 요구하는 목소리다.

창세기는 야곱의 아들 요셉의 죽음으로 끝을 맺는다. 이는 열두 지파의 형성이 창조의 마무리가 되고 새로운 관계의 장으로 넘어가게 된다는 의도를 담고 있다.

창세기처럼 시작하라

모세의 글쓰기는 구술사다. 창세기가 세상에 나오기까지 사람들과 하나님과의 만남이 오래 이어졌다. 아담과 하와로부터 가인과 아벨, 그리고 노아와 아브라함에 대한 하나님과의 관계를 말씀으로 들었다. 이삭과 야곱은 요셉을 기다렸고, 그 긴 이야기의 구술을 글로 쓰고자 모세가 태어난 것이다. 성경은 산 호렙에서 떨기나무 가운데로부터 불꽃 안에서 나타나신 이의 구술이다. 그렇게 우리는 어디서 왔으며 어떻게 살 것인가를 배운다. 자서전은 개인의 기억과 스스로의 구술이 만들어낸 소명의 민낯이다. 삶에서 떠밀려온 나의 역사다. 이미 용인된 과거와 사고, 내일의 삶에 대한 거룩한 도전이다.

"나를 기억하라"(신 8:18; 전 12:1; 딤후 2:8). 기억을 위한 하나님의 구술은 모세의 글쓰기가 시작되는 순간이다. 우리는 말을 한다. 말은 이제 글이 되어야 한다. 글은 흔적을 남기는 수단에서 가장 높은 수준의 행위다. 하나님이 모세에게 글을 쓰게 하신 것은 바로 하나님을 기억하고 영원토록 사람들에게 남기려 하는 것이다.

> 모세의 글쓰기처럼 지금까지 살아온 내 구술사가 글이 되어 확인되어야 한다. 글쓰기는 단순한 기록을 넘어 지금 살고 있는 내 이야기고 내일 살아야 하는 예언이다.

나를 향한 최초의 질문자는 누구였을까? 삶의 첫발은 질문을 듣는 것부터다. 질문을 듣게 되면 비로소 질문을 하게 된다. 단 하나의 스토리, 그것은 나만의 공간이다. 보편적 질문을 요구하는 것은 어쩌면 고민 한 덩어리를 길가에 버리는 것과 같다. 똑같은 이야기를 반복하는 것처럼 지루한 일도 없기 때문이다.

글을 쓰는 것은 인생처럼 정답이 없다. 답이 없다는 것은 선택의 폭이 넓다는 것이며, 어려운 일이 아니라는 의미도 된다. 그래서 정확한 단어와 문장으로 써야 한다. 애매한 것을 피하면 좋은 글이 된다. 사람의 생각은 상상하고, 창작하고, 글을 쓰고, 말을 해야 진화한다. 자기를 볼 수 있는 방법은 타자의 위치에서 거울을 보는 것이다. 스스로 볼 수 없다. 기억을 쓸 수 있어야 한다.

기도는 하나님의 구술사다. 기도를 통하여 하나님과 통하고자 하는 것은 질문과 답이다. 우리는 사람끼리의 대화를 인터뷰로 만들어야 한다. 인터뷰는 작은 박물관을 만드는 일이다. 어릴 적부터 지금의 삶을 이루기까지 개인들이 겪어온 날들에 대한 모든 문제를 축척(縮尺)하는 작업이다. 다양한 시공간의 수많은 서사가 기록되는 장소다. 지나온 날들에 대한 고통과 환희, 억압과 자유의 모든 것들을 담아내고 있는 것이다. 그렇게 세월을 보낸 모든 것들은 이제 경이롭기까지 하다. 때로는 감탄과 웃음이, 어느 대목에서는 수명을 다한 기계처럼 슬퍼 보이는, 모두가 다른 생의 모습이다. 그래서 많은 이야기를 담고 있다.

연세가 많으신 목회자를 만나 이야기를 듣노라면 성경의 한 토막을 상상하게 되고, 기적을 만나게 되고, 누군가와의 깊은 사랑도 나누게 된다. 그것은 단순한 문학이 아니라, 역사학과 심리학, 경제학과 철학이 서로를 기대고 있는 믿음을 보게 된다. 그들이 가진 역사의 삶을 기록하는 나는 그런 무게와 깊이를 가지지 못한다. 그들과의 만남은 새로운 도전이 되기도 하고 그것을 통해 산다는 것의 의미를 깨닫기도 한다. 이미 먼 길을 걸어온 믿음의 노병들은 그들이 지나온 숲과 계곡과 바다와 폭풍의 이야기를 들려준다. 자신들의 천국을 돌아보면서 새로운 지도를 만드는 사람들, 숨겨져 있는 보물을 꺼내며 울기도 하고 자랑스러워하기도 한다.

존재의 긴 열차에서 만난 이 기막힌 동승자를 나는 오늘도 기대하고 있다. 이야기는 만나는 통로가 되어 물음을 당한 자는 자신을 돌아보고, 질문을 던진 자는 화석처럼 굳어버린 역사를 녹여 함께 그곳에서 또 다른 삶을 공유한다. 구술 속에서 생이 다시 태어나는 것이다. 함께 그 길을 걷다 보면 그들의 이야기는 사라진 것이 아니라 새롭게 만들어지고 이어진다. 그것은 만들어내는 길이 아니라 또 먼저 지나간 사람들의 고통과 희망일 수도 있다.

늙은 몸은 자신의 역사를 통한 치유를 받고, 젊은이는 앞날의 빛을 발견하기도 한다. 이렇게 함께 걷는 길에서 우리의 여행이 결코 헛된 일이 아니었음을 알게 되고, 서로에 감사하게 된다. 인터뷰를 위한 구술이 아니라, 내면에 있는 살아 있는 것들을 끄집어내어 즐기는 것이다. 어떤 때는 '한가하게 시간을 낭비하는 것이 아닌가'라는 허무한 만남도 있다. 그러나 반가움과 연민만 남기는 것도 그리 나쁜 것만은 아니다. 믿음의 사람들을 만난다는 것은 그 자체가 행복한 일이다. 수천 갈래의 길에서 만난 소중한 기회를 저버리지 말아야 한다는 강박적인 다짐을 한다.

지금은 인터넷과 스마트 폰이 서로의 소통을 이어주는 도구가 되었다. 그 속에서 그들은 질문을 하고, 대답을 하고, 또 다른 질문을 만든다. 내 인터뷰가 성공했다면, 그는 성공한 것이다. 사람의 이야기라는 것은 성경의 한 줄이다. 탄생과 삶, 그리고 죽음과 부활까지 모든 생의 스토리는 성경에 그려진 지도를 따라가는 길이다. 그 길에서 잠시 만난 사람들의 이야기를 듣는다는 사실은 벅찬 기대감이다.

● 창세기는 누군가의 이야기처럼 쓰인 나의 이야기다. 하나님이 천지를 창조하셨던 것에서 내가 있기 때문이다. 나의 자서전은 내 이야기처럼 이 시대의 이야기며 지금 현실의 복음이며 이웃과 함께한 그들의 이야기다. 창세기처럼 시작하라.

하나님과의 인터뷰, 모세는 가슴이 뛴다

오늘도 누군가의 인터뷰를 기다리면서 산다. 그들의 대담한 설명과 흥미로운 인생의 사료에 매료당할 것이다. 동화처럼 여운이 남고 교향곡의 선율처럼 가슴을 울리는 시간이 될 것이라고 상상한다. 침묵조차 말이 되는 그 순간도 대화다. 인터뷰는 은밀한 성지다. 내가 감추어놓은 고향 언덕에 있는, 간직하고 싶은 비밀스러운 추억이다.

말을 글로 옮긴다는 것은 어렵다. 언어의 불완전성과 언어가 주는 근본적인 한계성 때문이다. 그러나 그곳에서도 글을 읽는 사람들의 자유와 즐거움이 그런 한계를 가려준다. 내가 써놓은 글에 개입하고, 재해석하고, 다른 의미를 부여할 수 있기 때문이다. 내 생각을 주입시키는 것이 아니라 함께 또 다른 토론의 장을 만들어낼 수 있다. 어쩌면 내 글에 대하여 고개를 흔들고 갸우뚱할지도 모른다. 세상은 무엇도 한 가지만을 선택하고 그것이 성공이라고 말하지 않는다. '하나의 목표를 가지고 그것에 최선을 다하라'고 말하는 것은 사람이 너무 빈약한 존재이기 때문에 하는 격려의 말이다. 세상의 비망록을 담는 것이 아니라 그저 지나온 발자국을 더듬어 보면서 걸어야 할 앞을 보는 것뿐이다.

나는 사람들을 만나는 날까지 팔짱을 끼지 않을 생각이다. 원고의 최종 수정 작업을 하기 위해 다시 펜을 들 힘이 있다면 나의 인터뷰는 찬란할 것이다. 나에게 아침은 누군가가 말하는 구술의 순간이다.

평생 기다린 사람을 만나는 것처럼 오늘도 준비를 한다. 남아 있는 눈물이 있고 아직도 보고 싶은 사람이 있다면 나의 하루는 존재의 가치가 있다.

어느 날 내가 나 자신을 인터뷰하면서 나를 바라보는 날, "더 하실 말씀이 있습니까?"라고 묻고 "없습니다"라고 대답하며, 그렇게 세상을 떠났으면 좋겠다.

소걸음으로 천 리를 가려면 한결같은 우직함이 있어야 한다. 많은 사람들을 만나려면 빠른 시간을 내서는 안 된다. 어차피 짧은 만남은 그 이야기도 짧다.

모세도 시퍼런 서슬 같던 삶의 의지와 결심이 세월의 바람 앞에 힘을 잃어간다. 번쩍이는 강철로 의지를 세운 전차는 초원의 어느 곳에서 바퀴가 멈춰버린다. 앞으로도 갈 수 없고 뒤로 다시 돌아갈 수 없는 어느 곳에서 하늘을 보며 회상에 잠긴다. 결국 녹슨 전차는 힘을 잃어버리고 노인이란 산기슭에 머무르고 있다. 어두운 방에서 스스로를 가두는 세월이 온 것이다. 분절된 세월의 폐막 연설은 공허하게 자신을 울린다.

인터뷰는 단순한 정보 교환이 아니라 질문과 응답을 통해 관계를 형성하고 발전시키는 과정이다. 모세의 글쓰기는 하나님과의 지속적인 대화 속에서 형성된 기록이라고 할 수 있다. 이는 단순한 일방적 기록이 아니라, 하나님과의 깊은 교류 속에서 탄생한 글쓰기이며, 하나님과 모세 사이의 관계성을 바탕으로 발전된 것이다.

하나님의 말씀을 듣고 기록하는 과정에서 순수한 인간적 사고가 아니라, 신적 계시를 해석하고 전달하는 독특한 글쓰기 방식을 보인다. 모세는 기록자의 역할을 하지만, 단순한 필사가 아니라, 백성들이 이해할 수 있도록 해석하여 전달하는 역할도 한다.

모세는 때때로 하나님의 명령을 듣고 그대로 따르지만, 경우에 따라 질문하거나 백성을 대신해 간청하기도 한다(출 32:11-14). 이는 그의 글쓰기가 하나님과의 관계 속에서 이루어졌음을 보여준다.

신명기에서 모세는 율법을 해석하고 재강조하며, 단순한 기록자가 아니라 메신저이자 해설자로서의 역할을 수행한다. 그는 하나님의 뜻을 글로 남김으로써 하나님의 말씀을 역사 속에 보존했다. 이는 단순한 인간의 기록이 아니라, 하나님의 말씀을 세상에 남기기 위한 사명적 글쓰기였다. 기도를 통한 질문과 말씀을 통한 응답을 기록하는 과정은 깊은 신앙적 교류를 형성할 수 있다. 삶 속에서 경험한 하나님의 인도하심을 이야기 형식으로 풀어내어 자신만의 신앙적 서사를 구축하는 과정이 될 수 있다.

시내 산 돌판의 글쓰기

여호와 하나님께서는 모세에게 글쓰기를 가르치지 않는다. 모세는 스스로 글쓰기 요령을 제시한다. 강력한 단어를 첫머리에 넣어 말하고자 하는 논지를 분명하게 한다. 독자는 원래 인내심이 없다. 처음부터 흥미를 가지지 않으면 다음을 읽지 않는다. "태초에 하나님이 천지를 창조하시니라." "너는 나 외에는 다른 신들을 네게 두지 말라." 뒤에 나오는 문장을 기다리고 있다. 문장은 모방에 대한 담론이다. 독서를 많이 해야 하는 것은, 그것에서 관행을 찾고 만들 수 있기 때문이다. 첫 문장에 대한 시비를 거는 형식도 문제를 제시하거나 논쟁거리로 만들 수 있다. 과감할 수도 있고 분명할 수도 있다.

● 글은 생각을 정리한 것이며, 대화의 가장 확실한 요령이다. 관념적이고 추상적인 내용보다 상황이나 장면에 집중해서 생동감을 더한다.

"1) 태초에 하나님이 천지를 창조하시니라. 2) 땅이 혼돈하고 공허하며 흑암이 깊음 위에 있고 하나님의 영은 수면 위에 운행하시니라. 3) 하나님이 이르시되 빛이 있으라 하시니 빛이 있었고 하나님이 보시기에 좋았더라." 더없이 신비하고 황홀하고 구체적이다. 1)은 시작이며 결론이다. 강하고 과감하다. 뒤에 나올 수 있는 설명이 기다려지고 신비스럽게 딸려 들어간다. 2)는 상황의 묘사다. 천지의 상태를 적합한 언어를 사용해 자세하면서 비유적으로 설명한다. 3)은 드디어 실체가 등장하고 실질적인 과정이 그려진다. 이런 글쓰기는 극적이며 여운과 반복을 더함으로 새로운 이미지를 표현한다.

글은 결과물이다. 글을 쓰는 과정은 모두 생략되고 남겨진 글만 보게 된다. 모세의 글쓰기는 가장 모범이 되는 결과물이다. 그가 완전한 글쓰기를 할 수 있었던 원동력은 말씀이다. 감동과 교훈은 감정 어휘를 만들어 어떻게 글이 만들어져 있는가를 유추할 수 있도록 한다.

모세 5경이 모두 모세의 글은 아니다. 신명기의 34장은 덧붙인 것이며, 누군가가 모세의 글쓰기에 더한 것이다. 여러 사람들이 협력해서 글쓰기를 완성하기도 한다. 누군가가 초고를 쓰고 퇴고를 다른 사람이 해서 완성하는 경우도 있다. 이런 협력적인 글쓰기는 개인의 독창성에서 현실을 함께 호흡하고 고민하는 공동체의 사유다. 자서전 글쓰기도 예외는 아니다. 자서전을 남기기 위한 목적이 바로 이런 뜻이기 때문이다.

5경의 필자 모세

모세의 글쓰기는 기도와 명상과 체험이다. 사유와 숙고 속에 하나님의 호흡이 불어넣어져 말씀을 담는 그릇이 되었다. 태초의 말씀이 담겼고 생명이 되어 꿈틀거렸다. 자신은 온유해졌고 어떤 것들도 담을 수 있는 공간이 되었다.

글쓰기의 첫 단계는, 보이고 느껴지는 것을 그대로 표현해보는 것이다. 모세는 노래하는 시인이다. 홍해를 가른 하나님을 찬송하는 노래는 출애굽기 15장에 그려져 있다. 웅장한 노래의 시작도 끝도 체험에서 우러나는 몸의 노래다. 시편 90편도 그의 노래다. "여호와여 돌아오소서 언제까지니이까 주의 종들을 불쌍히 여기소서." 그의 부르짖음으로 우리 목소리를 대신하고 있다.

우리는 성시를 쓴다. 이것은 모세가 받아 적은 성경이어야 하고, 모세가 감사의 찬양을 드렸던 노래여야 한다. 왜 모세는 성경의 선택을 받은 것일까? 그 선택의 원인을 온유와 정의에서 찾아야 한다. 그는 죽어야 할 아이였지만 갈대상자를 타고 살았다. 왕궁에서 세상의 교육을 받았고 지도자의 자질을 익혔다. 왕궁의 특권을 가진 자였지만, 자기 민족의 고통을 외면하지 않았고, 히브리인들 사이의 다툼을 중재했고, 곤란에 처한 미디안 제사장의 딸들을 도와주었다. 그리고 광야에서 가장 힘들고 어려운 삶을 체험했다. 그는 단련되었고, 하나님의 백성을 이끌 수 있는 지도자가 되었다. 성경이 예언이라면, 성시는 실천하는 예언이 되어야 한다.

모세는 창세기, 출애굽기, 레위기, 민수기, 신명기를 필요한 부분대로 정리하여 구성하였다.

● 자서전의 구상은 나의 연대기부터 중요한 사건을 분류하여 묶으면 된다. 이야기의 구성은 연대순이 아니어도 가능하다. 한 권의 책을 모두 읽게 되면 스스로 모든 시간이 정리가 된다.

우리는 모세 5경의 전체적인 맥락을 충분히 이해할 수 있다. 나의 이야기는 나를 이해하고 동행하는데 부족함이 없게 써야 한다. 무엇이든지 충분하게 기록되어야 한다.

율법 앞에 선 것처럼 써라. 현미경을 보는 것처럼 하나, 하나의 뜻을 정확하게 써야 한다. 우리는 일기를 쓴다. 하루하루 그날의 일을 기록하고 생각을 남기는 일이다. 자서전을 몇 년 단위로 정해놓고 계속 써가는 것도 큰 의미가 된다. 10대, 20대, 30대, 40대로 써간다면 대략 10권 정도의 책이 나오고, 나는 모세 5경의 저자가 된다. 모세의 탄생 그리고 왕궁 시절과 교육, 40대 시절과 80의 부름, 출애굽의 40년이 그의 자서전이다. 나의 움직임을 종이에 새기는 것은 사명이다.

모세는 자신의 등장을 통하여 하나님과 우리의 관계 설정에 들어간다. 어떻게 하나님의 나라에 들어갈 수 있을 것인가를 긴 여정을 통해 말해주고 있다. 시대별 순서로 보여주고 있지만 사실은 문제에 대한 각자의 주제다. 부르심과 하나님을 대신한 역할, 그 자체의 뜻을 새기는 것으로 모세의 글쓰기는 이어진다.

광야에서의 삶처럼 쓰라

　부조리의 역설, 단순함을 가진 깊고 아늑한 섭리, 광야의 삶을 인도하신 하나님의 가면이다.
　흐르는 강물처럼 의식과 영혼이 뒤섞인다. 말씀이 터지고, 떨리는 손은 가슴을 열고 기다리는 나무의 깊은 심장을 후벼 파고 있다. 이렇게 말씀은 흙으로 지어진 생령이 도구가 되어 창조를 전하고 있다.
　모세의 글쓰기는 말씀의 시작이다. 삶 속에서의 존재와 죽음 후의 존재가 존재로서 남게 된다면, 기록이다. 사람은 영원히 존재한다. 글은 육신의 존재가 사라진 모세의 존재도, 모세를 알고 있는 사람들도, 그를 느끼고 이야기하게 한다. 그는 때로는 질문을 하고 답을 하기도 한다. 남기고 싶은 간절한 마음은 동굴에 벽화를 그리고 문자를 만들었다.

　모세는 믿음의 농부다. 그는 지팡이로 씨를 뿌렸다. 뱀도 되고 개구리도 되고 파리도 되면서 믿음의 씨를 뿌려댄다. 홍해에서도 씨뿌림은 멈추지 않았고, 만나와 메추라기로 먹이기도 한다. 그 씨앗의 열매는 오래오래 가서야 열릴 수 있었다. 탄생은 그 앞날을 알려주지만 결코 볼 수는 없다. 믿음은 그렇게 뿌려진 씨앗처럼 기다림이다.
　기록하고 싶지 않은 부끄러움도 있고, 혼자 간직하고 싶은 비밀도 많다. 광야의 삶은 단순하지 않다. 단순하다는 말로 표현하는 것은 너무 쉽다. 모두 다른 사람의 인격만큼 얽히고 다양하고 풍부하다. 역설적인 긴장이 삶의 모든 시간에 흐른다. 순수하면서 거칠고 복잡하고 놀랍다. 이 모든 것들을 정리하여 써야 한다.

광야는 훈련장이며 성숙의 공간이다. 노예의 체질을 벗어버리는 거룩한 학교다. 모세의 글은 광야에서의 영성이다. 시간과 공간의 텅 빈 곳에서 유일한 말씀이 생명선이 되었다. 증언이다. 자서전은 '내 광야의 삶'을 재해석하는 작업이다. 고난의 이유와 은혜의 의미를 하나님과의 관계로 나타내는 것이다. 모세는 광야를 글로 번역한 사람이다. 그 기록은 세대를 넘어 신앙 공동체의 기준과 영적 유산이 되었다. 결론은 명쾌한 단순함으로 남을 것이다.

사명으로 쓰기

모세의 글쓰기는 사명이다. 단순한 기록의 행위를 넘어서, 하나님의 말씀을 인간의 언어로 번역하고, 한 민족의 정체성과 운명을 성경적 서사로 형성하는 '예언적 사명'이었다. 그는 역사를 해석했고, 하나님을 증언했으며, 후세를 위한 영적 설계도를 남겼다. 그는 영원을 품은 말씀을 인간의 시간과 역사 안에 기록함으로써 잊히지 않게 하려는 소명을 품었다. '하나님이 나를 통해 무엇을 기록하게 하셨는가?' 이것이 자서전이다.

모세가 가진 사명과 나의 사명은 다르다. 사람의 삶은 모두 시간에 갇힌 파괴된 현실에서 창조의 사명을 기다린다. 글쓰기가 사명이 되는 삶이 그리스도인이다. 더 정확하게 말한다면, 나의 이야기를 남기는 것이다. 모세는 어떻게 그 많은 사람들을 이끌고 가면서 이런 시간을 낼 수 있었는가. 어쩌면 이 글을 쓰기 위해 연출가가 되었는지 모른다. 하나님의 각본에 연출을 맡아 충실히 그 역할을 감당했는지 모른다. 그는 어떻게 '젖과 꿀이 흐르는 땅'을 향해 갔을까. 어쩌면 모세는 기록을 위해 존재한 것은 아닐까?

사명으로 글을 쓴다는 것은, 단순한 표현의 도구를 넘어, 하나님의 뜻을 전달하고 삶을 변화시키는 목적을 가진 글쓰기를 의미한다. 성경에서 많은 인물들은 글쓰기를 통해 하나님의 말씀을 기록하고, 시대와 사람들에게 신앙적 메시지를 전했다.

> 사명으로 글을 쓴다는 것은 자신의 재능을 하나님께 헌신하여, 그분의 영광을 드러내고 사람들에게 영향을 미치는 글을 남기는 것이다. 이는 단순히 글을 잘 쓰는 기술을 넘어서, 글을 통해 하나님과 동행하고, 세상을 변화시키려는 목적을 가진다. 사명으로 글을 쓰려면, 먼저 하나님의 뜻을 구하는 기도와 묵상이 필요하다.

자신의 글이 하나님의 영광을 위해 사용되기를 간구하며, 성령의 인도하심을 따라 글을 써야 한다. 자신의 경험과 생각을 하나님의 말씀과 연결하여, 독자들이 영적인 통찰을 얻을 수 있도록 해야 한다. 사명으로 쓰는 글은 시간이 지나도 의미를 가지는 기록이 되어야 한다.

자신의 글이 후대에 신앙적 유산이 될 수 있도록 하나님의 역사와 삶의 증거를 담아야 한다.

광야의 글쓰기

모든 존재는 환경과의 관계에서만 생명을 유지한다. 물고기는 물에서만 살 수 있고, 호랑이는 산에서 살 수 있다. 잘 살기 위해서는 잘 살았던 사람들을 닮아야 한다. 모델이라는 것이 바로 그것이다. 국가도, 개인도 마찬가지다. 지식을 갖추기 위해서는 공부하고 배우기 위해 학교에 가고 선생님을 찾아다닌다. 기술을 배우기 위해서도 기술이 좋은 사람을 만나 가르침을 받으려 한다. 천국은 어떻게 가야 하는가? 믿음이 있어야 하고 선한 일도 해야 하는데, 어떻게 해야 할까? 공부해야 한다. 아무리 머리가 좋고 부족함 없는 환경일지라도 학교에 가지 않고 열심히 공부하지 않으면 지식을 가질 수 없는 것처럼, 믿음도 행함도 먼저 공부를 해야 한다.

믿음의 공부는 기도다. 행함의 공부는 긍휼함과 용서와 회개다. 이런 공부를 하려면 학교에 가야 한다. 기독교를 개독이라고 우롱하고 온갖 비리와 위선이 드러나도, 교회에 나가야 하는 이유다. 그곳에서 공부의 환경을 만들어야 한다. 믿음이 좋은 사람들과 만나고, 그들과 관계를 맺어야 한다. 좋은 학교는 머리가 좋고 공부를 잘하는 사람들이 많이 모여 있는 곳이다. 믿음이 크고 기도의 시간이 많고 찬양이 흐르는 곳이 좋은 교회다.

자석에 쇠붙이를 붙이고 있으면 그 쇠붙이에도 자성이 생겨 그가 자석의 역할을 한다. 영향력이다. 좋은 영향력을 만들기 위해 좋은 사람들과 교류하고 교제해야 한다. 나도 모르는 사이에 저절로 그의 습관과 생각을 닮게 되고 행동하게 된다.

사람은 어느 동물보다 적응력에 있어 탁월하다. 어릴 때 영어를 사용하는 나라에 가면 바로 영어를 한다. 전라도 음식 맛이 좋은 것은, 어릴 적부터 맛 좋은 음식을 먹어 보았기 때문이다. 자성이다.

자성 복음을 전하기 위해 나를 십자가에 올려야 한다. 자서전은 내가 벗겨진 복음의 십자가다.

어떻게 어부나 세리가 복음 안에서 평생을 살아갈 수 있었을까를 알게 되면, 예수를 찾게 된다. 이슬람권에서 태어난 사람들은 복음의 환경에서 멀어져서 복음을 알기 어렵다. 북한에서 태어나고 자란 사람들은 그 환경의 관계에서 살아가게 된다. 사람은 내 곁에 누가 있는가를 늘 관찰하고 생각하고 관계를 맺어야 한다. 도둑과 관계를 맺으면, 그를 이해하고 동정하고 동조하게 되어 그에게서 자성을 받게 된다. 내가 가진 믿음과 선한 행동의 자성으로 그를 변화시키기 위해서는 나에게 복음 자성이 있어야 한다. 의사 집안이 생기고 법률가 집안이 생기는 것은, 자성 때문이다. 영향력은 가장 큰 무기요, 능력이다.

시간은 과거에서 미래로 흐르지 않는다. 과거의 시간이 지금도 흐르고 있고 미래의 시간이 현재의 시간으로 흐르기도 한다. 인간을, 스스로의 잠재능력을 실천해 나가는 긍정적인 존재로 보고 자신의 행동을 자유롭게 선택하는 의지를 가졌다고 보는 것이, 인본주의 이론이다. 이것은 인간은 자아실현의 의지가 있으며 선한 마음을 가지고 태어난다는 관점이다. 구체적으로 경험에 의한 개방성이 있고, 실존적인 삶과 자신에 대한 신뢰가 있고, 자유와 창조의 특징이 있다고 보는 것이다.

우리는 아는 것보다 믿는 것이 많다. 사실인지 가짜인지를 확인하지 않더라도 믿음으로 사실처럼 알고 있는 것이 대부분이다. 먼 산에 걸려 있는 해를 보면서 '해가 떠오른다' 또는 '해가 진다'라는 표현을 한다. 그러나 사실은 해가 움직이는 것이 아니라 지구가 돌고 있는 것이다. 동력 상태인 지구는 이 순간에도 가공할 속도로 어디론가 달려가고 있다. 1억 4,960만킬로미터 떨어진 태양의 주위를 시간당 약 107,320킬로미터(30km/s, 근일점: 30.3, 원일점: 29.3)의 속도로 달리고 있다. 여름철에 부는 태풍의 1,000배 속도로 태양의 주위를 달리고 있다. 또 지구는 한 시간에 경도 15도씩 자전하고 있다. 즉, 지구는 시간당 1,670킬로미터를 팽이처럼 회전하는 비행 물체와 같다. 다시 말해 지구는 66해 톤의 무거운 몸을 이끌고 초속 464미터의 빠른 속도로 돌면서 초속 30킬로미터씩 나아가고 있다.

지구는 하루에 한 번씩 지축을 중심으로 자전한다. 이에 따라 밤과 낮이 생기고, 천구의 일주 운동이 생긴다. 또 덕분에 물체에 원심력이 생기고, 그에 따라 각 점의 중력 방향과 크기가 위도에 따라 변한다. 지구는 하루를 돌며 태양 아래서는 24시간을, 별빛 아래서는 23시간 56분 4초를 춤춘다. 기준에 따라 하루의 길이도 달라지는 것이다. 누군가의 연구와 실험으로 얻어진 결과를 나는 믿고 있다.

출애굽의 역사적 사실에서, 홍해가 갈라지고 시내 산에서 십계명을 받았고 아브라함이 이삭을 번제단에 올려놓았다는 사실을 실제로 믿는 것은, 믿음이 우선이다. 동방으로 옮기다가 에덴을 떠났다. 방향이 아니라 하나님을 찾아가는 영적 의미를 찾아야 한다. 공간적 거리가 아니라 관계성을 말하는 것이다.

사람이 편하면 생각이 바뀐다. 조심해야 하는 것은 본질을 잃어버리는 것이다. '우리 이름을 내고', '흩어짐을 면하자', 모세의 글쓰기는 자신을 위한 글이 아니다. 누군가를 위한 시도다. 모세의 글쓰기는 복음을 위한 나의 십자가다. 부끄러워도 아파도 감추고 싶은 더러움도 하나님의 관점이라면, 나는 펜을 잡아야 한다. 또 다른 바벨탑을 세우고 있는 현실에서 우리는 이 시대를 보아야 한다. 소통을 잃어버린 세대다. 선생과 제자, 부모와 자녀, 어른과 아이, 친구와 친구, 관계가 소통을 잃어버렸다. 머무는 곳에 있는 것이 아니라, 광야에 있기 때문이다. 내일 지금 있는 이 자리를 떠나야 하는 불안감이다.

하나님과의 올바른 믿음이 정착되지 못하고 사람들과 믿음을 나눌 수 없는 광야에서는, 나를 먼저 보는 것이 우선이다. 광야의 글쓰기는 가나안을 꿈꾸는 오늘의 믿음이다.

글을 쓰기 위한 모세의 이유

여호와의 크신 뜻에 순종하여 이 기록을 남기는 나는 모세라. 내가 펜을 들고 이 성스러운 말씀을 기록하는 목적은 단지 나의 이름을 높이려는 것이 아니라, 영원하신 주님의 명령과 언약을 후세에 전하고, 그분의 거룩한 길을 밝히 드러내기 위함이다. 주께서는 광야의 메마른 땅 가운데서도 이 백성을 인도하시며, 그들이 혼란과 방황 속에서 진리의 길을 잃지 않게 하시고자 하셨다. 그러므로 나는 주의 계명과 교훈을 온 힘을 다해 기록하였으니, 이는 우리 모두가 그분의 뜻에 따라 살아갈 수 있는 빛이 되고, 마음속 깊은 곳에서부터 회개하며 올바른 길로 나아갈 수 있는 힘이 되기를 소망함이다.

단순한 기록 이상의 신성한 사명이 있음이라. 여호와께서 내게 명하신 이 말씀들은, 세상의 시작부터 끝날 때까지 변치 않는 진리로 남을 것이며, 이 기록을 펴 읽는 모든 자에게 구원의 길과 진리의 증거로 전파되리라. 글 한 줄, 한 구절마다 하나님의 자비와 정의, 그리고 그분의 구원 계획이 응축되어 있으며, 이는 우리와 같이 연약한 인간들이 오직 믿음과 겸손으로 하나님 앞에 설 수 있음을 깨닫게 하려는 것이니, 우리의 모든 행위와 마음가짐은 이 신성한 언약 아래에 굳건히 서야 함을 선포하는 것이다.

내 기록은 또한 후대에 전해질 교훈의 산실이라. 이 땅 위에 살면서 기쁨과 슬픔, 풍요와 가난 속에 몸담는 모든 자들이, 이 말씀을 통하여 주님의 크신 계획을 깨닫고, 각자의 길에서 바른 선택과 의로운 삶을 살아가도록 인도받기를 바라는 것이다.

나는 여기 기록된 모든 단어와 문장이 헛되이 흩어지지 않도록, 오랜 세월이 흐르더라도 변치 않는 진리로 남게 하려는 굳은 결심을 품고 있다. 이 글은 곧 한 시대의 증언이요, 또 한 세대에서 다음 세대로 전해지는 신성한 유산이니, 그 누구도 이 말씀을 경시하거나 멸시하지 않도록 조심스레 다루어져야 할 것이다.

나의 기록은 오직 하나님의 명령을 전하는 도구임을 기억하라. 이는 나의 지혜나 능력이 아닌, 오직 하늘로부터 내려온 계시와 영감에 의한 것이며, 내가 기록하는 모든 내용은 그분의 권능과 자비, 그리고 사랑의 증거라. 인간의 눈으로는 헤아릴 수 없는 신비로움과 무한한 자비가 이 글 속에 담겨 있으니, 이 말씀을 접하는 자마다 그 심오한 뜻을 깨닫고, 주님의 앞에 겸허히 엎드려 기도할 때에 비로소 그 은혜를 누리리라. 모든 날들의 기록은 한결같이 전해지며, 혼돈의 세월 속에서도 우리 후손이 길을 잃지 않도록 영원한 등불이 될 것이다.

글쓰기는 단순한 문자 나열이 아니라, 인간과 신성한 존재 사이의 다리이며, 진리와 사랑, 정의와 자비의 메시지를 전하는 고귀한 행위임을 깨달아야 한다. 이 성스러운 기록을 통해 후대의 사람들이 자신의 말과 글에 담긴 힘과 책임을 인식하고, 그것으로 선을 이루는 도구로 삼아 서로를 격려하며 나아가기를 바란다. 그러므로 이 글은 단순히 과거의 기록이 아니라, 현재와 미래를 아우르는 영원한 진리의 보고로서, 모든 이가 그 깊은 뜻을 새기고 자신을 성찰하는 계기가 되어야 한다.

여호와께서 이 백성에게 주신 법도와 명령은 곧 생명의 근원이요, 어둠 속에서 길을 잃은 자들에게 밝은 등불이 되리라. 나는 그분의 뜻에 따라, 이 기록을 남김으로써 우리 모두가 그 빛을 따르고, 의로운 길을 걸으며, 언제나 하나님의 인도하심 아래 평화를 누릴 수 있도록 하는 데 그 목적을 두었음을 고백한다. 이 글은 오직 하나님의 영광을 위하여, 그리고 인류가 그분의 신실하신 사랑과 무한한 자비를 깨닫게 하려는 진리의 선포라. 그리하여 이 기록이 영원토록 계승되어, 모든 시대에 걸쳐 하나님의 구원의 약속을 증언하고, 그분의 크신 이름을 높이는 데 쓰임 받기를 기원하노라.

나의 손길을 거쳐 내려온 이 글귀들이 먼 훗날에도 사람들의 마음을 울리고, 그들의 삶 속에 진리와 사랑의 씨앗을 심어주기를 간절히 바라노니, 이는 곧 주께서 명하신 길을 따르며, 그분의 언약 안에서 평화를 누리는 길임을 알게 하려는 것이다. 어둠과 혼돈의 세상 속에서 이 기록은 늘 한 줄기 빛처럼 인도할 것이며, 각 세대의 사람들이 이 말씀을 읽고 깨달으며 자신들의 내면에 숨겨진 선함과 희망을 발견할 때에, 진정한 자유와 평안을 누리게 되리라. 내가 여기 남기는 모든 문장은 오직 주님의 거룩하신 뜻에 입각한 것이며, 이로써 모든 창조된 것들이 영원한 진리와 사랑의 길로 나아가게 될 것을 굳게 믿노라.

2. 다윗의 글쓰기

"이 일이 장래 세대를 위하여 기록되리니 창조함을 받을 백성이 여호와를 찬양하리로다"(시 102:18).

노래가 된 기도, 예언이 된 시

다윗은 양치기였다. 그러나 그는 풀과 물을 돌보던 손으로 하나님께 시와 음악을 바치는 사람이었다. 그는 어린 시절부터 하늘을 올려다보고, 들판의 침묵을 들으며, 자신의 심장을 노래 삼아 하나님께 고백했다. "여호와는 나의 목자시니 내가 부족함이 없으리로다"(시 23:1). 그 고백은 단순한 비유가 아니라, 그의 삶에서 솟아난 진실이었다.

다윗은 수금을 타던 소년이었다. 그의 손끝에서 흐르는 음악은 사울 왕의 어지러운 영혼을 어루만졌고, 악한 영도 그의 노래 앞에 물러섰다. 다윗은 또한 골리앗을 쓰러뜨린 용사였다. 한 손에 돌을 쥐고 다른 손에는 노래를 쥔 사내였고, 사울 왕의 질투에 광야로 쫓긴 하나님의 사람이었다. 광야는 다윗에게 고통만 준 곳이 아니었다. 그곳은 탄식과 신앙이 부딪히는 거룩한 용광로였다. 그는 배반과 도피 속에서, 가난한 심령으로 하나님께 울었다. "내가 날이 밝기 전에 부르짖으며 주의 말씀을 바랐사오며"(시 119:147). 그 울음은 시편이 되었고, 고난은 언어가 되었다.

왕이 된 후에도 다윗의 삶은 영광과 추락, 사랑과 상처로 물들었다. 밧세바를 취한 죄, 우리야를 죽게 한 살인의 무게, 압살롬의 반역 앞에서 무너지는 아버지의 가슴 등, 그 모든 파편들이 그의 시에 피어났다. 그러나 다윗은 죄를 감추려 하지 않았다. "내 죄악이 내 머리에 넘쳐서 무거운 짐 같으니 내가 감당할 수 없나이다"(시 38:4)라고 토로했다. 그는 상한 심령으로 하나님 앞에 무너졌고, 그 무너진 자리마다 시가 자라났다. "하나님께서 구하시는 제사는 상한 심령이라 하나님이여 상하고 통회하는 마음을 주께서 멸시하지 아니하시리이다"(시 51:17). 회개는 그의 시를 적셨고, 간구는 그의 노래를 지탱했다.

그의 시편은 단순한 노래가 아니었다. 그것은 삶과 신앙의 모든 계절을 통과한 영혼의 기록이었다. 기도의 숨결, 탄식의 웅얼거림, 찬양의 불꽃, 감사의 샘물이 그의 시 안에서 서로를 껴안았다. "주를 찬송함과 주께 영광 돌림이 종일토록 내 입에 가득하리이다"(시 71:8). "내가 환난 중에 여호와께 부르짖었더니 내게 응답하셨도다"(시 120:1)라고 다윗은 노래했다. 광야에서도, 왕궁에서도, 무너진 골목에서도. 그의 시는 살아 있는 자의 고백이었고, 무너진 자의 기도였으며, 빛을 기다리는 자의 숨이었다. 다윗은 시로 하나님을 품었고, 시로 자신을 풀어놓았으며, 시로 하나님께 걸어갔다.

다윗의 시적 글쓰기 특징은, 개인적 경험과 신앙이 결합된 형식으로 이루어졌다는 것이다. 그는 자신의 삶에서 경험한 기쁨, 슬픔, 두려움, 소망 등을 시를 통해 하나님 앞에 드러냈으며, 이를 단순한 감정적 토로가 아니라 깊은 신앙의 맥락 속에서 기록했다. 하나님께 지음 받은 인간 존재로서 하나님과 인간관계의 원형, 더 나아가 인간 존재에 대한 하나님의 구속사적 의미를 담아냈다.

■ 감정으로 하나님을 노래한 시인:

그는 인간 존재로서 갖는 모든 감정으로 하나님을 노래했다. 다윗의 시편은 단순한 언어의 조각이 아니다. 인간 존재의 심연에서 솟구친 뜨겁고도 진솔한 감정의 숨결이었다. 그는 인간이 경험하는 기쁨과 고통, 희망과 절망, 사랑과 두려움의 모든 결을 숨김없이 펼쳐 보였다.

신뢰의 숨결이 그의 입술에 머물 때, 이렇게 노래한다. "하나님이여 내게 은혜를 베푸소서 내게 은혜를 베푸소서 내 영혼이 주께로 피하되 주의 날개 그늘 아래에서 이 재앙들이 지나기까지 피하리이다"(시 57:1). 하나님은 광야에서 길을 잃은 양에게 내려온 쉼과 생명의 손길이었다. 그러나 어둠이 깊어지고, 세상의 모든 기도가 막힌 것처럼 느껴질 때, "내 하나님이여 내 하나님이여 어찌 나를 버리셨나이까"(시 22:1)라고 부르짖으며 절규했다. 때로 그는 자신의 부서진 심령을 쓸어 담아 고백했다. 죄의 무게에 짓눌린 순간에는 정결함을 다시 부어달라며 가장 깊은 자리에서 울부짖었다. 그 울음은 회개의 언어가 되어 하나님 앞에 꿇어앉았다. 목마른 사슴처럼 하나님을 갈망했다. "물이 없어 마르고 황폐한 땅에서 내 영혼이 주를 갈망하며 내 육체가 주를 앙모하나이다"(시 63:1). 영혼은 메마른 땅이 되었고, 몸은 하늘을 향해 손을 벌렸다.

다윗의 시는 영과 육, 온 존재로 하나님을 찾는 목마름의 노래였다. 기쁨의 날에는 다시 마음의 깃발을 들었다. "내 영혼아 여호와를 송축하라"(시 103:1). 그의 시적 고백들은, 한 인간의 감정 발산에 그치지 않았다. 기쁨도 절망도 회개도 갈망도, 모두 하나님께 방향 지어진 것이었다. 그는 하나님을 인격으로 만났다. 침묵 속의 응답자, 울음 속의 위로자, 죄의 고백을 마주 듣는 얼굴, 구원을 기뻐하시는 손길. 그는 단지 하나님을 믿은 것이 아니라 인격적 하나님과 말을 주고받았다. 독백이 아니었다. 응답을 기다리는 기도였고, 때로는 응답으로 가득한 고백이었다. "여호와여 내가 주께 피하오니 나를 영원히 부끄럽게 하지 마시고"(시 31:1), "환난에서 나를 보호하시고"(시 32:7). 하나님은 그의 탄식에 귀 기울이시고, 그의 부르짖음에 가까이 오신 분이었다. 살아 계신 하나님과 정서적, 영적, 인격적 교류를 나누며 그는 하나님과 인간 사이, 끊을 수 없는 근원적 관계를 노래했다. 그의 시편은, 영혼이 하나님을 향해 울고 웃는 언어였고, 육신이 하나님을 향해 목마름을 토하는 노래였다.

■ 오실 메시아에 대한 예언적 통찰:

다윗의 시는, 단순히 눈물의 고백이나 밤의 속삭임에 머물지 않는다. 그의 노래는 시간의 경계를 넘어, 장차 오실 메시아의 발자국을 먼저 밟고 간 예언의 시였다. 고통의 밑바닥에서 터진 노래는, 훗날 구속의 길을 걷게 될 이의 숨결을 예시하며 한 왕의 슬픔 속에 구원자의 그림자를 담아냈다.

시편 22편은 단지 다윗의 절망이 아니라, 십자가 위에서 끊어진 호흡의 예고편이었다. "내 하나님이여 어찌 나를 버리셨나이까"(시 22:1). 이 구절은 훗날 골고다 언덕 위, 십자가에 못 박힌 예수 그리스도의 마지막 외침으로 거듭 태어난다. "엘리 엘리 라마 사박다니"(마 27:46). 한 시인이 토해낸 탄식은, 세상을 구속하신 메시아의 고통과 하나로 얽히며, 개인의 절규가 구속사의 문을 여는 열쇠가 되었다. 그 시편 속에는 더 깊은 예언의 조각들이 숨어 있다. "내 수족을 찔렀나이다"(시 22:16). 못 자국으로 뚫린 손과 발, 그분의 고통은 이미 다윗의 시 안에 상흔처럼 새겨져 있었다. "내 겉옷을 나누며 속옷을 제비 뽑나이다"(시 22:18)는 십자가 아래 군병들의 손에 의해 역사로 다시 쓰였다. "군인들이 서로 말하되 이것을 찢지 말고 누가 얻나 제비 뽑자 하니"(요 19:24). 이처럼 시편 22편은 고난받는 메시아의 초상화이자 십자가의 고요한 예고였으며, 다윗의 깊은 고통은 하늘의 섭리 아래 한 사람의 피 흘림을 미리 안고 있다.

시편 110편은 메시아의 고난 너머, 승리와 권위, 왕권의 자리를 미리 내다보며 그분의 통치를 땅 위에 선포한다. "여호와께서 내 주에게 말씀하시기를 내가 네 원수들로 네 발판이 되게 하기까지 너는 내 오른쪽에 앉아 있으라 하셨도다"(시 110:1). 다윗은 자신보다 크신 분을 '내 주'라 부른다. 그리고 그 주께서 하나님의 보좌 우편에 앉으실 것을 노래한다. 이 구절은 베드로의 입을 통해 다시 인용되며, 예수 그리스도의 승천과 하나님과의 동등 됨을 증거한다.

● 다윗의 시는 성소의 문을 넘어, 영원한 하늘 제단까지 이르게 한다. 그의 개인적인 눈물과 회복, 죄와 회개로 가득하지만, 그 깊은 곳에서 흐르고 있는 것은 장차 오실 메시아에 대한 감춰진 울림이다.

그의 시는 단지 찬양이나 기도에 머물지 않는다. 그것은 예언이다. 그리고 그 예언은 곧 구속사로 피어난다. 그는 자신의 상처로 시를 썼고, 그 시는 장차 오실 그분의 십자가와 영광을 미리 노래했다.

하나님께 올린 영혼의 문장들

다윗은 시로 숨 쉬는 자였다. 말은 때로 무기보다 날카롭고, 침묵보다 정직하게 눈물을 말한다. 그는 감정을 숨기지 않았다. 자신의 슬픔을 이미지로 조각하고, 하나님의 이름을 운율 속에 불렀다. 정밀한 구조는 그의 기도를 담은 그릇이었고, 비유는 고백의 숲이었다. 문학적 글쓰기는 그가 어떻게 시로 하나님께 걸어갔는지를 따라가는 발자국이다. 그의 문장은 한 편의 기도이자 한 조각의 떨림이다.

● 대구(對句)의 시학:

반복과 대구법(평행법)의 사용은 다윗의 시에서 가장 깊은 언어적 숨결 중 하나다. 그는 단지 말의 그림자를 되새긴 것이 아니라, 절망과 소망, 고통과 회복, 죄와 은혜를 마주 세운 채 그 안에서 하나님의 얼굴을 비추었다. 히브리 시의 전형이라 불리는 대구법은, 그의 시에 운율을 부여하고, 의미를 점층적으로 부각시켜준다. 그러나 그것은 단순한 말의 되풀이나 의미의 나열에 그치지 않는다. 반복 속에 간절함을 담고, 대조 속에 하나님의 뜻을 각인시킨다.

시편 22편의 시작은 고통의 심연에서 솟구친 반복이다. "내 하나님이여 내 하나님이여 어찌 나를 버리셨나이까"(시 22:1). '나의 하나님'을 두 번 부름으로써 절망의 깊이와 부르짖음의 간절함이 두 배로 울려 퍼진다. 반복(Repetition)은 곧 고통의 파문이다.

반면, 시편 37편 16절에서는 의인과 악인의 삶을 두 축으로 세우며 대조적 평행법(Antithetic Parallelism)이 사용된다. "의인의 적은 소유가 악인의 풍부함보다 낫도다." 이 대구는 소유의 많고 적음을 넘어, 의인의 적은 것이 더 크고 깊다는 하늘의 논리를 들려준다. 선과 악, 작음과 큼의 대비를 통해 하나님이 보시는 가치를 우리 안에 새겨 넣는다.

또한 시편 32편 1-2절에서는 서로 닮은 의미어들이 물결처럼 이어지며 유사 평행법(Synonymous Parallelism)이 펼쳐진다. "허물의 사함을 받고 자신의 죄가 가려진 자는 복이 있도다 마음에 간사함이 없고 여호와께 정죄를 당하지 아니하는 자는 복이 있도다." 허물과 죄와 간사함과 정죄, 비슷하지만 결이 다른 단어들이 복이 있는 사람의 자리를 겹겹이 쌓아 올린다. 복이 있다는 진술은, 그 의미의 층을 따라 더 깊어지고 더 빛난다.

시편 63편 3절에서는 앞의 진술 위에 의미를 더하는 종합적 평행법(Synthetic Parallelism)이 사용된다. "주의 인자하심이 생명보다 나으므로 내 입술이 주를 찬양할 것이라." 생명보다 나은 인자하심, 그것은 비교가 아니라 선언이다. 찬양은 감정이 아니라 필연이 된다. 앞줄은 이유요, 뒷줄은 그 이유에서 피어난 응답의 언어다. 이처럼 대구와 반복은 하나님과 인간 사이, 고통과 구원, 심판과 회복이 교차하는 자리에 피어나는 구조다. 다윗은 평행한 문장을 빌려, 하나님과의 수직적 관계를 그려냈고, 그 대구의 선율 안에서 우리는 하나님을 향한 인간의 자리, 인간을 향한 하나님의 숨소리를 읽게 된다.

● 은유와 비유, 상징으로 직조된 언어:

다윗의 시편에는 은유와 비유, 상징의 언어가 정교한 매듭처럼 얽혀 있다. 그의 시는 단지 아름다운 말이 아니라, 하나님과의 내밀한 관계를 시로 드러내는 고백의 얼굴이다. "여호와는 나의 목자시니 내게 부족함이 없으리로다"(시 23:1). 이 한 줄 안에 은유와 상징, 종합적 평행법, 대조법이 교차한다.

목자라는 은유는 하나님의 보호와 인도를 감싸안고, 부족함이 없다는 선언은 인간 존재의 갈급함이 그분 안에서 해갈된다는 신비를 담고 있다. 이 구절은 단지 다정한 표현이 아니라, 하늘과 땅, 창조주와 피조물 사이에 맺어진 언약의 언어다. 언어가 침묵보다 깊어지는 순간, 그는 여호와를 목자라 부르며 자신의 영혼을 그 품에 눕힌다.

그는 다른 시편에서도 하나님의 속성을 압축적이고 직관적인 이미지로 표현한다. "여호와는 나의 반석이시요 나의 요새시요 나를 건지시는 이시요 나의 하나님이시요 내가 그 안에 피할 나의 바위시요…"(시 18:2). 여기에서 그는 하나님을 반석, 요새, 바위로 호명한다. 은유(Metaphor)는 단지 비교를 넘어 경험된 하나님을 말하게 한다. 위험 중에 만난 하나님, 흔들림 속에 의지했던 하나님을 이토록 압축된 시어로 불러낸다.

직유(Simile)는 그의 시에서 또 다른 시적 기둥이다. "의인은 종려나무 같이 번성하며 레바논의 백향목 같이 성장하리로다"(시 92:12). 의인을 가리켜 종려나무 같다고, 백향목 같다고 비유하는 이 구절은 시각적 이미지로 신앙의 결을 보여준다. 종려나무는 하늘을 향해 곧게 뻗고, 백향목은 시간을 견디며 향기를 머금는다. 다윗은 여기서 의인의 내면과 영적 성장, 그 뿌리와 가지를 동시에 그려낸다.

다윗은 상징(Symbolism)으로도 영혼의 어둠을 그림처럼 펼친다. "원수가 내 영혼을 핍박하며 내 생명을 땅에 엎어서 나로 죽은 지 오랜 자같이 나를 암흑 속에 두었나이다"(시 143:3). 여기서 '암흑 속'은 단지 어두운 공간이 아니다. 죄로 인한 소외, 하나님으로부터의 단절, 영혼의 무너짐을 상징한다. 그는 스스로를 죽은 자처럼 흙 속에 내던져진 존재로 비유하면서, 하나님 없는 어둠을 '장소'로 상징화한다. 그 어둠은 물리적인 밤이 아니라, 영혼의 그림자다. 이처럼 다윗의 시는 비유와 은유, 상징을 통하여 하나님을 드러내고, 자신의 상태를 고백하며, 인간과 하나님 사이의 심연을 다리 놓는다. 그의 글은 논리가 아니라 심장으로 쓰였고, 그 심장은 늘 하나님을 은유하는 언어 위에 뛰고 있었다.

● 이미저리(Imagery)를 통한 감각적 언어:

다윗의 글쓰기는 언제나 눈에 보이는 감각을 통해 보이지 않는 감정을 드러내는 방식으로 심화되었다. 그는 단지 내면의 심리를 말하지 않았다. 그 감정을 만지고, 마시고, 걸어가게 했다.

다양한 이미지를 통한 감각적 표현(Imagery)은 그의 시에 녹아 있는 가장 생생한 문학적 결이다. 자연 속에서, 일상의 장면 속에서 즉각적으로 인지할 수 있는 구체적 이미지들을 끌어와 자신의 내면을 입히고, 확장했다. 이러한 표현 방식은 주로 은유와 과장, 상징과 함께 나타나며, 단어 너머로 느껴지는 울림과 무게를 더해준다.

"내 눈물이 주야로 내 음식이 되었도다"(시 42:3). 다윗은 눈물을 단지 흐르는 물방울로 남겨두지 않는다. 눈물을 씹고 삼키며, 그것을 하루 세끼의 식사처럼 담아낸다. 슬픔은 더 이상 감정이 아니라, 몸으로 받아들이는 현실이 된다. 여기서 눈물과 음식이라는 이미지가 중첩되며, 고통의 총량이 은유와 과장을 넘어 물질적 체험으로 이입된다. 또한 그는 이렇게 고백한다. "내 뼈가 쇠하였도다"(시 32:3). 죄책감은 그의 뼛속까지 스며들었고, 침묵의 날들이 계속되자 몸이 말라붙고 생명이 안으로부터 시들어간다. '마른 뼈'는 단순한 신체의 쇠약함이 아니라, 은혜가 끊긴 심령의 상태를 가장 극적인 이미지로 드러낸 것이다. 뼈는 생명 안의 가장 깊은 구조고, 그 뼈가 마른다는 건 존재의 기초가 무너진다는 상징이다. 이처럼 그는 이미지로 말하고, 감각으로 기도하며, 자신의 삶 전체를 시적인 장면으로 번역해 냈다.

눈물, 음식, 마른 뼈, 이 모든 것들은 그의 내면을 넘어서 우리의 고통과 갈망을 대변하는 이미지로 재구성된다. 그는 단순히 "슬프다"라고 말하지 않는다. 그는 눈물을 마신다고 말하고, 뼈마저 타들어간다고 토로한다. 그의 표현은 비유가 아니라, 몸과 영혼이 함께 쓰는 언어다.

● 숨겨진 아이러니의 영적 반전:

다윗의 글쓰기는 때때로 말보다 더 강한 침묵을 품은 전환으로 드러난다. 그것은 역설이고, 반전이며, 진리를 정면이 아닌 옆모습으로 비추는 시선이다. 아이러니(Irony)는 다윗의 시 안에서 빛처럼 번쩍이기도 하고, 속삭임처럼 느리게 파고들기도 한다. 그는 아이러니를 통해 눈에 보이는 현실과 하나님의 질서 사이의 간극을 드러내며 그 틈에서 피어나는 진리를 노래한다.

"그(악인)들은 풀과 같이 속히 베임을 당할 것이며 푸른 채소 같이 쇠잔할 것임이로다"(시 37:2). 아이러니로 감싸인 구절이다. 겉으로 보기엔 번성하는 듯한 악인, 그는 햇살 아래 높이 자란 풀처럼 보이지만, 사실 뿌리가 없는 존재다. 결국 베이고, 시든다. 성장은 눈속임이었고, 결말은 조용한 소멸이다.

또 다른 장면은 신앙이 조롱이 되는 역설을 보여준다. "그가 여호와께 의탁하니 구원하실 걸, 그를 기뻐하시니 건지실 걸 하나이다"(시 22:8). 신뢰는 조롱이 되고, 믿음은 웃음거리가 된다. 그의 적들은 그가 하나님께 기대는 것을 약점이라 비웃었고, 기도드리는 입을 연약함의 증거로 오해했다. 그러나 그 아이러니 속에서 오히려 진리는 더 선명하게 떠오른다. 하나님을 향한 의탁은, 사람의 시선 안에서는 비웃음일지라도, 하늘의 질서 안에서는 구원의 시작이 된다. 하늘에서 내려다보시는 하나님은 전혀 다른 방식으로 인간의 오만을 받으신다. "하늘에 계신 이가 웃으심이여 주께서 그들을 비웃으시리로다"(시 2:4).

전능하신 하나님을 향해 아무렇지 않게 주먹을 드는 자들, 그들의 자기 확신은 오히려 희극이 되고, 하늘은 그들의 분노를 비웃는다. 여기에는 강한 대조법이 숨어 있다. 나약한 인간의 허세와 영원하신 하나님의 절대적 위엄. 이 장면은 그 자체로 우주의 아이러니며, 사람의 교만이 얼마나 가벼운지를 하나님의 웃음이 대신 말하고 있다. 이처럼 그의 시편 속 아이러니는 말장난이나 기묘한 반전이 아니라, 보이는 것과 믿는 것 사이에서 피어난 통찰이다. 그는 감각 위에 감정을, 역설 속에 진리를 더 깊이 새겼고, 그 반전 안에서 신앙의 자리가 얼마나 낯설고도 위대한 자리인지를 보여주었다.

● **나약함을 껴안고 하나님께 나아가다:**

다윗의 시에는 그 어떤 의도된 포장이 없다. 자신의 죄와 상처, 무너진 내면과 흔들리는 감정을 숨기지 않는다. 고백은 그의 무기였고, 솔직함은 그의 기도였다. 그의 글쓰기의 가장 빛나는 특징 중 하나는 바로 인간적 나약함의 정직한 노출이다. 그는 스스로의 연약함을 꾸미려 하지 않았고, 오히려 하나님 앞에서 꿇어앉은 자신의 실존을 가감 없이 드러냈다.

"여호와여 어느 때까지니이까"(시 13:1). "어찌 나를 버리셨나이까"(시 22:1). 이 질문들은 단지 절망 속의 탄식이 아니다. 하나님을 향한 깊은 신뢰 없이는 도저히 던질 수 없는 질문이다. 그는 이 물음을 통해 고통과 믿음의 접점을 만들어낸다. 질문은 기도로 전환되고, 탄식은 고백이 되어, 독자를 그 자리로 이끈다. 이 솔직함은 신앙의 진정성에 생명을 불어넣는 숨결이다.

우리는 그의 시를 읽으며, 자신의 감정을 억누르지 않고 하나님 앞에 있는 그대로 설 수 있음을 배운다. 특히, 다윗은 자신과의 독백을 통해 내면을 하나님께로 이끈다. "내 영혼아 네가 어찌하여 낙심하며 어찌하여 내 속에서 불안해 하는가"(시 42:5). 이 문장은 단순한 자기 위로가 아니다. 그는 자신의 영혼을 향해 묻고, 그 질문 속에서 자기 존재를 하나님께로 밀어넣는다. 이처럼 다윗은 '내 안의 나'와 대화하며, 자기 내면 깊숙한 자리에서 하나님과 만나는 길을 트고 있다. 그의 독백은 신앙의 가장 내밀한 목소리고, 그 소리는 곧 기도로 변해 하늘을 울린다.

다윗은 반복적 운율과 대구법, 직유와 은유, 깊은 신앙과 영적 체험의 이미지화, 아이러니, 진솔한 자신의 감정 등을 통해 하나님께 나아가 깊은 관계를 맺고 이를 전달했다. 그는 솔직한 감정의 언어로 하나님 앞에 섰고, 불붙는 이미지의 칼날로 영혼을 새겼다. 그의 글에는 반복의 리듬이 맥박처럼 흐르고, 그 속엔 기억을 엮는 구조의 실핏줄이 숨 쉬고 있다. 직유와 은유, 그 은밀한 비유의 숲에서 하나님과의 거룩한 대화가 피어났고, 아이러니는 현실과 그 너머 하나님의 질서 사이를 드러내며, 그 틈에서 피어나는 진리를 붙잡는다.

그의 시는 문장이 아니라 기도였고, 노래가 아니라 교제였으며, 하나님께 마음을 고백하는 것이었다. 그의 시는 단순한 문학적 창작이 아니라, 하나님과의 교제를 기록한 신앙의 노래이자 기도로서, 오늘날에도 많은 사람들에게 영적인 울림을 주고 있다.

한 사람의 시, 공동체의 예배가 되다

다윗의 시는 내면의 골짜기에서 시작되어 회중의 기도로 번지고, 마침내 민족을 넘어 전 인류의 찬양으로 비상한다. 탄식은 연대가 되고, 확신과 두려움은 중보기도가 되며, 회개는 공동체의 회복을 향한 부름이 된다. 고백은 예배가 되고, 예배는 보편적 믿음의 노래로 다시 피어난다.

● 개인의 탄식에서 공동체의 찬양으로:

상실과 슬픔이 깊어지면 어느 순간 아픔을 누르는 거대한 힘이 작용한다. 어쩌면 지금 나의 자서전도 내 삶의 가장 깊은 곳에서 많은 기억들을 정화하고 있는지 모른다. 다윗은 어느 순간을 노래하지 않는다. 기쁠 때나 슬플 때나 기도의 끈을 묶어 하늘에 던진다. 시편 13편은 종일토록 근심해야 하는 심정을 찬양으로 바꾼 위대한 노래다. 한 사람의 통곡이 아니라, 온 회중이 함께 하나님께 드리는 찬양의 곡조가 된 것이다.

미국의 실천신학자 돈 샐리어스(Don Saliers)는 이렇게 말한다. "탄식의 시를 함께 부를 때, 예배자들은 자신의 삶에 파고든 비극과 불의를 감추지 않고, 하나님 앞에 토로하게 된다. 그 순간, 신앙은 추상적 문장이 아니라 삶의 현실과 통합된 살아 있는 믿음이 된다." 공적 예배에 공동체가 함께 참여할 때, 고조된 감정은 서로를 밀어 올리고, 집단적 열정과 공동체적 연대감은 예기치 않은 방식으로 솟아오른다. 다윗은 공동체 앞에서 자신의 탄식을 공동체의 노래로 승화시키는 글쓰기를 하였다.

● 개인의 확신이 공동체의 권면으로:

시편 27편은 다윗의 확신과 감사, 소망과 두려움, 간절한 간구가 공존하는 시다. 1-6절에서는 하나님을 생명의 빛, 구원의 피난처로 노래하며, 즐거운 찬양과 악기로 그분을 높이고 있다. "여호와는 나의 빛이요 나의 구원이시니 내가 누구를 두려워하리요". 그의 기도는 개인적 고백의 시다.

그러나 4절에서 우리는 다윗의 사모함이 단지 개인적 열망이 아니라 공동체 예배에 대한 깊은 갈망임을 알게 된다. "내가 여호와께 바라는 한 가지 일…평생에 여호와의 집에 살면서 여호와의 아름다움을 바라보며 그의 성전에서 사모하는 그것이라". 성전 예배에 참여하고자 하는 강한 열망은 이미 성전에 모이는 예배 공동체를 전제하고 있다.

이어지는 7-8절에서는 두려움 속에서의 간절한 간구의 기도가 공동체적 결단의 기도로 전환된다. "여호와여 내가 소리 내어 부르짖을 때에 들으시고…너희는 내 얼굴을 찾으라 하실 때에 내가 마음으로 주께 말하되…". 다윗의 부르짖음에 하나님께서는 "너희는 내 얼굴을 찾으라"는 공동체 전체를 향한 부르심으로 응답하신다. 이 부르심에 공동체는 하나 되어 하나님을 따르겠다는 결단으로 응답한다. 여기에서 다윗은 공동체를 위한 중보기도자로 서 있다.

그는 '나'로 시작하되 '너희'에게 말을 건네는 이중의 화자다. 그리고 마침내 14절, 그의 기도는 공동체를 향한 강한 권면이 된다. "너는 여호와를 기다릴지어다 강하고 담대하며 여호와를 기다릴지어다". 명령형이 반복되고, 이 시는 공예배의 송영처럼 끝맺는다.

다윗의 내면에서 시작된 기도는, 이제 회중 전체의 입술을 위한 찬양이 되었다.

● 개인의 회개에서 공동체의 회복으로:

시편 51편은 다윗의 생애에서 가장 어두운 밤에 쓰였다. '다윗이 밧세바와 동침한 후, 선지자 나단이 그에게 왔을 때 지은 시'이다. 그는 하나님 앞에서 무너진다. 가장 깊은 죄의식과 절망 속에서, 가장 내밀한 회개와 통회의 시를 써 내려간다. "하나님이여 주의 인자를 따라 내게 은혜를 베푸시며…"(시 51:1). "…나의 죄를 깨끗이 제하소서 무릇 나는 내 죄과를 아오니 내 죄가 항상 내 앞에 있나이다"(시 51:2-3).

그의 통회는 말끝마다 떨린다. 이 죄는 행위의 문제가 아니라 자기 존재 안에 스며든 부패함의 인식이다. "우슬초로 나를 정결하게 하소서…"(시 51:7). "나를 주 앞에서 쫓아내지 마시며 주의 성령을 내게서 거두지 마소서"(시 51:11). 하나님의 임재가 떠날까 두려운 마음, 다시금 구원의 기쁨을 얻고 싶은 간절함이 흐른다.

그런데 이 철저히 개인적이고 내밀한 기도가 공동체 예배의 기도로 확장된다. "주의 은택으로 시온에 선을 행하시고 예루살렘 성을 쌓으소서"(시 51:18). "그때에 주께서 의로운 제사와 번제와 온전한 번제를 기뻐하시리니 그때에 그들이 수소를 주의 제단에 드리리이다"(시 51:19). 시온, 예루살렘, 제단, 제사. 이 언어들은 공동체 전체의 회복을 위한 기도로 전환된 기도자의 시선을 보여준다.

이 시는, 죄 앞에서 무너진 개인의 심령이 공동체의 구속을 위한 예배적 회개 시문으로 완성되어 가는 전형적 구조를 지닌다.

● 개인적 절망이 회중 예배에서 보편적 예배까지:

시편 22편은 개인적인 절망의 심연에서 시작하여 회중 예배의 창공으로 비상하는 노래다. "내 하나님이여 내 하나님이여 어찌 나를 버리셨나이까"(시 22:1). "나를 보는 자는 다 나를 비웃으며…그가 여호와께 의탁하니 구원하실 걸…"(시 22:7-8). "나는 물같이 쏟아졌으며 내 모든 뼈는 어그러졌으며"(시 22:14).

고통은 치밀하고 절망은 깊다. 그러나 22절에서 전환이 일어난다. "내가 주의 이름을 형제에게 선포하고 회중 가운데에서 주를 찬송하리이다 여호와를 두려워하는 너희여 그를 찬송할지어다…너희 이스라엘 모든 자손이여 그를 경외할지어다"(시 22:22-23). 그의 '나'는 이제 '형제들', '회중', '이스라엘 자손들' 앞에 서 있다. 그의 통곡은 공동체 예배의 찬양으로 승화된다.

하지만 여기서 멈추지 않는다. "땅의 모든 끝이 여호와를 기억하고 돌아오며 모든 나라의 모든 족속이 주의 앞에 예배하리니 나라는 여호와의 것이요 여호와는 모든 나라의 주재심이로다"(시 22:27-28). 예배의 시선은 온 땅으로 확장된다. 다윗의 고통은 이스라엘의 회복을 지나, 열방의 예배, 모든 족속의 무릎 꿇음으로 이어진다.

시편 13편, 22편, 27편, 51편에서 보듯이 다윗의 시는 단지 개인의 고백이 아니다. 그것은 기도에서 예배로, 개인에서 공동체로, 공동체에서 민족과 열방으로, 시간에서 구속사의 중심으로 확장되고 비상하는 영혼의 문학이다. 다윗의 시적 글쓰기는 공동체 예배의 찬송이자 공동체적 유산으로, 그 고백은 오늘도 여전히 회중의 심장과 입술 사이에서 살아 숨 쉬고 있다.

살아 숨 쉬는 시편, 하나님께 띄운 자서전

다윗은 시로 자신의 발자국을 남겼다. 고통이 스며 있고, 눈물과 절규가 맺혀 있다. 그의 시는 기억이 아니라, 하나님 앞에서 울리는 호흡이었고 자기 내면을 꺼내어 불빛 아래 놓는 것이었다. 자서전으로 다윗의 시편을 읽는 것은, 그가 어떻게 시로 자기를 써내려갔는지를 조용히 따라가는 여정이다.

● **시간을 따라 흐른 노래들:**
다윗의 시는 삶의 순간들을 담았기에 자서전적 관점에서 조망할 수 있다. 그의 시편은 단지 종교적 정형 문장이 아니다. 그가 지나온

생의 풍경들을 하나하나 늘여 붙인 기록이다. 그의 글은 왕좌 위의 말이 아니라, 들판에서 들려온 숨결이었고, 도망자의 발밑에서 울린 심장의 리듬이었다.

"주 여호와여 주는 나의 소망이시요 내가 어릴 때부터 신뢰한 이시라"(시 71:5). 그는 목동이던 시절부터 자신을 지켜오신 하나님을 노래했다. 한밤중 양 떼를 지키며 별빛 아래 부르던 찬양은 세월이 흘러도 그의 시편 속에서 살아 있었다. "내가 사망의 음침한 골짜기로 다닐지라도 해를 두려워하지 않을 것은 주께서 나와 함께하심이라"(시 23:4). 사울에게 쫓겨 광야를 헤매던 날들, 그는 죽음의 그림자가 드리운 협곡을 지나며 하나님의 막대기와 지팡이를 의지했다. 그의 시는 공포의 기록이 아니라, 그 안에서 피어난 신뢰의 고백이었다.

"나를 넓은 곳으로 인도하시고 나를 기뻐하시므로 나를 구원하셨도다"(시 18:19). 왕이 된 후에도 다윗은 승리의 순간을 자기 이름으로 기록하지 않았다. 그는 하나님께서 자신을 '넓은 곳에 세우셨다'라고 고백하며 자기 인생의 모든 높낮이를 은혜로만 해석하려 했다.

"하나님이여 나를 어려서부터 교훈하셨으므로…내가 늙어 백발이 될 때에도 나를 버리지 마시며…"(시 71:17-18). 이 구절은 다윗이 나이 들어가고 있는 시기에 자신이 어려서부터 경험한 하나님의 인도하심을 회고하며, 그 은혜의 흔적을 다음 세대에 전하기 위해 기도로 되새기는 장면이다. 인생 전체를 하나님의 연대기로 고백하고 있다.

자신이 살아온 시간을 기도로 엮어 되돌아보며, 과거의 모든 환희와 통곡이 하나님과 함께한 연대기였음을 고백한다. 이처럼 다윗의 시편은 그의 인생의 순간들을 관통하는 시간적 내러티브의 구조를 갖는다. 그는 특정 사건을 연대기처럼 서술하지 않지만, 그 모든 정황과 심경이 시라는 그릇에 감정의 물결로 담긴다. 시편은 다윗의 연대기가 아니다. 그러나 분명히 다윗의 자서전이다. 시간을 따라 노래했고, 그 노래가 하나님께 닿은 그 자리마다 삶의 순간이 기도로 변해 기록되었다. 광야에서, 궁전에서, 전쟁터에서, 침상에서…그는 언제나 하나님께 말을 걸었고, 그 말은 지금, 우리에게 삶과 기도의 경계가 없다는 것을 가르쳐 준다.

● 과거를 껴안은 기도, 시간 위에 앉은 고백:

다윗의 시는 회고이자 고백이다. 자신을 되돌아보고 자신에 대해 진술한 고백을 쏟아놓는 것은, 자서전의 중요한 덕목이다. 다윗은 자신을 찢고 간 시간을 외면하지 않았다. 과거를 덮지 않았고, 후회를 피하지 않았다. 오히려 시편 곳곳에서 자신의 실수와 죄, 넘어짐과 눈물의 흔적을 다시 꺼내어 펼쳐 보였다. 그 회고는 단지 기억의 복원이 아니라, 하나님 앞에서 다시 걷는 인생의 발자국이었다.

"주께 내 죄를 아뢰고 내 죄악을 숨기지 아니하였더니 곧 주께서 내 죄악을 사하셨나이다"(시 32:5). 다윗은 고백한다. 자신이 죄를 인정하고 입을 열었을 때, 하나님은 용서하셨다고. 그는 자신의 죄를 시로 남겼다. 이 시는 고백서이자 회개의 기록이고, 자기 자신에게 전하는 설교였다. "무릇 나는 내 죄과를 아오니 내 죄가 항상 내 앞에 있나이다"(시 51:3). 밧세바 사건 이후 자신의 심장을 찢는 말로 하나님께 무너져 내린다. 자신이 죄인임을 감추지 않았고, 왕의 권위를 벗고 한 사람의 죄인으로 주 앞에 섰다. 이것이 바로 회고로서의 고백이다. 시간을 되짚되, 그 시간의 무게를 외면하지 않는 자세다.

"내가 환난 중에 여호와께 부르짖었더니 내게 응답하셨도다"(시 120:1). 그는 과거의 고통을 회피하지 않았다. 외로웠던 날들, 배신과 추격과 어둠 속에서의 시간조차도 기억했다. 그리고 그 속에서 함께 하신 하나님을 다시 부른다. 회고는 감사로 바뀌고, 과거는 시가 된다. "여호와께서 내 모든 원수에게서 나를 건지신 날에, 그리고 사울의 손에서 나를 구원하신 날에…"(시편 18편 표제어). 그는 승리의 순간도 자신에게 돌리지 않았다. 과거의 위험과 구원을 조용히 하나님께 되돌려 드리는 시간 위에 앉은 신앙의 고백이다.

다윗은 자신의 연대기를 하나님의 발자취로 바꾸는 법을 알았다. 이처럼 다윗의 시편은 자신의 생을 돌아보며 하나님께 쏟아낸 신앙적 회고록이다. 그는 후회를 삼키지 않았고, 죄를 감추지 않았으며, 눈물을 덮지 않았다. "나는 이렇게 살았습니다. 그러나, 하나님이 이렇게 살려내셨습니다." 다윗의 시는 삶을 향한 자기변명이 아니라, 하나님을 향한 고백의 고요한 외침이다. 회고가 곧 기도가 되는 자리, 그것이 시편이 가진 자서전적 깊이다.

● 자기 내면과 대화하며 하나님께 나아간 사람:

자서전은 기억의 나열이 아니라, 내면과의 깊은 대화다. 다윗의 시편이 자서전으로 읽히는 이유는 그가 언제나 '자기 자신에게 말하는 자'였기 때문이다. 그는 사람들 앞에서가 아니라 자신의 영혼 앞에서 먼저 울었고, 자기 심장을 바라보며 그 안에 머무신 하나님을 더듬었다.

"내 영혼아 네가 어찌하여 낙심하며 어찌하여 내 속에서 불안해하는가 너는 하나님께 소망을 두라"(시 42:5). 이 구절은 외침이 아니라, 영혼을 향한 속삭임이다. 다윗은 다른 이에게 묻지 않는다. 자신의 영혼에게 묻는다. 그리고 영혼을 붙잡아 하나님께로 이끌어간다. 이러한 대화는 단지 감정의 배출이 아니다. 믿음을 회복하는 길이고, 자기 존재를 재정렬하는 신앙의 언어다. "내가 내 행위를 생각하고 주의 증거들을 향하여 내 발길을 돌이켰사오며"(시 119:59). 자기 삶의 방향을 점검하고, 그 자리에서 다시 돌이켜 하나님을 향하는 이 장면은, 시편 속 가장 조용한 회개의 몸짓이다.

그는 성찰의 시인이다. 자기 내면을 향한 말은, 하나님 앞에서 다시 깨어나는 기도였다. "나의 영혼이 잠잠히 하나님만 바람이여 나의 구원이 그에게서 나오는도다"(시 62:1). 그는 외적인 구원의 사건보다, 내면의 질서를 향해 시를 썼다. 영혼의 흔들림 앞에서 그는 가만히 기다릴 줄 알았고, 그 기다림은 언제나 하나님을 향해 있었다.

"주의 말씀은 내 발에 등이요 내 길에 빛이니이다"(시 119:105). 이 구절도 자기 내면과의 대화다. 어둠 가운데 있는 나에게 스스로 되뇌는 신앙의 선언이며, 끊임없이 자신에게 말하는 회개다. 하나님께 듣기 위한 길을 트는 언어다. 다윗은 상황보다 마음을 먼저 살폈고, 사람들보다 영혼과 먼저 대화했다.

자서전이란 "나는 누구인가"라는 질문에 한 생애를 걸고 대답하는 일이다. 다윗은 그 질문을 매번 시로 품고, 하나님께 말 걸듯 자기에게 말을 걸었다. 자기 자신과의 정직한 대화, 그 깊은 어둠과의 마주함이 곧 자서전의 중심이고, 시편의 심장이다.

● 주 앞에 선 나로부터 시작된 문장:

하나님과의 관계 안에서 자신을 서술하는 것은 자서전의 신앙적 확장이다. 다윗의 시는 '나'로 시작되지만, 결코 '나'로 끝나지 않는다. 그는 언제나 하나님과의 관계 안에서 자신을 바라보았다. 시편의 고백은 자아의 기록이면서 동시에, 하나님 앞에서 깨어진 존재가 어떻게 다시 일어섰는지에 대한 증언이었다.

"주는 나의 주님이시오니 주 밖에는 나의 복이 없다 하였나이다"(시 16:2). 그는 복을 자격으로 말하지 않는다. 자신의 업적이나 성취가 아니라, 하나님과의 관계 그 자체를 자신의 전부라 고백한다. 이러한 고백은 신앙적 자서전의 시작 문장과도 같다. "내가 여호와를 항상 내 앞에 모심이여 그가 나의 오른쪽에 계시므로 내가 흔들리지 아니하리로다"(시 16:8). 그는 자신이 흔들리지 않는 이유를 자신의 의지나 힘으로 설명하지 않는다. '내 앞에', '내 오른편에' 계시는 하나님 때문에 나는 있다, 그렇게 노래한다.

그의 시는 하나님을 중심으로 회전하는 내면의 궤도다. "나는 가난하고 궁핍하오나 주께서는 나를 생각하시오니"(시 40:17). 그는 자신을 스스로 낮추되 하나님이 자신을 잊지 않으셨음을 반복하여 선언한다. 이 선언은 자존감을 지키려는 문장이 아니라, 하나님 앞에서의 자기 이해다. 가장 낮은 자리에서조차 그는 주의 시선 안에 있는 자로 자신을 설명한다.

"나는 진실로 주의 종이요 주의 여종의 아들 곧 주의 종이라"(시 116:16). 왕이자 시인이며 전사였던 그는 스스로를 하나님의 종으로만 불렀다. 하나님과의 관계 안에서만 자신을 설명하고 싶어 했다. 그의 정체성은 직분이 아니라, 하나님께 속한 사람이라는 자각에서 비롯되었다.

"주의 인자하심이 생명보다 나으므로 내 입술이 주를 찬양할 것이라"(시 63:3). 그는 하나님 없이 자신의 생명을 의미 있게 여길 수 없었다. 하나님과의 관계 안에서, 자기 존재의 의미를 재정의했다. 이처럼 다윗의 시편은 '내가 누구인가'를 말하는 글이 아니라, '하나님 앞에서 나는 누구인가'를 기록한 책이다. 그의 글쓰기는 곧 예배였고 관계 안에서 드러난 삶을 남겼다. 시편은 자서전이면서도, 하나님과 함께 써 내려간 공동 저작의 기록이다.

다윗은 세상의 중심에 선 왕이었지만, 하나님의 앞에서는 언제나 어린아이처럼 울었다. 진솔한 심장을 부여안고 하나님께 나아갈 때 그의 삶은 기도로, 찬송으로 묻혔다. 시를 써서 기억하려 한 것이 아니라, 하나님 안에서 살아낸 자신을 매번 다시 받아 적었다. 시편은 고백이었고, 기도였고, 삶이 펼쳐진 하나의 성막이었다. 자서전이란 결국, 시간의 기록이 아니라 은혜의 흔적을 따라 걷는 일이다. 다윗은 그 길을, 하나님과 함께, 노래하며 걸었다.

성시란 무엇인가

　시는 신의 호흡이다. 배교의 입술에도 신음을 흘리는 용서의 시작이요 끝이다. 하늘의 끝은 땅이다. 신의 노래가 죽음의 조각으로 뿌려질 때도 바람은 차마 땅으로 내려오지 못했다. 목격된 기억은 간절한 기도였다. 교회 종탑의 소리에 오르려 했던 염원이며 결사의 비밀이다. 몽상의 거대한 상상으로 새로운 신을 만든 혼란이다. 꿈에서 들었던 동화의 첫마디였다.
　초원의 새끼처럼 이유를 알 수 없는 힘듦이다. 달려야 사는 발걸음은 지식이 없다. 내가 쓰러지는 날 암흑으로 덮인 땅속 깊은 곳의 부름을 들어야 한다. 한 번도, 간 적이 없는 곳을 따라 고독하게 가는 것이 생이다.
　다윗의 글쓰기는 자신과의 대화다. 나는 지금 어떻게 살고 있는가. 내가 자신에게 질문하는 것이다. 그 모든 대상은 하나님이시다. 하나님께서는 그 질문과 답을 주고 계신 것이다. 하나님께 질문하지 않는 사람은 다윗의 글쓰기를 배울 수 없다.
　소리는 표현이다. 울음소리, 무엇을 만지는 소리, 아픔을 호소하는 소리, 웃음소리, 이러한 소리는 무엇인가를 나타내는 소리다. 이러한 소리를 말로 하는 것은 이야기다. 소리는 아무것이나 소리가 되지만 말은 아무것이나 말이 되지는 않는다. 어떤 패턴을 가지고 있다. 말도 안 되는 소리라고 하는 것이 이런 의미다. 말은 언어가 되어, 소통이 되고, 정확히 전달되어야 비로소 말이 되는 것이다. 이러한 말이 문자와 만나서 말의 의미를 오래 기억할 수 있도록 하고 깊은 의미나 속내를 파악할 수 있도록 하는 것이 글이다.

말씀은 말을 쓰는 것이다. 그냥 쓰는 것이 아니라 영과 혼의 의미를 담는 것이다. 영은 보이지 않는 것이기 때문에 보이는 글로 영의 생각과 뜻을 담는다는 것은 쉬운 일이 아니다. 어떤 영감이 깊이 동감하지 않으면 보이는 것을 상상하는 것과 다르지 않다. 기도와 묵상 그리고 내면의 깊은 호흡이 동반되어야 그 말을 말씀으로 쓸 수 있는 것이다. 어떤 때는 침묵이 진실이 될 수도 있고, 사실이 될 수 있다.

성경은 사람을 통한 신의 의도와 섭리다. 그래서 말씀이 되는 것이다. 성시는 말씀이 되어야 한다. 그래서 거룩하고 신성하고 위대해야 한다. 다윗의 글쓰기다.

시는 이야기를 짓는 것이다. 아리스토텔레스의 저서인 《포이에티케》를 흔히 《시학》이라고 번역하지만, 그것은 여러 의미의 하나일 뿐이다. 'poietike'는 '짓다, 만들다, 지어내다'라는 뜻을 가진 '포이에인'(poiein)에서 파생된 말로 '만드는 기술, 제작술, 지어내는 기술, 창작술'을 뜻한다. 우리는 단순히 '시를 짓다'라는 말을 하지만, 넓은 의미에서는 이야기를 짓는 것이다.

● 시는 이론이 아니다. 평론이나 분석처럼 전문적인 이론의 분야가 아니다. 시는 소설이나 희곡이 될 수 없고 체계를 만들 수 없다. 그

래서 배운 사람이나 배우지 못한 사람이나 아이나 어른이나 아는 이와 모르는 이 모두가 쓸 수 있는 것이다.

시 속에는 평론보다 더 날카로운 분석이 있고, 소설과 희곡에서 가지는 사상과 철학의 긴 이야기가 담겨 있다. 복합적이고 구조적인 시적 통찰을 거친 후 인간 존재의 운명을 노래할 수 있는 것이다.

상실된 세계를 복원하려는 환상의 능력을, 열망과 좌절을 통해 보여주고자 하는 것이다. 그러나 꿈은 늘 꿈일 뿐이다. 기억은 항상 지나온 기억으로 남아 있고 현재의 자리를 대신할 수 없다는 사실을, 실존은 파악하고 있는 것이다. 이것이 종교적 의미다. 그러나 성시는 일반적인 시와 형식을 달리한다. 하나님을 아는 지혜와 지식이 바탕에 널려 있어야 한다. 하나님을 찬양하고 찬송하고 감사한 것을 시의 형식으로 만드는 것이다.

시는 보이지 않는 음률을 가지고 있다. 기본적인 그 바탕에 함축적 시어와 의미가 붙어 다채로운 정서를 이루는 것이다.

종교적 담론은 늘 추상적 원리로 자리하고 있지만 가장 사실적이다. 신성의 원리는 세속을 부정하면서도 세상을 떠나지 못하는 주제가 된다. 신성 원리의 절대 긍정과 인간 갈등의 극복이라는 두 측면에서 종교적 상상력은 영혼을 깨우는 선험적 방법을 제시하고 있는 것이다. 이러한 것에 대한 수긍은 내적 욕망을 통한 또 하나의 중요한 질문으로 이어진다.

가장 보편적이고 근원적인 속성으로서의 강렬한 상실감과 그리움은 시가 추구하는 대상이다.

성시로 쓰인 시 한 편을 감상해 보자.

시여! 그대의 머리를 들라

시는 창자가 목에 걸려 씹어지는 간절한 기도의 노래다.
애절한 목소리가 아니라면 함께 불러야 할 외침이다.
신이여 들어주소서
신의 질문에 답한 잃어버린 언어 어눌한 극치의 몸부림을 보소서
먼지보다 가벼운 운치의 눈길로 상상을 깨운 오만함
배워도 알 수 없는 무지의 신음을 용서로 덮으소서.

채워라! 신이 부른 한 자락의 놓칠 수 없는 사실의 유회(幽懷)
깨어 부수고, 다듬어 그린, 볼 수 없는 광채의 눈부심이
눈이 멀어 환상을 잃어버려도
솟아오르는 피 오름의 갈채를 뚝뚝 떨어지는 땀으로 채워라.
시가 뒹구는 곳이 따로 있으랴
빗소리보다 더 빠른 숨소리로 그리움의 가슴에 빠졌고
겨울밤 새벽녘에 몰래 내린 눈
죽인 숨소리로 가쁜 숨을 쉴 때 수줍어 웃는 미소가 시다.
동굴에서 하늘로, 기약도 없고 쉼도 없는 노래가 시다.
시어의 조각 하나가 가슴에 닿으면 옹알대는 입술의 언저리는 보석이 된다.
공중을 채우며 모이고 있는 이야기
시는 정직한 언어의 오해
알고 있지만 모두가 모른다고 하는 것
모르면서 모두가 아는 것처럼 하는 것
모르면서 사는 것, 아는 것처럼 사는 것
배반의 기원도, 축복의 기원도, 탄생의 기원도, 죽음의 기원도,
우리에게 모두 알면서도 모르는 것을 시는 자랑하고 있다.

누가 우리를 이곳에 오게 했는가.
하늘을 찢어 터진 빛 한 줄기로 신의 언어를 매어달고
돌아가 불러야 할 긴 노래 한 줄을 뽑아준다.
광야의 바람을 타고
성전을 오르며
십자가에 오른 고통과 수치까지도
천지의 합창 소리로 막이 오를 때까지
허기진 세상의 양식이 되어 우리에게 내려오고 있다.
귀족이 되어 남겨진 낙엽의 꿈은 내가 떠나온 그 자리에 피는 싹이다.
다윗은 수금을 타며 노래하는 시인이 되어 그리운 나라를 부른다.
그대의 시여 머리를 들라

《신의 숨소리》에서(이준영)

말씀으로 쓰는 성시

　시는 예언적 해석이다. 시적 속성이 서정적이든 서사적이든, 가지고 있는 이념적 경향은 모두 예지적 인식과 예언적 선포를 가지고 있다. 성경이 가지고 있는 말씀의 형식은 문학이다. 우리가 살고 있는 육신의 세상에서 영이 함께 존재하는 것과 같은 이치다. 비록 육체를 입고 살고 있지만, 사람은 생령으로 생각하고 사유하며 존재하고 있다. 이러한 신적 존재가 사람으로 하여금 창작을 할 수 있게 하며 발견을 하도록 지혜를 주는 것이다. 병을 알 수 있게 하여 치료하는 방법을 알아내고, 수백 년 전의 사람과 생각과 정신을 공유하며, 수천 리 떨어진 사람과도 대화할 수 있는 수단을 가질 수 있게 한다. 이러한 신적 능력은 시를 통하여 말씀을 이해하며 공감할 수 있는 지혜가 된다.

말씀을 품고 있는 기도는 쓰이지 않은 성시다. 사람들과 공유하지 않아도 공(空)과 시(時)를 떠난 성시가 되는 것이다.

● 성시는 영혼의 담벼락에 그리는 자폐의 낙서가 아니다. 홀로 쓰고 지쳐 울어버리는 고독이 아니다. 어느 날인가 돌아보면 신의 음성이 되어 나 자신을 자르는 부끄러운 참회다.

에덴을 잃어버린 패자의 기억이며, 다시 돌아가는 부활의 노래다. 가장 지고한 문학이며, 신의 보좌를 떨게 하는 두려운 문화다. 한 줄의 언어가 선을 그어대는 화폭의 칼이며, 가슴을 도려내 목청으로 끌어올리는 처절한 소리다. 성경을 인간이 쓰면, 우리에게 편리한 신을 만든다. 하나님이 쓰신 성경은 신을 위한 것이며, 사람을 신적 존재로 만든다.

"빛이 있으라" 그리고 아무 말씀도 없다. 함축된 그 말씀으로 모든 것이 이루어지고 비유된다. 성시는 보시기에 좋은 완성이 되는 것이다.

성시의 가락으로 나의 삶을 자서전을 쓰라.

문학의 틀에 앉아 있는 진정한 문학

모든 것은 창조된 곳에서 그 틀을 잡고 그 자리에 있다. 육체의 고향을 육체가 그리워하는 것도 그 자리에 있는 편안함 때문이다. 그 틀에 있으면 모든 것이 안정이 되고 편안하다. 어머니의 품을 그리워하는 것도, 조국이 좋은 것도, 모두 같은 의미다. 말씀은 문학이라는 틀에서 가르침을 주고 있다. 말씀이 진정한 문학으로 틀이 된 것이다. 비판적 관점이나 상대적 의식으로 여러 가지 측면의 정의를 단정한다면 질문과 깨달음은 오지 않는다. 믿음이 바라는 실상이며 보지 못하는 것의 증거라고 하는 것은 믿음 안에서 얻은 깨달음에서 오는 것이다.

진정한 의미의 성시는, 사람에게 신의 목소리를 들려줌으로써 복음을 전파해 주며, 논쟁적 신학에 대해 말씀을 깨닫게 하여, 세속적 휴머니즘과 성경적인 원리를 조화하는 데 그 목적이 있다. 그러한 목표를 시적 양식 안에서 규율과 자유 그리고 모험과 책임을 가지고 접근하는 것이다.

문학이 시간적으로 경험을 초월하면서 그 심미성을 가질 수 있다는 것은, 미의 형식적 요소가 경험적 내용으로부터 분리되어 성립하는 것이 아니라, 경험적 내용을 기초로 하면서 이를 초월하는 형상으로 존재할 수 있다는 것을 의미한다.

우리는 축복이라는 말로 하나님께 영광을 돌리고 하나님을 자랑한다. 그러나 이런 것들은 욥의 시험처럼 한 순간에 없어질 수도 있다. 극한의 한계 속에서 토해내는 아름답고 처연한 신앙고백은 하늘을 볼 수 있는 힘을 준다. "비록 무화과 나무가 무성하지 못하며 포도나무에 열매가 없으며 감람나무에 소출이 없으며 밭에 먹을 것이 없으며 우리에 양이 없으며 외양간에 소가 없을지라도 나는 여호와로 말미암아 즐거워하며 나의 구원의 하나님으로 말미암아 기뻐하리로다"(합 3:17~18). 울음은 에덴의 기억을 전달하는 영혼의 소리여야 한다. 기억의 경계선 너머 상상을 넘어서는 줄기를 만들어 가야 한다.

시의 언어는 자유 속에 비유와 상징, 반어와 역설을 넣은 것이다. 러시아의 문학 이론가이며 사상가인 미하일 바흐친은 언어를 화폐에 비유한 적이 있다. 우리가 사용하는 말은 마치 화폐와 같아서 이미 많은 사람들을 거친 다음에서야 비로소 우리에게 돌아온다. 남의 손때가 묻은 지폐처럼 우리의 손에 들어온 언어에는 다른 사람들의 가치관이나 이데올로기가 배어 있다.

아담과 하와 같은 인류 최초의 인간만이 오염되지 않은 순수한 말을 쓸 수 있었을 뿐, 이 세계에서 살고 있는 모든 사람들은 오염된 언어를 쓰지 않을 수 없다. 이러한 관점에서 본다면, 에덴동산에서의 추방도 언어의 타락화를 뜻한다고 할 수 있다.

이 논리를 극단적으로 밀고 나간 바흐친은 마침내 "기호는 계급투쟁의 싸움터"라고까지 말하기에 이르렀다. 바로 이 점에서 같은 예술 영역에 속하면서도 문학은 미술이나 조각, 음악이나 무용 등 다른 예술 형태와는 판이하다.

문학 안에서의 성시는, 말씀이 우리의 언어로 포장되어 있듯이, 문학의 틀 속에서 자리 잡고 있다. 말씀이 언어의 주인인 것처럼 진정한 문학은 성시가 되는 것이다.

문학의 허리에 성시를 매어서는 안 된다. 성시는 말씀이어야 하며, 예언이어야 하며, 신이 허락한 눈물이어야 한다. 세상에서의 어설픈 상상이 주는 문학의 언저리가 되어서는 안 된다. 한 줄의 기발한 문구 하나가 감동의 감성이 되어, 금맥이라도 캔 것처럼 호들갑스러운 꾸밈이 되어서는 안 된다. 누구나 주를 찾으면 믿음이 되고 생령이 되어 천국에 가는, 그런 문학이 되어서는 안 된다.

비유는 천국의 바른 실체다. 신에게 들을 수 없고 질문할 수 없는 시를 성시라 하지 마라. 선지자의 땀과 피가 성시다. 세상의 바닥에서 초라하게 울고 있어도 하늘의 기쁨을 담는 그릇이 성시다. 한 줄, 이 세대에 성시를 노래한다면 우리의 삶은 헛되지 않는다.

기교와 기술은 시의 위기다. 어떻게 사는 삶이 좋은 시를 쓰게 되는가를 감각으로 만드는 것도 위험하다. 시가 죽어야 한다면 그것은 가식된 형상이며, 시가 쓰여야 한다면 진실과 감성이다.

시는 일정한 형상을 가지고 있다. 노래를 한다고 하면 노래를 불러야 하는 것처럼, 시를 쓴다는 것은 어떤 형상이 담긴 모양으로 만드는 것이다. 은유를 통한 대언과 예언의 형식, 감각적 실체의 묘사, 상승 의지의 표출, 한계 의식의 자각, 지성소를 지향한 열정 등을 통하여 시를 형상화하는 것이다.

시를 예언이라고 주장한 20세기 철학자 자크 마리탱은 "시는 시구를 쓰는 특수한 기술이 아니고 좀 더 일반적이며 근원적인 하나의 과정, 즉 사물들의 내면적 존재와 인간적 자아(Human Self)의 내면적 존재 사이의 상호 통교를 말하는 것"이라고 설명한다. 이러한 명제를 가지고 접근한 시적 정신을 어떻게 형상화 할 것인가를 생각해 볼 필요가 있다.

플라톤이 후세에 준 영향은 영감(靈感)과 모방(模倣)이다. 고대 그리스인은 시인이 영감을 받아 작시(作詩)한다고 말했는데, 신들이 내린 영감이 남다른 지식과 신적 권위를 가져다준다고 믿었기 때문이다.

문학 가운데서도 함축어를 가장 효과적으로 쓰는 사람은 시인이다. 시인은 흔히 일상어를 일부러 비틀거나 휘어버리고, 그렇게 함으로써 정상적인 의사소통에 쐐기를 박으려고 한다.

프랑스의 실존주의 철학자이며 문학가인 장 폴 사르트르는 "시인이란 언어를 이용하기를 거부하는 사람"이라고 말 한 적이 있다. 이 말은 시어의 특성을 말한 것이다. 시는 말을 만든다. 느끼고 생각하고 보이는 모든 것에 대한 표현이다. 그것이 특이하다. 그대로 말하는 것이 아니라, 비틀고 줄이고 의미를 만들어서 말한다. 해를 해라고 하지 않고 별을 별이라고 말하지 않는다. 행복을 좋은 불행이라고 말할 수도 있고 아픔을 성숙한 깨달음이라고 말할 수도 있다. 시는 말을 만드는 지혜의 놀이다.

상상의 Image

상상은 이미지가 된다. 이미지는 조각이 되고, 조각난 언어는 수집되어 글이 된다. 이미지를 모으는 방법은 영화나 소설, 자연, 음악이나 미술 등 많은 곳에 널려 있다. 우리 주위에 있는 장난감에도 이미지가 담겨 있다.

성시의 이미지는 믿음에 근거한다. 단순히 상상의 믿음이 아니라, 성경을 통해 형상의 이미지를 불러오는 것이다. 신은 이론이 아니다. 그저 막연한 이미지가 아니다. 공간은 보이는 것과 보이지 않는 것으로 나뉜다. 보이는 이미지를 보이지 않는 것에 합성하는 작업이 성시다.

성경에서는 최후의 심판을 양과 염소로 이미지화하고 있다. 목자가 양과 염소를 갈라놓는 것을 심판이라는 실재의 이미지로 사용하고 있는 것이다. 열 처녀의 이야기와 달란트라는 이미지가 그려지는 것도 같은 맥락이다. 알곡과 가라지의 경우도 그렇다. 꽃이나 바위를 가지고 이미지를 만들기보다, 우리가 흔히 알고 있는 이야기를 언어의 조합을 통하여 만들어 보는 것이다.

춘향전의 이야기를 모두가 알고 있다. 그 이야기를 시로 담아보는 것이다. 이 연습이 자연스러워지면 상상의 이미지를 만들고 어느 것이든지 대화를 통한 이미지를 이야기로 만들어가는 것이다. 이런 작업의 반복이 부드럽고 아름다운 시를 만들 수 있다.

성시의 비유는, 하늘의 의미를 땅의 이야기로 만들어주는 것이다. 그것은 땅에 뿌리를 박아놓은 하늘을 향한 창이다. 비유는 단순성을 지닌 호소력이다. 의도를 좀 더 구체화하고 또한 보호하는 것이다. 원래 하려는 뜻을 과도하게 노출시키지 않고, 무관심한 자에게조차 진리를 너무 쉽게 내보이지 않게 보호막 구실을 한다.

비유는 의외성과 과장법이다. 성경의 포도원 주인 이야기, 두 아들의 아버지, 잃어버린 양의 목자나 결혼 잔치를 벌이는 왕의 모습에서 우리는 하나님의 생각을 읽게 되는 것이다.

인간이 언어나 문자를 사용한 이래 사물의 본질에 도달하는 경로를 생각해 보면 쉽게 수긍이 가는 문제다.

하늘의 노래

창작은 창조가 아니다. 무에서 만들어지는 것이 아니라, 재료에서 얻어지는 것이다. 심는 대로 거두는 것이다.

● 성시의 재료는 하늘에서 얻는다. 하늘을 바라보는 모든 것이 언어와 하나가 되어 노래가 되는 것이다. 보이지 않는 것으로부터 가장 흔하게 우리에게 머무는 모든 것들에 대한 관심과 사랑이, 성시를 만드는 재료가 된다.

하나님과의 관계는, 단순한 언어의 고백으로 끝나는 것이 되어서는 안 된다. 나의 삶이 되고 나와 하나가 되는 주제가 되어야 한다. 성시는 철저하게 함께 불러야 할 나의 고백이다. 우리는 같은 죄 아래에 있고 죄 사함을 통해 구원에 이르는 것을 목표로 하기 때문이다. 이것은 우리가 만든 노래가 아니고, 하늘의 부름을 받아 적은 대필의 문학이다. 인위라고 하는 감정과 느낌의 글이 아니라 영혼의 참회가 있을 때만이 성시의 올바른 가치를 드러낼 수 있다. 중국에 "개는 잘 짖는다고 해서 좋은 개가 아니고, 사람은 말을 잘한다고 해서 현인이 아니다"라는 말이 있다. 쓸데없는 것은 버리고 좋은 것을 취해야 한다.

하늘에 쌓아야 하고, 영혼에 울림을 주어야 한다. 성시는 하늘의 노래이기 때문이다. 이제는 집단이라는 공동체보다 개인이 중시되고, 우리라는 집단이 꺼려지는 때다. 앞으로는 더욱 '전문화되고 개성이 넘치는 개인주의 사회'가 될 것이며, 이것은 우리가 근대사회에서 겪었던 개인과는 다른 특성을 가진다.

오늘날 개인은 가족, 직장, 교회 등 어느 곳에도 제대로 소속되지 않은 개인이 되었다. 소속되지 않은 개인은 안전에 취약하다. 위태롭게 홀로 선 개인에게, 최첨단 과학기술이 주는 유튜브, SNS, 각종

온라인 커뮤니티가 과거의 공동체를 대신하게 되었다. 이제 내가 보고 싶은 것만 보고, 듣고 싶은 것만 듣는, 공동체가 아닌 나만이 중요한 세상이 되었다. 자기의 욕망대로 세상을 살아가는 무서운 세상이 된 것이다. 이것은 심각한 우려를 나타낸다. 더불어 함께 살아가는 사회는 건강하다. 다 함께 정보를 공유하고, 대화하고 토론하며, 진실을 찾아간다. 개인의 잘못을 함께 보듬어주고, 상처를 싸매주며, 타인의 아픔에 공감하는 따뜻한 사회는, 행복하고 살 만한 세상이다.

이런 세상이 되어야 하는 이유는, 우리의 삶이 육적인 면에 그치지 않고 영적인 것에도 큰 영향을 미치기 때문이다. 개인적인 신앙생활은 영적으로도 위험하다. 알고리즘에 따라 내 눈과 귀에 달콤한 것만 받아먹고, 믿기는 하지만 어느 곳에도 소속되기는 원하지 않는, 이미 자리 잡은 이런 특성이 점차 강해질 것이다. 스스로 자기의 종교를 만들어 위안이나 위로의 대상으로 삼으려 할 것이다. 생명의 근원이신 하나님의 말씀을 푯대 삼아 '나' 중심이 아닌 '하나님 중심', 내 얼굴이 아닌 상대방의 얼굴을 바라볼 때 성시의 재료를 얻을 수 있다.

하늘의 별처럼, 바닷가의 모래알처럼, 사람을 번성케 한 것은 연대와 협력 속에 서로의 사명을 위한 합창을 만들기 위함이다.

시를 올린 다윗

다윗의 시는 그의 어린 시절부터 출발했다. 그는 목동이었으며, 들판에서 양을 치면서 하나님께 기도하고 찬양하는 습관을 가졌다.

이 시기에 그는 하프(수금)를 연주하며 자연 속에서 하나님의 임재를 깊이 경험했다.

시편 150편 중에서 절반에 해당하는 73편이 다윗의 시다. 73편의 시를 분류해 보면 이미 우리가 읽은 시편 51편과 3, 16, 17, 18, 31, 39편 등을 비롯한 거의 절반이 고백의 내용을 담고 있다.

● 고백의 문학이 위대한 시인을 만든 것이다. 그는 시로, 음악으로, 건축으로, 꽃을 피운 예술의 믿음을 보여주었다.

시오노 나나미의 《로마인 이야기》 1권을 보면, 부부싸움의 여신 비리프라카 이야기가 나온다. 로마인들은 부부싸움이 일어나면 부부싸움을 중재해 주는 비리프라카 여신의 신전으로 찾아간다. 물론 신전 안엔 아무도 없고, 거기서 부부는 여신에게 서로 자기의 입장을 주장한다. 그런데 거기엔 한 가지 규칙이 있다. 그 여신에게 얘기할 때, 한 번에 한 사람씩만 이야기해야 한다는 것이다. 한 사람이 끝나야 다른 사람이 여신에게 말할 수 있다. 그러니까 부인이 얘기할 때, 남편은 그 얘기를 고스란히 들어야 하는 것이다. 그런 후에 다시 남편이 얘기하면, 또 부인이 다 들어야 한다. 이야기를 들으면서 서로 상대의 입장을 이해하게 되고, 신전을 나올 때는 손을 잡고 나온다. 바로 고백이 치유와 용서로 이어진 것이다. 우리의 고백의 대상은 바로 하나님이 되신다.

성시는 피를 발라 종이에 뿌리는 기도다. 예술은 내면의 고백이고, 영혼의 울림이다. 감동은 공감이며, 함께 고백을 통과한 정화다. 다윗은 고백과 감사를 통해 하나님의 마음에 감동을 준 사람이다.

틈이 나면 아름다운 시를 써서 올리고, 또 얼마나 자주 노래를 불러 주는지 모른다. 여태껏 수도 없는 자식을 두어봤지만, 다윗 같은 아들이 없었을 것이다. 때때로 실수도 하지만, 한 번 혼을 내면 고개를 푹 숙이고 정말 뉘우친다. 하나님에 대한 사랑을 연인보다 더한 사랑으로 승화한 사람이다. 오랫동안 전쟁을 치르고 태평성대가 되어 좀 쉬고 싶을 때에도, 그는 하나님께 성전을 지을 계획을 세운다. 그의 사랑이 주체할 수 없었기 때문이다.

그는 목동이었다가 왕이 되었다. 선택을 받았다. 그는 왜 자기가 선택되었는지 알 수 없다. 우리가 태어난 이유를 모르는 것처럼. 왕이 될 만한 어떤 일을 한 적도 없고, 원래 왕을 지냈던 왕족도 아니다. 죄를 모르고 어릴 때부터 성스럽게 살아왔을까? 그것도 아니다. 답은 '나는 알 수 없다'다. 그는 그것을 깨닫고 은혜를 시로 고백한다. 자기에게 베풀어주신 놀라운 사랑을 배반하지 않는다. 그의 예술이 하나님에 대한 사랑으로 변화된 것이다.

맑은 물소리, 바람 소리, 천둥과 우렛소리, 그 모든 것에서 그의 예술이 나왔다. 또 우리가 직접 들어보진 않았지만, 그의 하프 연주가 얼마나 아름다웠는지 그 음악을 듣고 귀신이 쫓겨 갈 정도였다. 또 법궤가 들어올 때 옷이 벗겨지는 것을 모르고 춤을 췄다고 했다. 얼마나 우아하고 아름다웠을까?

감성과 영성의 귀를 열고, 하나님의 말씀과 자연의 소리와 또 감성의 소리를 깊이 들을 줄 아는 시인이 된다는 것은 사랑, 그 본질이다.

종이 위의 성전

종이를 뚫고 나온 글자는 말씀이 되었고, 복음은 십자가를 세웠다. 성전이 세워졌고, 사람들은 눈을 감고 두 손을 모았다. 그리스도인의 자서전은 그렇게 하나님의 증언이 되었고, 영원히 살고자 하는 사명의 흔적이 되었다. 가장 뜨겁고 무거운 숨죽여 헤아린 거룩한 재림의 그날을 기다리는 염원이 될 것이다.

● 모든 예술은 자전적 행위다. 문학, 음악, 미술, 모든 것들은 나름대로의 경험과 기억과 이야기에서 영감을 얻은 나의 생각과 사고다.

《바람과 함께 사라지다》, 《대지》, 베토벤의 〈운명〉과 〈달빛 소나타〉, 피카소와 밀레의 그림들, 장 자크 루소의 《에밀》과 《고백론》, 톨스토이의 《전쟁과 평화》에서의 소냐, 아우구스티누스의 《고백론》 등, 모두 자기의 이야기였다. 나의 이야기는 세상에 하나밖에 없는 최고의 유산이며, 창조의 보물이다. 나의 흔적은 행위를 기록한 생명책이다.

지독하게 아팠고 움직이는 모든 관절이 살을 찔렀다. 병원에서도 천대받는 꾀병처럼, 아픈 시간에 펜을 들었다. 2년의 투병 끝에 《신의 숨소리》가 탄생했고, 나는 '종이 위의 성전'을 고백했다. "종이 위에 성전을 짓겠나이다." 그리고 세월이 10여 년이 흘렀다. 이제부터라도 벽돌을 굽고 나무를 켜야 한다. 십자가를 세우고 사람들과 함께 복음의 나팔을 불어야 한다. 그 고백을 들었던 사람들은, 종이가 아닌 땅에 세워져 있는 '이화선목교회'를 말하곤 한다. 내가 글쓰기와 자서전 쓰기를 시작한 것도 '종이 위에 성전'을 향한 움직임이다. 함께 글 위에서 복음을 전한다면, 우리 모두 종이 위에 성전을 세운 그리스도인이다. 내 가슴 속에 조용한 복종은 하나님의 허락함이다.

가능한 것을 하자. 불가능한 것은 하나님이 하신다. 가능한 것이 예배요, 기도요, 찬양이다. 예배를 받아주시고 기도를 가능케 하시고 찬양에 하나님의 영광을 드러내는 것은 하나님께서 하신다. 종이 위에 지은 성전에서 뜨겁게 울어보자.

시로 스토리 만들기

성시는 하늘의 이야기다. 종이는 십자가의 피를 담는 땅이며, 호소이며, 고함이다. 성경은 영의 역사다. 이야기가 흐른다. 글에서 느끼는 것은 이야기를 전제로 한다. 많은 세상의 것들을 섞어서 이야기를 만들 수 있다. 비유를 하기 위해서는 로마 신화나 우화, 소설 같은 것을 인용할 수도 있다. 진주를 천국의 비유로 이용한 주님의 성시를 살펴보아야 한다. 세상의 역사나 개인적 사고를 더할 수도 있다.

분명히 해야 하는 것은 "어떤 이야기를 할 것인가?"이다. 이것은 어떤 방식이나 누구를 위한 것인가보다 우선한다. 이야기는 기도가 되기 때문이다. "너희는 우리의 편지라 우리 마음에 썼고 뭇 사람이 알고 읽는 바라…"(고후 3:2-3).

글에서 아무 이야기가 없다면, 그것은 그려보는 낙서다. 하늘에 오르지 못하고 아무 쓸데가 없어 떨어진 글이 낙서가 되는 것처럼 말이다. 대화나 토론은 반드시 주제가 있어 그것에 대한 이야기를 한다. 성시도 마찬가지다. 영의 대화를 글이라는 말을 통해 전하고 있는 것이다.

● 이야기에는 하고자 하는 의도를 먼저 생각해야 한다. 어떠한 이야기를 할 것인가를 정한 후에 시작해야 한다는 것이다.

중언부언(重言復言)하는 것은 이야기를 만들지 못하기 때문이다. 기도를 길게 하고 짧게 하는 차이가 아니라, 정확하게 해야 한다는 것이다. 아픔에 대하여 성시를 쓰려고 한다면, 아픔을 느끼고 시작해야 한다. 아프지 않은 사람이 아픔을 이해할 수도 없고, 그 이해가 정확한 것도 아니다. 이야기가 될 수가 없다. 그것은 관념뿐이며 상상일 뿐이다. 믿음은 그저 이해하고 상상하는 것이 아니라 실재가 되어야 하는 것처럼, 성시는 느낌을 받고 그것으로 이야기를 만들어나가는 것이어야 한다. 이야기가 없는 시는 시가 아니다.

이렇게 시작을 했다면, 많은 지혜를 지식에 담아야 한다. 우리는 수준 있는 사람들이 가지는 수준 높은 언어와 표현을 배우고자 공부한다. 같은 표현을 하고 같은 의미를 가지고 있어도 그것을 고귀하고 거룩하게 만들어야 한다는 것이다.

한 편의 시 속에서 많은 이야기를 만들어간다는 것은 쉬운 일이 아니다. 너무 많은 이야기를 담으려고 모든 것을 혼란스럽게 해서는 안 된다. 아무리 멀리 가더라도 이야기의 주제를 벗어나게 되면 그것은 결코 좋은 글이 될 수가 없다.

시는 나타내고자 하는 의미를 함축하고, 이미지와 형상화를 통하여, 운율과 정형화된 구조로 만드는 작업이다. 그래서 시를 설명할 때는 그런 것들을 펼쳐 보여주는 것이다. 숨어 있는 이야기를 말하면 아이러니와 역설이 스스로를 드러낸다.

　시는 결코 짧지 않다. 그 속에는 긴 이야기가 숨어 있고, 깊은 속내가 담겨 있어, 읽고 또 읽게 되는 것이다. 우리가 잘 알고 있는 시편 23편은, 많은 사람들에게 수억 년의 비밀과 지금의 현실까지도 우리에게 이야기로 들려주기 때문에 읽히는 것이다. 어떤 이에게는 간증이 되고, 어떤 이에게는 호소가 되고, 누구에게는 찬송이 되고, 위로가 되고, 용기와 도전이 되고, 어떤 이에게는 사랑이 된다. 이야기가 존재하기 때문에 가능한 것이다.

　'자화상'이라는 시를 쓴다면 어쩌면 나의 과거의 모든 이야기와 현재, 그리고 미래의 내 모습까지 나의 전부를 담을 수도 있다. 아마 이런 것들을 소설이나 희곡으로 쓴다면 엄청난 분량과 시간이 필요할 것이다. 그러나 시는 모든 것을 말하면서 독자와 함께 이야기를 만들어 나갈 수 있는 여유까지 가질 수 있다.

　무엇으로 표현한다고 하더라도 이야기는 한계성을 가지고 있다. 그것은 독자의 몫이 되고, 내가 또 다른 것을 쓸 수 있는 이유가 되기도 한다. 시의 주제에 대한 정의는, 그래서 한마디로 압축할 수 없는 것이다. 시를 읽는 이의 수준과 이해를 존중해야 한다. 내 시를 읽는 이들은 나와 동격이 되고, 인격으로 연결되어, 공감 속에서 하나가 된다. 거기서 이야기가 되고 토론이 이어지는 것이다. 또 다른 주제를 가지고, 그래서 시는 다시 쓰이게 된다.

　또 하나의 요점은 결론에 대한 것이다. 이야기가 결론이 없다면 과정이 결론이 될 수밖에 없다. 그러나 과정에서의 의문이 질문으로만 남는다면, 너무 많은 상상을 불러들여서 도리어 의도하는 것과 다르게 뜻이 바뀔 수 있다는 점을 알아야 한다. "분명하게 글을 쓰는 사람에게는 독자가 모이지만, 모호하게 글을 쓰는 사람에게는 비

평가만 몰려들 뿐이다"라고 알베르 카뮈는 말했다. 정작 그는 너무 모호하고 애매한 글을 많이 남겼다. 그런데 그에게는 세기를 넘어 여전히 많은 독자들이 존재하고, 그의 글도 비평을 받고 있다. 그가 이러한 자세를 가지고 글을 썼다는 사실이 중요하다.

시가 설명문이 될 필요는 없다. 설명은 그것을 읽고 공유하는 이들이 할 것이다. 성시는 하나님과 사람과의 질문과 답이 되며, 사람과 자연과의 교감이 되며, 사람과 사람의 소통이 되며, 창조와 심판의 기도가 되는 것이다.

다윗의 시는 단순한 문학이 아니라, 인간과 하나님 사이의 깊은 교제를 담은 영적 유산이다.

3. 요한의 글쓰기

"그러므로 네가 본 것과 지금 있는 일과 장차 될 일을 기록하라"
(계 1:19).

말보다 글을 더하다, 비움의 글쓰기

요한의 글쓰기는 말보다 더 빠르고, 생각보다 더 깊은, 고백의 문장을 선택한다. 그의 글에는 군더더기가 없고 덜어낸 만큼의 분량보다 진실을 더해 토한다. 비움의 글쓰기다. 말하지 않고 남겨두는 것이 어떤 언어보다 더 강력할 때도 있다. 여백은 성령이 일하시는 공간이기 때문이다. 그는 복음서의 끝에 이런 말을 남긴다. "예수께서 행하신 일이 이 외에도 많으니 만일 낱낱이 기록된다면 이 세상이라도 이 기록된 책을 두기에 부족할 줄 아노라"(요 21:25).

비움의 글쓰기는, 신학적 개념이나 정서적 수사를 과장하거나 축적하지 않고, 본질만을 남기는 방식으로 문장을 구성한다. 주장보다 직관으로, 설명보다 침묵으로 전달되는 진실의 형식이다.

"예수께서 눈물을 흘리시더라"(요 11:35). 어떤 해석도 없이 단 한 줄의 비움으로 하나님과 사람의 마음을 동시에 나타내고 있다. "하나님은 사랑이심이라"(요일 4:8). "태초에 말씀이 계시니라"(요 1:1). 모든 신학을 요약하는 표현이며, 시간과 언어 그리고 신성과 인간성의 모든 것을 함축하는 시적 표현으로 글을 만든다.

그는 입을 닫고 눈을 열게 하는 글로 말이 되는 언어를 구사한다. 요한의 복음서가 왜 영적인 것인가를 보여주는 신비를 통과하는 방식이다. "네가 지금은 알지 못하나 이 후에는 알리라"(요 13:7)와 같은 글쓰기를 통하여, 설명은 빼고 시간에 위탁된 진리의 여백을 남기며 비움을 채운다. 자신의 경험이나 주장을 드러내지 않고, 말씀 자체가 말하게 하도록 한 걸음 물러선다. 이는 말씀과 증인의 분리를 지양하고, 말씀 자체가 주체가 되는 서술 방식이다.

● 자서전 쓰기에서 요한의 글쓰기가 돋보이는 것은 '비움의 글쓰기'다. 어쩌면 우리의 과잉된 언어문화에 주는 대안이며 절제의 선이다. 자서전에서 나오는 자기 과시, 정답 강박, 감정 포장, 과도한 설명으로 넘쳐나는 선들은 덜어냄으로써 더 깊은 것을 남겨 진실을 위한 침묵과 지혜를 주어야 한다.

자신을 '예수께서 사랑하신 제자'로만 표현함으로써, 자기를 이야기의 주인공이 아니라 통로로 위치를 만들어가는 자기 비움은 작가적 모범이다. '나를 지운다'는 자기가 사라지는 것이 아니라 자신을 거듭남으로 등장시키는 전환점이 되는 것이다. 자기의 위치를 정직이라는 선에 서게 하는 글쓰기다. 그렇게 함으로 오히려 가장 깊은 자신을 증언하고 자기 자신의 모습을 진실하게 보여주는 것이다.

요한의 글쓰기는, 진실한 한 줄의 글이 어떻게 영혼에 이르게 되는가를 보여주는 대안이 되고, 단순히 자서전이 삶의 연대기가 아닌 '하나님과 나의 여백 있는 동행 기록'으로 바뀌는 거룩한 형식이 된다. 상징과 여백을 통하여, 말하지 않고 느끼게 하는 것이다. 논리보다 리듬과 여백을 살려, 개념이 아니라 만남으로 초대하는 것이다.

자서전은 나를 포장하고 꾸며 외면받는 글이 아니라 나의 목소리를 통해 나 자신을 정직하게 위치시키는 글쓰기다. 영혼에까지 이어지는 요한의 글쓰기는, 자신이 비어가는 공간 속에서 나를 찾는 신비한 체험을 보여주고 있다.

신학의 깊이와 영적 글쓰기

가진 것은 줄 수 있다. 모르는 것, 갖고 있지 않은 것, 다른 사람의 것은 나눌 수 없다. "은과 금은 내게 없거니와 내게 있는 이것을 네게 주노니 나사렛 예수 그리스도의 이름으로 일어나 걸으라"(행 3:6). 다윗의 손에는 물맷돌 다섯 개가 있었고, 광야의 어린이에게는 보리떡 다섯 개와 물고기 두 마리가 있었다. 사르밧 과부의 한 줌 밀가루, 기드온의 보리떡 한 덩이, 모든 존재가 존재하는 것으로 만들어진다.

신학의 깊이도 영성도 가진 것에서 출발한다. 요한의 영적 글쓰기를 통해 요한이 가졌던 것들이 어떤 것인가를 알 수 있으며 무엇을 배워야 하는가를 깨닫게 된다. 요한의 사명은 요한이 가진 것으로부터 시작되고 완성된다. 그가 영적인 사도였던 것과 글을 잘 쓸 수 있었던 것 모두는, 성령의 가르침이다. 가르침은 그가 영적이었고 글을 쓸 수 있는 능력이 있었기 때문이다. 영적인 사람이 되기 위해 기도와 묵상, 그리고 믿음의 끊임없는 인내가 필요한 이유다.

요한의 신학은 말로 정의하는 것이 아니라 생명으로 체험되고, 빛으로 비추어지고, 사랑으로 몸에 새겨지는 것이다. 글을 통해 하늘의 숨결을 이 땅에 불어넣고자 하는, 지식의 기록이 아니라 하나님의 사랑을 그려내고 있다. 요한이 그린 '빛'은 단순한 긍정이 아니고,

상처 입은 심연을 비추어 그곳에서 새 생명을 찾고자 하는 힘이다. 빛은 사실을 넘어선 존재의 방향성을 가리키고 있다.

사람은 언어를 초월할 수 없다. 영원한 것과 무한하고 신성한 것을 완전하게 담아낼 수 없다. 그래서 비유와 상징, 계시적 언어를 통해 그 한계를 넘어서는 것이다. "말씀이 육신이 되다"처럼 언어를 사건으로 바꾸어 살아 있는 존재가 되게 하고, 인격적 현존으로 보여준다. 포도주(요한복음 2장), 생명의 떡(요한복음 6장), 선한 목자(요한복음 10장), 참 포도나무(요한복음 15장) 이런 것들은, 단순한 설명이 아니라 비유를 통해 말 너머의 실재를 드러내고 있다. 영적 글쓰기는 그렇게 우리의 영혼과 하나가 되는 관계적 실재가 되는 것이다.

보이는 현상에 대한 글보다, 영적 글쓰기는 존재의 정화를 통해 살아 있는 존재가 되어야 한다. 육신의 욕망으로 흐려진 눈을 씻고 나 자신을 보아야 하며, 하나님의 말씀을 몸이 되게 하는 것이다. 말씀이 육신처럼 살아 있어야 한다는 의미다. 영적 글쓰기는 하나님의 음성을 숨결로 듣고 심장으로 기록하는 것이다. 스스로 상상하거나 추론하는 것이 아니라 순종으로 담아내는 것이다.

● 글쓰기에서 비유는 군더더기 없이 핵심만 전하는 문장을 쓰고, 복잡한 개념을 일상의 예시로 풀어낸다. 독자가 이야기 속에서 스스로 의미를 찾도록 여백을 남긴다.

"너희는 세상의 소금이니"(마 5:13)라는 비유로 주제를 직관적으로 전달하기도 한다. 좋은 글은 마음을 지켜주는 소금과 같아서, 영혼을 담지 않으면 맛을 잃어버리고 공허한 메아리가 된다.

글쓰기에서도 성경의 비유처럼 상징적이고, 직관적이며, 기억에 남는 방식으로 전달하는 것이 핵심이다. 자서전은 비유를 충분히 적용할 수 있는 글쓰기다.

사도 요한의 글쓰기는 성경 내에서도 독특한 문체와 신학적 깊이를 가지고 있다. 단순하지만 심오한 구조를 가지며, 순환적 반복과 대조의 기법, 상징적 표현, 사랑과 진리의 강조라는 특징을 나타낸다. 그의 문장은 명확하고 직관적이지만, 그 안에 깊은 신학적 의미가 담겨 있어, 독자로 하여금 쉽게 이해하면서도 깊이 묵상하도록 유도한다. 요한복음, 요한 서신, 요한계시록을 살펴보면 그의 글쓰기가 가진 독특한 문체와 신학적 특징을 보다 명확하게 파악할 수 있다.

빛과 상징 사이, 말씀이 춤추는 문장들

요한의 글쓰기는 마치 한 겹씩 벗겨내는 빛의 사유처럼, 단순함 속에 신비를 품고 있다. 그는 말보다 침묵에 가깝고, 설명보다 존재에 가까운 문장을 남겼다. 문장은 간결하지만, 그 안에는 삼위의 교통과 성육신의 고요한 파열음이 깃들어 있다.

● **짧은 문장, 비움의 언어:**
요한의 글쓰기는 문학적 미니멀리즘, 신학적 최대화다. 단순한 문장 안에 우주의 신비를 담는다. 그의 문장은 짧다. 그러나 그 짧음은 비움의 채움이며 본질의 응축이다. 한 줄의 문장 안에 신학의 전모가 숨 쉰다. 수사학적 장식을 걷어낸 자리엔 맨몸의 진리가 선다. 말은 짧아지고, 의미는 깊어진다. 그의 언어는 문학적 미니멀리즘이자 신학적 최대화다. 그 적은 말이 하나님의 깊이를 버텨낸다.

"태초에 말씀이 계시니라 이 말씀이 하나님과 함께 계셨으니 이 말씀은 곧 하나님이시니라"(요 1:1). 세 문장. 그러나 이 안에 시간의 시작과 존재의 기원, 말씀과 하나님의 일치와 분리, 창조와 계시가 겹쳐 있다. 단어는 단순하지만, 그 뜻은 끝이 없다. 이 간결함은 곧 깊이로 향하는 문이다. "예수께서 눈물을 흘리시더라"(요 11:35). 짧은 문장이다. 그러나 예수의 신성과 인성이 동시에 울린다. 슬픔의 눈물이 성육신의 실존적 무게를 담는다. 신은 운다. 신은 사람을 향해 운다. 요한은 이 장면을 길게 설명하지 않는다. 그는 단 한 문장으로, 그 눈물의 깊이를 독자의 심장에 옮긴다.

"하나님은 사랑이심이라"(요일 4:8). 더 짧고 더 명료할 수 없는 선언. 그러나 이 문장은 하나님의 본질에 대한 신학적 정점이다. 그는 사랑을 설명하지 않는다. 사랑이 하나님께로부터 나온다고 말하지 않고, 하나님이 곧 사랑이라고 말한다. 이 선언은 교훈이 아니다. 존재의 본질에 대한 고백이다. 그가 문장을 아낀다. 그러나 의미는 결코 아끼지 않는다. 글은 말이 아니라, 삶에서 흘러나온다. 그의 언어는 경험이 아니라 체험이며, 설명이 아니라 '거함'이다. "그가 사랑하시는 자가 예수의 품에 의지하여 누웠는지라"(요 13:23). 그는 품에 기대는 자다. 그리고 품에 기대는 방식으로 글을 쓴다. 설명하지 않고 존재한다. 변증하지 않고 고백한다. 이것이 요한의 글쓰기다. 짧게 말하되, 끝까지 믿는다. 단어를 비우되, 하나님의 무게로 채운다.

● **하나님의 사랑, 나선의 심장, 순환하는 은총:**

요한은 순환적 반복법을 사용한다. 기도나 명상처럼, 같은 진리를 나선형을 그리며 더 깊고 넓게 품는다. 한번 말한 것을 다시 말하되, 한 겹 더 안으로 내려간다. 이 반복은 단순한 되풀이가 아니라, 진리를 따라 깊어지는 침묵의 나선이다. 이 나선 안에서 반복의 한 점,

'고리'가 생성되고, 새로운 차원으로 연결하는 고리가 다음 구절을 가능케 하며, 이전 문장을 새롭게 비춘다. 그 고리는 사슬처럼 엮여, 독자를 하나님의 심장으로 이끈다.

요한일서 4장 7-21절은 '하나님은 사랑이시다'라는 중심 진리를 관통하는 고리의 순환을 통해 존재의 층위를 하나씩 풀어낸다.

첫 번째 고리는 초대다. "사랑하는 자들아 우리가 서로 사랑하자 사랑은 하나님께 속한 것이니…"(요일 4:7). 명령처럼 들리지만, 이것은 하나님의 흐름에 참여하라는 부름이다. 사랑은 우리가 시작하는 것이 아니라 이미 주어진 것, 이미 흘러온 것이다. "서로 사랑하자"라는 말은 윤리적 당위가 아니라 흐름 속으로의 초대다.

두 번째 고리는 본질이다. "하나님은 사랑이심이라"(요일 4:8). 그분은 사랑을 하시는 분이 아니라, 사랑 그 자체이신 분이다. 사랑은 성품이 아니라, 존재의 또 다른 이름이다. 이 고리는 질문을 바꾼다. 사랑은 '무엇인가?'가 아니라, '누구와 함께 있는가?'로. 이제 사랑은 정의가 아니라 현존이다.

세 번째 고리는 참여다. "사랑 안에 거하는 자는 하나님 안에 거하고 하나님도 그의 안에 거하시느니라"(요일 4:16). 사랑은 실천을 넘어 거처가 된다. 우리가 사랑 안에 거하면, 하나님이 우리 안에 거하신다. 그분은 내 안에 숨 쉬고, 나는 그분 안에 살아간다. 삼위 하나님의 친교가 인간의 숨결로 젖어든다.

마지막 고리는 해방이다. "온전한 사랑이 두려움을 내쫓나니"(요일 4:18). 사랑은 감정도 관계도 아니다. 그것은 깊은 어둠 속에 스며든 여명이다. 사랑이 두려움을 쫓아내는 것이 아니라, 사랑이 그 자리에 앉자, 두려움은 스스로 물러난다. 애써 몰아내는 것이 아니라, 머무는 것이다. 이 네 구절은 단순한 반복이 아니다. 초대 → 본질 → 참여 → 해방, 그것은 사랑의 나선이자, 존재의 깊이로 내려가는 길이다. 요한의 글은 설명하지 않는다. 한 걸음씩, 안으로 이끌어간다. 기도처럼, 숨처럼, 사랑처럼. 이 순환 구조는 단지 문학 기법이 아니라, 존재와 관계의 구조를 따르는 사유의 길이다.

"내가 아버지 안에 거하고 아버지는 내 안에 계신 것을…"(요 14:10). 이 짧은 말 안에, 삼위 하나님의 친밀과 영원의 호흡이 흐른다. 틈은 없고, 침묵 같은 친밀만이 있다. 그리고 그 친밀은 확장된다. "그날에는 내가 아버지 안에, 너희가 내 안에, 내가 너희 안에 있는 것을 너희가 알리라"(요 14:20). 하늘과 사람, 창조주와 피조물, 숨 쉬듯 머문다. 이 구조는 닫힌 선이 아니라, 열려 있는 원이다. 멀어졌다 가까워지고, 겹쳐졌다 분리되며, 점점 더 중심을 향해, 사랑의 중력을 따라 내려간다.

● 보이지 않는 것을 말하는 상징의 힘:

요한은 상징적이고 은유적인 표현을 사용한다. 그의 글에는 직접 설명이 없다. 은유와 상징이 촘촘히 엮여 있다. 그것은 단지 수사적 기교가 아니라, 사유의 방식이며 존재의 태도다. 요한은 글을 쓰는 자가 아니다. 진리를 옮겨 적는 자, 말씀이 육신이 되신 분의 움직임을 필사하는 자다. 그저 품에 기대어, 자기를 감추고 그분을 남긴다. 비움의 글쓰기다. 자기주장을 앞세우지 않고, 말씀이 거하실 자리를 내어준다. 그래서 그는 대필자가 아니다. 사랑을 품고 살아낸 필사자다. 말씀이 인간의 언어에 담긴 것은, 그 언어가 먼저 사랑을 품었기 때문이다.

요한복음에서 예수는 은유로 자신을 드러내신다. 그는 어떤 사물을 설명하는 분이 아니라, 그 사물 자체로 존재하시는 분이다. "나는 생명의 떡이니"(요 6:35). 먹는 자를 살리기 위해 부서지는 존재의 떡이다. 예수는 그렇게 우리 안에 살기 위해 오신 분이다.

"그 배에서 생수의 강이 흘러나오리라"(요 7:38). 믿는 자의 내면에서 솟는 존재의 재구성이다. 예수는 물을 주시는 분이 아니라, 물이 되시는 분이다. 그분은 밖에서 오는 분이 아니라, 안에서 흘러나오는 생명이다.

"나는 세상의 빛이니"(요 8:12). 그 빛은 단지 어둠을 밝히는 것이 아니라, 존재 자체를 성립시키는 조건이다. 예수는 등불을 든 이가 아니라, 스스로 아침이 되어 오신 분이다. 빛이 오면 설명은 사라지고, 어둠은 말없이 물러난다.

"나는 선한 목자라"(요 10:11). 그분은 양을 인도하는 전문가가 아니라 양을 위해 목숨을 내어주는 자다. 양의 냄새를 품고, 짐승 앞에 가장 먼저 서고, 광야에서 함께 길을 잃고 함께 걷는, 동행하는 존재다. 그분은 우리를 몰지 않는다. 함께 울며, 함께 걸어가신다. 예수의 은유는 설명하려는 언어가 아니다. 그분은 살아 있는 언어로, 우리의 현실 한가운데로 오신다. 그리고 자신을 내어주며 존재 자체로 드러나신다. 논증이 아니라 자기 비움, 변증이 아니라 자기 선포, 말이 아닌 몸으로 새겨진 계시다.

요한계시록은 상징으로 가득하다. 그 상징은 현실 너머의 진실을 담은 형상이다. 그 언어는 그림이며, 비전이며, 보이지 않는 세계를 열어젖힌다.

어린양(계 5:6 외)은 단지 순한 동물이 아니라, 죽었으나 서 있고, 찢겼으나 존귀하며, 피로 왕을 세우는 보좌 위의 생명이다. 그는 죽음 속에서 살아난 구원의 형상이다. 용(계 12:3)은 뱀의 형상이 확장된 존재다. 그는 거짓과 분열의 형상이며, 두려움을 불러오지만 붉은 빛은 이미 패배한 피의 흔적이다. 바벨론(계 17:5)은 단지 도시가 아니라, 탐욕과 권력, 음란과 우상이 결합된 세상의 시스템이다. 그 화려함 속엔 피와 탄식의 냄새가 섞여 있고, 그 멸망 속에는 애통의 외침이 담겨 있다.

    요한은 비난하지 않는다. 그는 회개와 해방을 부른다. 요한계시록은 시보다 더 시적이고, 현실보다 더 낯설지만, 가장 현실의 중심을 꿰뚫는 기록이다. 요한은 말로 못다 할 진실을 형상과 이미지로 직조한다. 어린양, 용, 바벨론, 유리바다, 금 향로, 흰 말…이것은 환상이 아니라, 보이지 않는 현실의 진실이다.

    요한의 사유는 명확하지 않다. 흐리고, 충돌하고, 겹친다. 그러나 그 혼돈 안에서 숨은 진실들이 기어이 드러난다. 그는 논리보다 상징의 전쟁터를 펼쳐 놓는다. 빛과 어둠, 전쟁과 평화, 심판과 구원이 각자의 형상으로 독자 앞에 나타난다. 독자는 그 앞에서, 자신의 존재로 의미를 읽어야 한다. 요한은 예언자다. 한 발은 하늘에, 한 발은 땅에 딛고, 절망을 지나 희망을 끌어올린다. 폐허 위에서도, 그는 여전히 금으로 된 촛대 사이를 걷는 인자의 발소리를 듣는다. 요한에게 상징은 현실을 떠나는 문이 아니라, 하늘과 땅을 잇는 언어의 사다리다.

● 말씀은 칼이 되어, 갈림길에 선다:

    대조법은 요한의 글쓰기에서 존재의 갈림길을 드러내는 축이다. 서로 반대되는 개념을 나란히 세움으로써, 그는 진리를 더욱 선명하게, 더욱 투명하게 조명한다. 빛과 어둠(요 1:5, 요일 1:5-7), 생명과 죽음(요일 3:14), 사랑과 미움(요일 2:9-11), 진리와 거짓(요 8:44), 하나님께 속한 것과 세상에 속한 것(요일 2:15-17) 사이에 서 있는 독자는 끊임없이 '어디에 속할 것인가'라는 존재의 질문 앞에 놓인다.

    요한은 대조를 통해 윤리를 가르치지 않는다. 다만 그는 존재의 뿌리를 가리킨다. 그의 대조법은 은유와 결합하며, 빛이 어둠을 밀어내는 것이 아니라 본래 있던 것을 드러내듯, 진리가 거짓의 그늘을 밝혀내듯, 선명하고도 조용하게 다가온다. "빛이 세상에 왔으되 사람들이 자기 행위가 악하므로 빛보다 어둠을 더 사랑한 것이니라"(요 3:19). 선택의 이중성 속에 숨겨진 인간의 내면을 비춘다.

"우리는 하나님께 속하였으니 하나님을 아는 자는 우리의 말을 듣고"(요일 4:6)라며 하나님께 속한 자와 그렇지 않은 자의 내적 경계를 드러낸다. 요한의 대조법은 문학적 장치로 머물지 않는다. 그는 문장을 칼처럼 세워 존재의 진영을 가르고, 믿음의 방향을 비추며, 거룩과 속됨, 영원과 시간, 하나님과 세상을 하나의 문장 안에서 마주 보게 한다. 이러한 글쓰기는 읽는 자로 하여금 진리의 편에 선다는 것이 단지 '선택'이 아니라 '정체성'임을 일깨우게 한다.

요한의 대조법은 단어와 단어의 충돌이 아니라, 빛과 어둠, 사랑과 미움 사이에서 울리는 영혼의 대답을 묻는 일이다.

● 하나의 언어로는 담을 수 없는 진리:

요한의 글쓰기는 장르를 넘나드는 언어의 항해다. 그는 전형적인 장르 구분에 머물지 않는다. 내러티브와 시, 편지와 묵시, 고백과 선언, 증언과 환시가 서로의 언어를 빌려 하나님과 인간, 영원과 시간, 하늘과 땅을 잇는다.

요한복음은 서사로 시작하지만, 곧 시로 번져간다. '태초에 말씀이 계시니라'의 찬가(요 1:1-5)는 창세기의 회상을 품은 언어로 빛과 어둠, 생명과 말씀이 교차하는 영적 서곡이다.

요한복음 3장 16-21절의 선언 역시 복음의 내러티브 안에 녹아든 하늘의 시편이다. 사마리아 여인과의 우물가 대화(요한복음 4장), 눈먼 자를 고치시는 예수와의 긴 여정(요한복음 9장)은 내러티브 안에 존재의 고백을 담고, 치유와 계시가 맞물려 전개되는 구조를 따라 흐른다.

요한일서 4장 7-21절은 단순한 교훈을 넘어 '하나님은 사랑이시다'라는 선언을 중심으로 사랑의 기원과 실천을 노래하는 사랑의 시편이며, 요한계시록 5장 6절에서 '죽임을 당한 어린 양'이 보좌 한가운데 서 있는 그 극적인 묵시의 장면은, 예배와 전율이 뒤섞인 시적 환시로 빛난다. "나는 부활이요 생명이니…"는 죽음을 마주한 무덤 앞에서 시처럼 흘러나온 생명의 선포다. 요한은 고통 속에 찬양을, 현실 안에 비전을, 문장 안에 영원을 심는다.

"모든 눈물을 그 눈에서 닦아주시니"(계 21:4)라는 환시는, 묵시의 형식을 넘어 위로와 회복을 새기는 거룩한 시편이 된다. 그의 글은 단지 장르를 혼합하는 것이 아니라, 하늘과 땅이 만나는 언어의 접점에서 신비와 삶이 함께 울리는 성서적 합창이다.

요한의 글쓰기에는 오로지 설명만으로는 닿을 수 없는 것들, 그리하여 시가 되고, 계시가 되고, 때로는 침묵과 눈물 사이로 스며드는 하나님의 말씀이 있다.

하나님께 속한 꿈, 공동체라 불리는 하나의 몸

모든 말이 끝나고, 모든 가르침이 흘러간 뒤에도, 남는 것은 존재였다. 빛 안에 거한 숨결, 사랑으로 이어진 손길, 진리 위를 걷는 발걸음. 요한은 글로 그려냈다. 하나님께 속한 자들은 서로 안에 거하고, 진리 안에 숨 쉬며 사랑 안에 뿌리를 내린다. 공동체란 명령이 아니라 존재로 피어나는 고백이다. 빛 가운데 남은 자들, 그들이 하나님께 속한 자들이다.

● 하늘의 장막이 되어가는 공동체:

요한은 언제나 '거함의 공동체'를 강조한다. 그의 글에는 '거하다'(μένω)라는 단어가 반복되어 울린다. "내 안에 거하라 나도 너희 안에 거하리라 가지가 포도나무에 붙어 있지 아니하면 스스로 열매를 맺을 수 없음 같이 너희도 내 안에 있지 아니하면 그러하리라 나는 포도나무요 너희는 가지라…"(요 15:4-5).

요한에게 '거함'은 선택이 아니다. 그것은 존재의 본질이다. 포도나무에서 떨어진 가지는 스스로 살아남을 수 없다. 신앙은 움직이는 것이 아니라, 붙어 있는 것이다. 그리스도 안에 뿌리내리고, 그 생명 안에 머무는 일이다. 신앙은 달려가는 길이 아니라, 붙어 있는 깊음 속에서 맺히는 열매다. 여기에서 요한은 개인의 거함을 넘어 공동체적 거함을 꿈꾼다.

"우리가 서로 사랑하면 하나님이 우리 안에 거하시고 그의 사랑이 우리 안에 온전히 이루어지느니라"(요일 4:12). 이 구절은 단순한 사랑의 권면이 아니다. 사랑은 모이는 것이 아니라, 머무는 것이다. 서로의 존재 안에 머무는 것. 사랑하는 자들 사이에 하나님이 거하신다.

공동체는 서로를 바라보는 모임이 아니라, 서로 안에 뿌리내리는 생명줄이다. 그 생명줄에 하나님의 호흡이 흐른다. 이처럼 요한의 '거함'은 하나님과 나 사이의 개인적 결합을 넘어, 하나님의 생명이 공동체 속으로 흘러들어오는 상태다.

하나님 안에 거한다는 것은 곧, 서로 안에 거하는 것이 된다. 그 거함은 서로를 위한 믿음이 되고, 서로 안에 흘러드는 은혜가 된다. 그리고 그 거함은 공동체를 하나님의 장막으로 바꾼다. 거함은 하늘과 땅을 잇는 보이지 않는 다리다. "보라 하나님의 장막이 사람들과 함께 있으매 하나님이 그들과 함께 계시리니 그들은 하나님의 백성이 되고 하나님은 친히 그들과 함께 계셔서"(계 21:3). 이 거함은 인간의 열심이나 의지로 완성되지 않는다.

하나님께서 친히 내려오셔서, 우리를 자기 안에 거하게 하신다. 이 공동체는 단지 땅 위의 모임이 아니라, 하늘의 장막이 된다. 요한은 마지막까지, 외딴 섬 밧모에서도 이 거함의 꿈을 품었다.

그는 본다. 흩어진 가지들이 다시 하나로 붙고, 어둠을 지나 진리의 빛 속에 서며, 사랑으로 서로를 지탱하는 공동체. 그곳에, 하나님의 숨결이 머물고 있다.

● 숨 쉬는 영생, 거하는 생명:

요한은 '관계로서의 영생'이라는 공동체를 지향한다. 그의 글에서 영생(ζωὴ αἰώνιος)은 단순히 죽은 뒤 천국에 이르는 시간의 연장이 아니다. 그것은 하나님과 연결된 존재의 또 다른 이름이다. 시간 너머의 생명, 지금 이곳에서 시작된 사랑의 관계다.

요한복음 17장 3절은 이렇게 정의한다. "영생은 곧 유일하신 참 하나님과 그가 보내신 자 예수 그리스도를 아는 것이니이다"(요 17:3). 여기서 '안다'(γινώσκω)는 지식의 동의나 정보의 습득이 아니다. 살아 있는 관계, 함께 거하는 친밀함을 뜻한다. 요한에게 영생은 단지 '죽은 후 천국에 가는 것'이 아니다. 지금 여기서 하나님과 예수 그리스도 안에 머무는 삶, 서로를 사랑하며 그 안에서 살아내는 실존의 방식이다.

영생은 먼 미래의 약속이 아니다. 지금 이미, 사망에서 생명으로 옮겨진 자들의 현실이다. 그 생명은 지금 이 순간, 하나님과의 연결 속에서 숨 쉬고 있다. 시간이 아니라, 관계의 맥박 속에 흐른다.

"내 살을 먹고 내 피를 마시는 자는 내 안에 거하고 나도 그의 안에 거하나니 살아 계신 아버지께서 나를 보내시매 내가 아버지로 말미암아 사는 것같이 나를 먹는 그 사람도 나로 말미암아 살리라"(요 6:56-57). 이 장면은 단순한 성찬의 표징을 넘어선다. 하나님의 생명이 그리스도를 통해 우리 안으로 스며드는 신비한 연합이다.

"내 안에 거하고, 나도 그의 안에 거하나니." 이 말은 고독한 영생이 아니다. 피와 살로 이어진 관계의 생명, 연결된 존재들의 거함의 공동체다. 요한이 품은 영생은 개인의 구원이 아니라, 서로 안에 거하며 살아내는 사랑의 공간이다. 공동체는 함께 모인 자들의 모임이 아니라, 서로 연결된 자들이 한 생명 안에서 숨 쉬는 장막이다. 그 장막 안에, 하나님의 생명이 조용히 머문다.

● 서로 안에 머무는 사랑의 공간:

요한은 '사귐의 공동체'를 지향한다. 그의 글에는 '사귐'(κοινωνία, fellowship)의 신학이 나무 테처럼 새겨져 있다. 요한에게 사귐은 단지 인간관계의 미덕이 아니다. 그는 알고 있다. 하나님과의 사귐과 공동체 안에서의 사귐은 같은 호흡, 같은 깊이의 관계여야 한다는 것을, 하나님을 아는 지식은 서로를 품는 실천으로 연결되어야 함을.

지식은 행함이 되고, 행함은 관계를 세운다. 요한은 공동체를 단순한 집합체로 그리지 않는다. 그가 그리는 공동체는 '사귐'이라는 이름의 생명 연결망이다. 하나님과의 사귐 없이 참된 인간관계도 가능하지 않으며, 서로 간의 사랑 없이 하나님과의 사귐 또한 공허하다. 사귐은 존재의 결속이며, 사랑의 순환이고, 진리 안에 거하는 빛의 흐름이다.

복음은 정보나 지식의 전달이 아니다. 복음은 사귐으로의 부름이다. 하나님과의 교제는 공동체 안의 교제와 결코 분리되지 않는다. 그것은 같은 숨결 위에 세워진 존재의 울림이다. "만일 우리가 하나님과 사귐이 있다 하고 어둠에 행하면 거짓말을 하고 진리를 행하지 아니함이거니와 그가 빛 가운데 계신 것 같이 우리도 빛 가운데 행하면 우리가 서로 사귐이 있고 그 아들 예수의 피가 우리를 모든 죄에서 깨끗하게 하실 것이요"(요일 1:6-7). 진정한 사귐은 빛 가운데서만 가능하다. 공동체는 서로를 사랑할 때, 진리 안을 걸을 때, 빛 안에 거할 때, 비로소 살아 있는 사귐이 된다.

어둠 속에 머물며 사귐을 말하는 것은 거짓이다. 진리는 빛 안에서, 사랑은 사귐 안에서 구체화된다. 사귐은 관계의 복원이 아니라, 빛 가운데 서로를 비추는 삶의 방식이다. 공동체는 그곳에서, 사랑과 진리와 빛 안에서 서로를 알아가고, 서로를 품어가며, 서로 안에 머문다.

"아버지께서 내 안에, 내가 아버지 안에 있는 것 같이 그들도 다 하나가 되어 우리 안에 있게 하사 세상으로 아버지께서 나를 보내신 것을 믿게 하옵소서"(요 17:21). 삼위 하나님의 내재적 사귐, 그 신비로운 하나됨이 공동체의 원형이 되기를 기도했다. 공동체는 서로 다른 사람들이 모인 무리가 아니다. 서로 안에 거하고, 서로의 생명을 품으며, 하나가 되는 은총의 몸이다.

● 진리 안에 뿌리내리고, 사랑 안에 숨 쉬는 공동체:

요한은 '진리와 사랑의 공동체'를 강조한다. 그에게 공동체는 단순한 모임이 아니었다. 그는 알았다. 공동체는 진리와 사랑이라는 두 축 위에 설 때만 무너지지 않고 끝까지 견딜 수 있다는 것을. 진리 없는 사랑은 흐려지고, 사랑 없는 진리는 메말라버린다. 요한은 이 균형을 놓치지 않았다. 그는 공동체가 진리 안에 뿌리내리고, 사랑 안에 숨 쉬는 집이 되기를 꿈꾸었다. 공동체의 정체성은 사랑과 진리에 의해 드러난다.

요한은, 예수의 참된 제자 됨과 참된 교회 됨이 사랑의 실천과 진리 안에 머무는가로 증명된다고 본다. "장로인 나는 택하심을 받은 부녀와 그의 자녀들에게 편지하노니 내가 참으로 사랑하는 자요 나뿐 아니라 진리를 아는 모든 자도 그리하는 것은 우리 안에 거하여 영원히 우리와 함께 할 진리로 말미암음이로다"(요이 1:1-2). 사랑은 진리에서 흘러나온다. 진리를 아는 자들은 서로를 사랑할 수밖에 없다.

요한에게 사랑은 감정이 아니다. 진리를 아는 자의 열매다. 공동체는 진리 때문에 사랑하고, 사랑 안에서 진리를 지킨다. 그는 안다. 진리 없는 사랑은 흐르는 강 같지만, 방향을 잃고 사랑 없는 진리는 올곧아 보이지만, 사람을 얼어붙게 한다. "빛 가운데 있다 하면서 그 형제를 미워하는 자는 지금까지 어둠에 있는 자요 그의 형제를 사랑하는 자는 빛 가운데 거하여 자기 속에 거리낌이 없으나"(요일 2:9-10). 빛 가운데 있으려면, 사랑해야 한다. 진리 안에 있으려면, 사랑해야 한다. 사랑은 진리의 빛을 품고, 진리는 사랑의 불꽃을 지킨다.

"자녀들아 우리가 말과 혀로만 사랑하지 말고 행함과 진실함으로 하자"(요일 3:18). 공동체는 사랑을 말하지 않는다. 사랑 그 자체로 숨 쉰다. 사랑은 구체적 실천이자, 진리와 함께 자라는 생명이다. 요한은 공동체의 정체성으로서 내부의 사랑을 강조하면서도, 진리 없는 사랑의 공허함과 사랑 없는 진리의 위험을 경고했다. 그는 언제나 두 기둥의 균형 위에 신앙과 공동체의 집이 세워지기를 원했다.

● 하나님의 장막, 공동체의 심장:

요한은 윤리적 실천의 공동체를 지향한다. 그의 글에는 '사랑, 나눔, 환대'라는 구체적 행위가 공동체를 살아 있게 한다는 강한 신학이 흐른다. 공동체는 신념 위에 세워지지 않는다. 그는 공동체를, 말이 아닌 실천 위에 놓고자 했다.

진정한 믿음은 입술로 증명되지 않는다. 믿음은 사랑과 나눔과 환대라는 손의 움직임, 몸의 기억으로 드러난다. 그에게 공동체는 진리만으로 존재하지 않는다. 사랑을 살아낸 실천 위에서 숨 쉬어야 비로소 하나님께 속한 공동체가 된다. "누가 이 세상의 재물을 가지고 형제의 궁핍함을 보고도 도와줄 마음을 닫으면 하나님의 사랑이 어찌 그 속에 거하겠느냐 자녀들아 우리가 말과 혀로만 사랑하지 말고 행함과 진실함으로 하자"(요일 3:17-18).

공동체 안의 사랑은 말로만 존재할 수 없다. 공동체는 스스로 빛을 자처하지 않는다. 형제를 품는 사랑 안에서 그 빛을 조용히 드러낸다. 요한이 말하는 실천 공동체는 단지 도덕적 의무가 아니다. 그것은 공동체를 숨 쉬게 하는 생명의 맥박이다. "누구든지 하나님을 사랑하노라 하고 그 형제를 미워하면 이는 거짓말하는 자니 보는 바 그 형제를 사랑하지 아니하는 자는 보지 못하는 바 하나님을 사랑할 수 없느니라 우리가 이 계명을 주께 받았나니 하나님을 사랑하는 자는 또한 그 형제를 사랑할지니라"(요일 4:20-21). 하나님을 사랑한다고 말하면서 형제를 외면하는 자는, 공동체에 속할 수 없다. 공동체는 서로를 향한 나눔, 환대의 손길, 살아 움직이는 사랑을 통해 하나님의 장막이 된다. 요한의 공동체론은 개인의 신앙에 머물지 않는다. 공동체 전체가 서로를 돌보고 품어야 한다.

공동체 안의 사랑은 책임이고, 밖을 향한 증언이다. 사랑을 살아내는 공동체만이 세상 속에서 참된 제자 됨을 드러낸다.

● 사랑과 진리 위에 세워진 살아 있는 몸:

요한은 하나님께 속한 실체로서의 공동체를 강조한다. 그는 공동체를 규범을 지키는 조직이나 집합체로 보지 않았다. 요한에게 공동체는 하나님께 속한 존재의 흐름, 빛과 진리, 사랑의 실천으로 현현하는 살아 있는 몸이다.

공동체는 선언으로 이루어지지 않는다. 소속으로 증명되지 않고, 규범이나 암송으로 유지되지 않는다. 공동체는 삶으로 증명된다. 존재의 방향과 삶의 리듬이 빛 안에서 조율될 때, 비로소 하나님께 속한 실체로 드러난다. "하나님은 빛이시라 그에게는 어둠이 조금도 없으시다는 것이니라 만일 우리가 하나님과 사귐이 있다 하고 어둠에 행하면 거짓말을 하고 진리를 행하지 아니함이거니와 그가 빛 가운데 계신 것 같이 우리도 빛 가운데 행하면 우리가 서로 사귐이 있고 그 아들 예수의 피가 우리를 모든 죄에서 깨끗하게 하실 것이요"(요일 1:5-7).

공동체는 빛 가운데 거하는 자들의 숨이다. 어둠에 거하면서 사귐을 말하는 것은 거짓이고, 빛 가운데 걷는 자들만이 서로의 사귐 안에서 하나님과의 사귐을 살아낸다. 빛은 선택이 아니다. 빛은 존재의 방향이다. 요한이서 1장 1-3절은 사랑과 진리가 긴밀히 얽힌 유기체처럼 다가온다. "장로인 나는 택하심을 받은 부녀와 그의 자녀들에게 편지하노니 내가 참으로 사랑하는 자요 나뿐 아니라 진리를 아는 모든 자도 그리하는 것은 우리 안에 거하여 영원히 우리와 함께 할 진리로 말미암음이로다 은혜와 긍휼과 평강이 하나님 아버지와 아버지의 아들 예수 그리스도께로부터 진리와 사랑 가운데서 우리와 함께 있으리라."

진리를 아는 자는 사랑할 수밖에 없는 존재다. 이 사랑은 단지 감정이나 선택이 아니라 진리로부터 유기적으로 발생한 실천이자 진리를 아는 자들이 체현하는 실체다. 사랑은 '진리 안에서' 자라고 지속된다. '우리 안에 거하며 영원히 함께할 진리'는 우리 안에서 영원히, 함께 살아 숨 쉬는 존재적 진리다. 그리하여 사랑과 진리라는 하나의 생명 줄기 안에서 은혜와 평강, 모든 은총이 흘러나온다.

사랑은 처음부터 주어진 계명이다. 진리 안에서 사랑을 걷는 삶, 그것이 빛 가운데 거하는 증거다. 삶의 리듬은 진리와 사랑이 함께 호흡하는 리듬이어야 한다. 이러한 실천의 결과, 실천 속에서 하나님께 속한 실체로서의 공동체가 드러난다.

고백으로는 속할 수 없다. 선언으로는 드러나지 않는다. 의를 행하는가, 형제를 사랑하는가, 이 실천이 하나님께 속했는지 아닌지를 밝힌다. 삶으로 드러난 실체, 그것이 공동체다. 빛과 사랑과 진리 안에서 삶이 호흡할 때, 비로소 공동체는 하나님께 속한 존재로 확인된다.

사랑받는 자의 자리에서 쓴 영원의 기록

들었고, 조용히 바라보았고, 그 품에 기대어 심장의 박동을 들었다. 빛은 설명되지 않았고, 그냥 오셨고, 그냥 머무셨다. 그분의 손길이 마음을 지나고, 숨결이 말 속에 스며들 때, 그는 이름을 지우고 사랑받는 자로 남아 그 품 안에 머물렀다. 기억은 시간 속에서 빛을 되찾았고, 외로움은 소망의 문이 되어 계시를 열었다. 그의 글은 이야기라기보다 존재다. 말씀이 지나간 자리에서, 그는 자신을 말하지 않고 그분을 기록한다. 고백이며, 마지막까지 거한 자의 증언이다.

● 말씀이 내 안을 지나간 자리:

요한은 '배운 것'이 아니라, '체험한 것'을 기록했다. 자기가 몸소 겪고 살아낸 것을 쓴 것이다. 그에게 진리는 강단에서 배운 논리가 아니라, 빛 가운데 걷는 몸의 기억, 살 속에 새겨진 말씀의 흔적이었다. 요한일서 1장 1-3절은 이렇게 고백한다. "태초부터 있는 생명의 말씀에 관하여는 우리가 들은 바요 눈으로 본 바요 자세히 보고 우리의 손으로 만진 바라…" 그는 진리를 손으로 만졌고, 말씀의 숨결을 가슴으로 들었다. 다른 이의 입에서 나온 이야기를 전하지 않았다. 자신의 삶 속에서 직접 살아 움직인 말씀을 썼다.

"이를 본 자가 증언하였으니 그 증언이 참이라 그가 자기의 말하는 것이 참인 줄 알고 너희로 믿게 하려 함이니라"(요 19:35). 그는 멀리서 서술한 자가 아니었다. 피 흘리는 예수를 본 자, 사랑이 찢기는 순간에 서 있던 자였다.

"예수의 제자 중 하나 곧 그가 사랑하시는 자가 예수의 품에 의지하여 누웠는지라"(요 13:23). 그는 예수의 품에 기대어 말씀을 들었던 자, 말씀의 떨림을 가장 가까이서 느낀 자였다.

요한의 기록은 단순한 복기의 결과가 아니다. 그것은 삶으로 증명된 진리, 사귐에서 비롯된 고백, 그리고 하나님의 숨결을 만진 손의 기록이다. 그의 글은 철학이 아니라 살아 있는 경험이고, 그의 말은 신학의 논리가 아니라 존재의 고백이다. 그는 증언자가 아니었다. 동행자였고, 사귐의 몸이었으며, 말씀이 육신이 되었던 현장에 있었던 한 사람의 사랑받은 자였다.

● 그 품 안에서, 나는 누구인지 알았다:

요한은 체험을 통한 자신과 예수의 관계를 시적으로 고백했다. '그가 사랑하시는 자', '예수의 품에 기대어 앉은 자'라는 표현은 단순한 위치 묘사가 아니다. 그것은 신앙의 정체성, 존재의 고백, 사랑의 방향이다.

요한은 자신을 한 번도 이름으로 부르지 않는다. 그는 오직 '예수께서 사랑하시는 자'로 자신을 말한다. 이 말 속에는 스승과 제자라는 거리를 넘은 관계, 품에 머무는 존재의 친밀성이 담겨 있다. 그에게 신앙은 머리로 이해하는 교리가 아니다. 그것은 예수의 심장 박동을 듣는 일, 그 가슴 위에서 숨소리를 느끼는 삶이다. 그 품은 요한의 안식처요, 그가 살아가는 존재의 자리다. 단순한 정서적 친밀함을 넘어선다. 멀리서 걷지 않았다. 늘 사랑 안에서 따랐다. 발로 쫓기 전에, 가슴으로 머물렀다. 존재 전체로 예수를 사랑했고, 그 사랑 안에서 자기 자신을 발견한 자, 마지막까지 그 품 안에 남았던 자다.

요한의 구원 서사는, 다메섹 길 위에서 빛을 본 바울과 달리 극적이지 않다. 대신 그는 안다. 자신이 얼마나 오래, 얼마나 깊이 예수의 사랑 안에 머물렀는지를. 구원이란 죄의 용서만이 아니다. 사랑 안에서 자신이 누구인지를 아는 것이다. 요한에게 구원이란 그 품 안에 거하는 삶, 그 사랑 속에서 자신을 사는 일이다. "사랑 안에 거하는 자는 하나님 안에 거하고 하나님도 그의 안에 거하시느니라"(요일 4:16). 이것은 교리가 아니다. 그의 삶 전체를 꿰뚫는 사랑의 구원 이야기다. 그는 그 품 안에서 살았고, 그 사랑 안에서 자신을 알았으며, 그 가슴 위에서 구원을 완성했다.

● 남겨진 자의 고백, 사라지지 않는 빛의 증언:

요한의 글쓰기는, 노년의 통찰이 담긴 기억의 기록이다. 젊은 날이 아니라 긴 세월 뒤에 펜을 들었다. 박해와 순교, 분열과 고독을 지나 긴 세월 끝에서 펜을 들었다. 그러나 그의 글에는, 절망이 아니라 시간에 정련된 사랑의 권면이 흐른다.

요한은 연대기를 쓰지 않았다. 삶이 자신에게 새겨놓은 의미를 기록했다. 그의 사랑의 권면은 단순한 덕목이 아니다. 세상의 증오를 뚫고 살아남은 자의 명령이다. 그는 핍박과 배신, 분열과 이단의 고통을 지났다. 형제들의 순교를 지켜봤고, 쓸쓸히 살아남았다. 그러나 그는 증오하지 않았다. 끝까지 사랑을 명령하는 언어를 사용했다.

"이 일들을 증언하고 이 일들을 기록한 제자가 이 사람이라 우리는 그의 증언이 참된 줄 아노라"(요 21:24). 그는 영웅도 위대한 교사도 아닌, 기억을 품은 증언자였다. 그의 증언은 논쟁이 아니라 삶으로 체득한 사랑의 고백이다. 사랑은 한때의 열정이 아니라, 시간을 견딘 빛이었다. 세상의 어둠을 지나 더욱 투명해진 사랑이었다. 어둠은 지나갔고, 참 빛이 이미 비치고 있다.

모두가 떠난 뒤에도, 홀로 남아 사랑을 증언하는 글을 남겼다. 그는 떠나는 자들을 지켜봤다. 분열하고 사랑이 식어가는 공동체를 보며, 유리 조각이 파고드는 아픔과 쓸쓸한 깨달음을 가슴에 품었다. 그는 가르침이 거절당하는 현실도 알고 있었다. 그러나 포기하지 않았다. 다시 권면했다. "자녀들아 이제 그의 안에 거하라"(요일 2:28). 그에게 '거함'은 정지가 아니라, 영원을 품는 지속이었다.

그는 알았다. 주 안에 머무는 자만이 무너지는 시대 속에서도 빛을 잃지 않을 수 있다는 것을. 그의 삶이, 그의 글이 그 증표였다.

● 고립된 육신, 열린 영혼:

그의 글쓰기는 고독을 넘어선 하늘의 위로와 소망의 글쓰기다. 요한의 자서전적 글쓰기는 외로움과 고독의 깊이에서 시작되지만, 그 자리에 머물지 않는다. 요한계시록 1장 9절은 추방과 고난의 외로운 섬, 밧모에서 기록하고 있는 노년기의 자화상을 펼쳐 보인다. 그 섬은 '하나님의 말씀과 예수를 증언하였으므로' 쫓겨나 도달한 외딴 장소다. 그는 자신의 고립을 숨기지 않았다.

그 외로움은, 오히려 하늘의 위로와 소망을 가장 선명하게 보게 한 창이었다. 밧모 섬. 차가운 바람과 돌, 어느 벗도 머물지 않는 땅. 그러나 바로 그 고요 속에서 허공을 가르며 다가오는 계시의 음성과 마주했다. 육신은 고립되었으나, 영혼은 그보다 더 맑고 투명하게 하늘을 향해 걸어올랐다. 그 외로운 공간은 고립이 아니라 하늘과 땅이 만나는 신비의 자리였다. 고통의 거처이되, 소망이 문을 여는 곳이었다. 그의 손은 노쇠했지만, 그 손은 본 것과 들은 것을 적어내려 갔다. 잉크는 눈물을 지나, 소망을 따라 흘렀다.

요한은 외로움을 지우지 않았다. 오히려 그 외로움 속에서 새 하늘과 새 땅을 보았다. 바다가 사라지고, 모든 눈물이 닦이는 하늘의 언약을 들었다. "또 내가 새 하늘과 새 땅을 보니…모든 눈물을 그 눈에서 닦아 주시니 다시는 사망이 없고 애통하는 것이나 곡하는 것이나 아픈 것이 다시 있지 아니하리니…"(계 21:1-4). 그의 글은 고백이다. 외로움을 토로하지 않고, 다가오는 하늘을 기록한 자의 언어다.

"보라 하나님의 장막이 사람들과 함께 있으매"(계 21:3). 이 말씀이 그가 왜 쓸쓸함에 자신을 가두지 않았는지를 말해준다. 하나님의 장막이 사람들과 함께 있으리라는 약속, 그 약속이 그의 외로움을 영원의 문으로 이끌었다. 이제 그의 노년은, 고독에 침잠(沈潛)된 무거운 시간이 아니라, 하늘의 신비를 향해 열린 창이 되었다. 그는 외로움을 쓰지 않았다. 다가오는 빛을 썼다. 그의 글은 고독의 언어가 아니라, 소망의 언어였다.

● 글쓰기의 고독한 공간 속으로 자서전의 울음이 채워질 때 우리는 요한의 글쓰기를 닮는다.

복음서를 쓰는 심정으로 써라

복음서는 마태, 마가, 누가, 요한이 기록하였다. 그러나 그들이 쓴 예수의 행적은 보는 관점이 달랐다. 전해야 하는 대상이 달랐고, 강조하는 점도 달라서 생겨난 현상이다. 요한복음은 예수 그리스도가 하나님의 아들로 온 것에 모든 초점이 맞춰져 있다. 글을 쓸 때에는 글이 쓰이는 목적과 의의가 분명해야 한다. 자서전은 나의 자랑에 맞춰진 글이 아니라, 나의 기록을 통해 산 자들의 기억과 추억, 그리고 나를 알리는 것에 초점이 맞춰져야 한다. 그리스도인의 자서전은, 나와 하나님과의 관계에서 믿음을 가진 사람들이 어떤 복음을 바라보아야 하는가를 알려주는 간증이다.

> "예수께서 이르시되 너희 율법에 기록된 바 내가 너희를 신이라 하였노라 하지 아니하였느냐 성경은 폐하지 못하나니 하나님의 말씀을 받은 사람들을 신이라 하셨거든 하물며 아버지께서 거룩하게 하사 세상에 보내신 자가 나는 하나님의 아들이라 하는 것으로 너희가 어찌 신성모독이라 하느냐"(요 10:34-36).

요한복음은 성시의 가장 모범이 되는 예다. 심판을 보고 써간 계시록은 지상의 언어가 아니며, 그가 강조한 단어, 사랑은 하나님이 되셨다. 성시는 사실의 창조다.

● 진실한 글을 쓰기 위해서는 감정을 바로 잡아야 한다. 흥분하면 글이 바닥 위로 뛴다. 너무 조용하면 글은 하품하고 잠을 잔다. 너무 사랑스러워 모든 것을 품으면 글은 자기만의 위로가 된다. 요한은 깊은 영성으로 감정을 다스렸다.

요한은 예수와 육신의 어머니 마리아와의 연결고리가 되었고, 영성과 지성의 고리가 되었고 마지막 예언자가 되었다.

시인은 당당해야 한다. 성시는 거룩하고 신성한 것이기 때문이다. 핏자국이 있고 땀이 있는, 순종의 사람이기 때문이다. 요한은 성시의 단어를 우리 영혼에 뿌린 하늘의 농부다. 사도 요한의 글쓰기는 실천하는 행동이 그리는 발자국이다.

물고기가 물을 떠나서는 한순간도 살 수 없듯이, 언어 또한 인간의 구체적인 삶을 떠나서는 한순간도 그 의미를 지닐 수 없다. 행동은 생각의 언어다. 빛이 있으라고 말씀하실 때 빛이 생겨나며, 그 빛이 좋은 것이다. 그리스도인이 쓰는 자서전은 성시가 지시하는 행동을 해야 한다. 그렇게 성시와 하나 되는 삶이 순종이다.

요한복음은 공관복음과 구별되는 독특한 문체와 구조를 이루고 있다. 예수의 사역을 시간적으로 전개하는 것이 아니라, 의미를 설명하고 신성을 의미 있고 깊게 이야기한다. 표현에서도 '나는 ~이다'라는 표현을 반복적으로 사용하여 예수의 본질을 설명한다. 성령을 '보혜사'(παράκλητος, Helper, Advocate)로 표현하며, 예수가 떠난 후 성령이 제자들을 인도하실 것을 약속한다. 개인적인 대화 장면을 통하여 복음의 본질에 대한 접근을 더 가까이한다. 사랑에 대한 계명을 강조하고, 성령의 가르침을 매우 상세하게 기록하고 있다.

문체적 특성에서도, 반복적인 구조와 점층법을 사용하였고 대조적 개념을 강조하였다. 우리가 사도 요한의 글쓰기를 배우는 이유는 너무 많다. 그는 글을 쓴 대로 살았고, 약속한 대로 움직였다. 설교한 대로 살아야 설교자가 되고, 찬양한 대로 살아야 찬양자가 되는 것이다. 그것은 숭고한 책임이다. 그렇게 할 수 있는가? 그래서 복음서 쓰기는 기도가 된다. 세속의 글은 감정이다.

복음은 감성이 풍부하고, 언어를 일으켜서 움직이게 한다. 그런 이유로 복음은 영의 언어여야 하고, 저자는 그 언어의 지시대로 육신의 삶을 움직여야 한다. 히틀러는 사람의 감정을 이용한 악마의 수사학을 우리에게 보여주었다. 그는 탁월한 예술가였고, 감성이 풍부한 사람이었다. 하와를 꼬였던 달콤한 언어의 유희가 죄를 낳은 것처럼, 그의 망상에 많은 목숨이 사라졌다. 잔혹한 거짓의 예술이 힘을 가진 것이다. 아름다움과 잔인함이 섞인 불행이다. 그래서 예술은 가난이라고 말하는지도 모른다. 순수는 약하기 때문이다.

복음을 아는 것은, 질문으로 알아가는 영의 신음이다. 글쓰기에서 첫 문장은, 글을 쓰고자 하는 의도가 정확해야 명문이다. 복음서는 서로 다른 관점에서 전하고자 하는 복음의 핵심을 첫 줄에 담았다. 마태는 "아브라함과 다윗의 자손 예수 그리스도의 계보라", 마가는 "하나님의 아들 예수 그리스도의 복음의 시작이라", 누가는 "우리 중에 이루어진 사실에 대하여", 요한은 "태초에 말씀이 계시니라 이 말씀이 하나님과 함께 계셨으니 이 말씀은 곧 하나님이시니라"로 시작한다. 요한복음의 말씀은 '복음은 예수 그리스도다'라는 선언이다.

자서전의 글쓰기는 나를 중심으로 시작되고 끝난다. 내가 가진 생각과 희망과 꿈, 그리고 회개와 용서, 그 모든 것이 '나'라는 선언에서부터 시작되어야 한다. 그러나 동시에 그리스도인의 자서전 쓰기는 '나'라는 존재 선언이 살아 계신 하나님과의 연결성, 공동체와의 공감을 놓치지 않는 삶의 태도를 담아내야 한다.

계시록 쓰기

사람은 에덴으로부터 지금까지 선택의 영을 가졌다. 잃어버린 에덴도 다시 돌아가는 십자가도, 모두 선택이다. 사람은 생각하고, 사랑하고, 예배하는, 모든 것을 선택할 수 있는 유일한 존재다. 벽돌을 구워 하나님을 위한 예배당을 만들 수 있고, 사람들을 치료하는 병원을 지을 수도 있다. 학교와 국회를 세울 수도 있고, 고문실이나 강제 수용소, 전쟁 무기 공장을 만들 수도 있다. 역설이다. 그러나 그것은 선택의 자유가 우리에게 있기 때문이다. 사람은 이런 이중성의 두려움 때문에 갈등하고 괴로워한다. 그러면 우리에게 진정한 자유는 무엇일까?

자유라는 단어만큼 영향력 있는 말은 없다. 이것은 분명 사람의 궁극적 예언이 완성되는 것이다. "그리스도께서 우리를 자유롭게 하려고 자유를 주셨으니 그러므로 굳건하게 서서 다시는 종의 멍에를 메지 말라"(갈 5:1).

세상은 분명 분개한다. "우리가 아브라함의 자손이라 남의 종이 된 적이 없거늘 어찌하여 우리가 자유롭게 되리라 하느냐"(요 8:33). 물고기는 물속에서도 자유할 수 있고, 새는 공중에서 자유를 누린다. 분명 우리에게도 제한적 시간과 공간이 있다. 그곳에서만 우리는 자유다. 물속에서, 공중에서도 자유할 수 없다. 사랑도 구속을 요구한다. 그것이 진정한 사랑이 된다. 그런 구속을 신비라고 한다.

성경은 선택의 이정표다. 하나님의 종들을 통해 우리는 많은 길을 알고 있다. 요한이 전한 성경의 마지막은 마지막에 다다르는 길이다. 계시는 비유로 그린 실재의 예언이다. 본 것과 이제 있는 일과 장차 될 일은 시대에 맞춰진 심판이다.

이 시대의 요한계시록은 무엇인가? 어느 시대에도 지나간 일이 있을 것이며 현재도 있고 다가올 미래도 있다. "나는 알파와 오메가라 이제도 있고 전에도 있었고 장차 올 자요 전능한 자라"(계 1:8). 이는 시작과 끝을 동시에 품으신 시간 밖의 음성, 시간 안의 인간에게 들려온다. 모든 시작이 그로부터 나오고, 모든 끝이 그에게로 돌아간다는 것을 말씀하고 계신다. 영원의 선언이다. 시간의 주재자, 영원의 주가 말씀하신다. "네 본 것과 이제 있는 일과 장차 될 일을 기록하라"(계 1:19).

그분은 시간의 경계를 가르시고 세 시제를 하나의 문장으로 묶는다. '본 것'은 기억이고, '지금 있는 일'은 현재의 진통이며, '장차 될 일'은 소망이다. 요한은 이 셋을 따로따로 기록하지 않는다. 기억은 지금을 비추고, 지금은 미래를 품고 있으며, 미래는 이미 말씀 안에서 살아 있다. 시간의 주재자, 영원이신 하나님은 존재를 선언하시고, 요한은 그것을 기록한다.

하나님은 '기록하라'고 말씀하신다. '기억하라'가 아니다. 기억은 흐르지만, 기록은 남는다. 그것은 계시요(계 1:1), 예언이요(계 1:3), 편지다(계 1:4). 요한은 하늘로부터 벗겨진 진리를, 시간을 꿰뚫는 말씀으로, 교회에게 보내는 사랑으로 썼다. 그것이 바로 요한계시록의 정체다. 빛을 본 자가 남긴, 시간과 영원을 연결하는 글이다.

요한에게 마지막은 먼 미래가 아니었다. 시간은 계시 앞에서 멈췄고, 그는 순서가 아니라 실체를 보았다. 종말은 다가오는 것이 아니라, 이미 그 품 안에 머물러 있던 것이었다.

천국과 지옥, 심판은 시간의 나열이 아니다. 공간적 상황에서의 움직임도 아니다. 몇억 년의 세월에서 각자 개인의 시간과 공간은 다르다. 그러나 모두에게 적용되는 동일한 법칙이 존재한다. 그것이 말씀이다. 계시록의 상황은 이러한 견해를 가지고 출발해야 한다. 단순히 요한에게 보여준 심판의 상황이 아니라, 지금 우리에게 보여주는 예언과 계시인 것이다.

● 입체적 상황을 점진적으로 그려 보여준 반복의 진행 형식이다. 하나의 사건이 끝나면 이어지는 사건이 다가오는 것이 아니라, 한꺼

번에 여러 곳에서 보이는 상황의 묘사다.

주님의 재림은 심판의 시작이다. 우리는 지금 광대한 새 창조의 역사를 보고 있는 것이다. 이제 숲을 보고 다시 그곳으로 들어가야 한다. 나무를 보고 풀을 보고 땅을 보고 살펴보아야 한다. 요한은, 속히 될 일을 하나님의 종들에게 보이려고 지시한 것을 기록하기 시작한다. 때가 가까웠다. 심판이 바로 내 앞에 있기 때문이다. 세상의 역사는 시공간이다. 이것은 나의 시기와는 아무 관련이 없다. 나는 내 시간이 있기 때문이다.

요한의 그때와 지금의 우리는 현재의 시간이다. 시간이라는 주제는 모두 현재에 맞춰져 있다. "빛이 있으라"가 나의 시작이라면 "다 이루었다"도 나의 시간이다. 어쩌면 어렵고 심지어 고통스럽기까지 한, 거울 속의 나를 보고 있는 것이다. 지나간 것들은, 박물관이 아닌 시장에서 만나야 하는 현실의 모습이다. "갈릴리 사람들아 어찌하여 서서 하늘을 쳐다보느냐 너희 가운데서 하늘로 올려지신 이 예수는 하늘로 가심을 본 그대로 오시리라"(행 1:11). 우리는 주님을 보았고, 내가 본 그대로 주님께서는 다시 나에게 오신다. 날마다 유월절이 되고 성만찬을 하는 것이다. 지금 우리의 믿음은, 전설이나 상상이나 신화가 아닌 실제적 사건에 근거하고 있다. 그래서 그때가 아니라 지금에 모두 관심이 있는 것이다. 계시록은 지금 나의 심판 기준이 되고, 우리 발의 등이요 길의 빛이다.

"보라 내가 너희에게 비밀을 말하노니 우리가 다 잠잘 것이 아니요 마지막 나팔에 순식간에 홀연히 다 변화되리니 나팔 소리가 나매 죽은 자들이 썩지 아니할 것으로 다시 살아나고 우리도 변화되리라"(고전 15:51-52).

하나님의 백성은 끊임없이 세상의 유혹을 받는다. 세상을 본받으라는 압력을 받으며 세상에 노출되어 있다. 성경은 결단코 세상을 본받지 말라는 명령을 하고 있으며, 세속의 목소리에 경고를 준다. "너희는 너희가 거주하던 애굽 땅의 풍속을 따르지 말며 내가 너희를 인도할 가나안 땅의 풍속과 규례도 행하지 말고 너희는 내 법도를 따르며 내 규례를 지켜 그대로 행하라 나는 너희의 하나님 여호와이니라 너희는 내 규례와 법도를 지키라 사람이 이를 행하면 그로 말미암아 살리라 나는 여호와이니라"(레 18:3-5). "너희는 이 세대를 본받지 말고 오직 마음을 새롭게 함으로 변화를 받아 하나님의 선하시고 기뻐하시고 온전하신 뜻이 무엇인지 분별하도록 하라"(롬 12:2). 그러나 세상에서 하늘과 땅의 목소리를 모두 들으며 살아야 한다.

이런 이중적 들음에서 지혜와 지식이 동시에 어우러져야 한다. 때로는 모순되게 들릴 수 있을 것이며, 한 목소리가 될 수도 있을 것이다. 우리가 두 음성을 듣는 목적은 서로 관련되어 있다. 하나님의 말씀을 세상에 적용하고, 땅의 소리를 기도로 올리는 것이다.

● 지금 우리의 글쓰기는 모두 다가올 날에 대한 예언이다. 계시록처럼 난해할 수도 있고, 관점에 따라서 다른 이해와 해석으로 남을 수도 있다.

두려워하지 말고 담대히 써라.

믿음 또 하나의 에덴

 종이는 자유의 냄새를 풍긴다. 시공을 넘는 힘이며, 상식과 통념을 조롱하는 해방의 북소리다. 모두가 꿈꾸는 것들의 가슴이며 탄생의 아늑함을 그려보는 본능의 공간이다. 잠자고 있던 에덴의 노래며, 용서를 비는 참회의 기도다. 마음이 눈을 달고 튀어나와 세상을 향하는 목소리다.
 죽음을 생각할 때마다 느보 산의 모세가 떠오른다. 40년의 긴 세월을 지켜주신 하나님, 젖과 꿀이 흐르는 가나안을 바라보며, 그는 죽음도 하나님과 동행하고 있다. 스데반의 죽음은 자신을 보는 죽음이 아니라, 하늘을 보는 죽음이었다. 저 하늘나라를 보면서 기쁨으로 죽음을 맞이할 수 있는 마음을 주신 것이다. 사는 동안 지혜와 힘을 주셔서 살았던 것처럼, 죽을 때에도 하나님께서 주시는 기쁨으로 하나님의 사람으로 죽음을 맞이할 수 있도록 해주시는 것이다.
 하늘을 바라보는 죽음이 순교다. 죽음은 마지막 설교다. 설교가 아무리 좋아도 은혜가 되지 않으면 쓰레기처럼 된다. 듣고 잊어버린다면 쓰레기통에 들어가는 것과 같다. 죽음에 은혜가 없으면 허무다. 죽음에도 은혜가 풍성해야 한다.
 어느 권사님께서 암에 걸려 투병을 하셨다. 많은 사람들이 문병을 왔고 슬퍼했다. 그때까지 그의 집안은 믿음이 없었다. 권사님이 교회를 나가는 것이 얼마나 힘들고 어려웠는지 말로 다할 수 없었다. 핍박과 설움에도 그의 믿음은 더욱 강해지고, 오직 예수를 위해 살고 죽겠다는 각오가 더해졌다. 그런 가운데 찾아온 불치의 병은 복음의 도구가 되었다. 그의 간절한 유언은, 많은 사람들에게 은혜가 되었고 감동이 되었다. 그렇게 교회를 멀리하던 가족들은 믿음의 군병이 되었고, 그 병실을 찾았던 많은 사람들은 살아 계신 하나님을 만났다. 그 소명을 다하고 그는 하늘나라로 갔다. 그가 바라본 것은 이 땅이 아니었다. 죽음은 그렇게 하늘의 소망이 된 것이다.

요한은 순교하지 않은 유일한 제자라고 한다. 그는 글쓰기에 베인 순교자다. 글자 한 자, 한 자에서 그의 피가 종이에 흘러 순교의 십자가를 세웠다. 그는 하늘을 바라보며 살았다. 초대교회에는 모든 것이 부족했어도 은혜가 넘쳤다. 지금은 모든 것이 풍족해졌어도 은혜가 부족하다. 우리는 가난해야 한다. 심령이 가난해야 한다. 욕망과 욕심은 생활만 부하게 한다.

에덴의 짙게 깔린 그림자가 세상에 드리워진다. 종이로 다가온 우리의 맹세가, 지금 우리를 재촉하고 있다.

● 그리스도인의 글쓰기는 영성의 혀다. 문학도 아니고 예술로 포장한 복음이다.

육신은 모두가 고아가 된다. 나를 세상에 놓아둔 모든 것들이 사라진다. 영원을 가진 것, 그것을 지킨 요한의 글쓰기를 배워야 한다. 그래, 영원을 산다.

4. 바울의 글쓰기

"기록된바 자랑하는 자는 주 안에서 자랑하라 함과 같게 하려 함이라"(고전 1:31).

글이 된 사명, 편지가 된 인생

바울의 서신서는 단순한 교리 전달이 아니라, 그의 생애와 신앙 여정을 담은 자서전적 기록이다. 바울은 서신을 통해 자신의 삶을 기록하면서도, 개인적인 경험을 넘어 성도들에게 신앙의 본을 보이며 교훈을 전했다. 이는 자서전이 단순한 기록이 아니라, 삶을 통한 메시지 전달의 도구가 될 수 있음을 보여준다. 그의 서신서는 신학적 가르침뿐만 아니라, 문학적·수사학적 요소가 풍부한 글쓰기의 좋은 사례다.

사도 바울은 개종한 유대인이다. 그가 사울이었을 때, 그리스도교의 첫 순교자였던 스데반의 피가 땅을 적시던 현장에서 그는 예루살렘 교회의 박해자였다. 그가 부활의 주님을 만나면서 사도행전의 중요한 인물로 등장하는 것은 자서전적 내용의 서간으로부터다. "나는 사도 중에 가장 작은 자라"(고전 15:9). "사람들에게서 난 것도 아니요 사람으로 말미암은 것도 아니요 오직 예수 그리스도와 그를 죽은 자 가운데서 살리신 하나님 아버지로 말미암아 사도 된 바울은"(갈 1:1)이라고 회심한 자신을 소개한다. 거듭남은 변화된 몸과 영혼으로 나타난다.

사도 바울은 신약성경에서 가장 많은 서신을 남긴 인물로, 그의 글쓰기는 기독교 신앙과 교리를 확립하는 데 중요한 역할을 하였다. 바울의 서신은 특정 개인이나 교회를 대상으로 기록되었지만, 그 안에 담긴 메시지는 특정 시대와 지역을 초월하여 보편성을 지닌다. 그는 신앙 공동체를 지도하고, 교리를 설명하며, 복음의 본질을 전하는 글을 남겼다.

● 바울의 글은 논리적이고 체계적인 구조를 따르면서도, 감성과 개인적 경험이 조화를 이루며, 신학적 원리를 명확하게 전달하는 특징을 지닌다.

그의 글쓰기 방식은 단순한 교훈이나 지시를 넘어, 독자들이 신앙을 내면화하고 실제 삶에서 적용할 수 있도록 돕는다. 또한 바울은 자신의 삶과 신앙 여정을 서신에 솔직하게 녹여냄으로써, 독자들이 그의 고백을 통해 공감하고 위로받을 수 있도록 하였다. 그의 글은 단순한 편지가 아니라, 신앙의 본질을 설명하고 신학을 정립하는 과정이며, 교회를 세우고 성도들의 삶을 변화시키는 중요한 역할을 담당했다.

바울의 서신은 신학적 깊이를 가지면서도, 매우 실용적이고 현실적인 내용을 포함하며, 탁월한 문학성을 가지고 있다. 그의 글쓰기에는 몇 가지 중요한 특징이 나타난다.

말의 옷을 벗고 복음이 노래가 되다

바울은 편지를 썼지만, 그것은 설교였고, 고백이었고, 찬송이었다. 그는 편지 한 장 안에 고백과 선언과 노래를 담았고, 말의 숨결 속에 비유를 심어 보이지 않는 진리를 형상화했다. 율법의 수건을 걷어내 복음의 얼굴을 드러냈고, 아담의 그림자에서 그리스도의 빛을 불러냈다. 죽음 속에서 생명을, 약함 속에서 능력을, 고난 속에서 기쁨을 말함으로 복음의 심장을 단어 안에 새겨넣었다. 그의 글은 복음 선언의 논설을 넘어, 시처럼 흐르고 기도처럼 멈추는 영혼을 부르는 소리였다.

● **장르를 넘는 복음, 문장에 깃든 은혜:**
바울은 서간문의 틀에 갇히지 않고 장르의 경계를 넘나들었다. 헬레니즘 시대의 편지 형식을 따르되, 서간문이라는 장르에 갇히지 않고, 여러 장르를 교차하는 복합 장르를 사용했다. 글은 서간문을 뚫고 설교가 되고, 선언이 되며, 기도와 고백을 지나 찬송으로 날아오른다.

빌립보서 2장 6-11절은 "그는 근본 하나님의 본체시나…모든 무릎을 예수의 이름에 꿇게 하시고…"라고 선언한다. 그리스도의 낮아지심과 높아지심을 오선지처럼 풀어낸 신학적 찬송시다. 로마서 8장 31-39절, "만일 하나님이 우리를 위하시면…우리를 우리 주 그리스도 예수 안에 있는 하나님의 사랑에서 끊을 수 없으리라"는 설교와 선언, 송영이 혼합된 문학적 고백문이다. 그는 하나님의 편에 선 인간을 다루며 반복된 수사적 질문을 통해 믿음의 확신을 밀어올린다.

갈라디아서 2장 19-20절은, 율법에 대해 죽고 그리스도와 함께 사는 자신을 노래하는 자전적 고백과 신학적 선언이 교차하는 글쓰기다. "율법에 대하여 죽었나니…내가 그리스도와 함께 십자가에 못 박혔나니 그런즉 이제는…오직 내 안에 그리스도께서 사시는 것이라…"(갈 2:19-20).

디모데전서 3장 16절은 '경건의 비밀'이라는 고백문 형식을 입은 교리의 시로, 설교적 리듬과 찬양의 선율이 어깨를 맞댄다. 에베소서 1장 3-14절은 헬라어 원문상 하나의 문장 안에 삼위 하나님의 사역을 논리적 찬송의 구조로 녹여낸 복합 장르의 백미다.

바울의 글은 논문처럼 시작했다가 설교로 확장되고, 기도처럼 무릎 꿇다가 찬송으로 날아오르는, 복음의 음계를 입은 문학이다.

● 영원을 비유하다, 바울의 감각적 신학:

바울은 보이지 않는 것을 감각화하는 방식을 즐겨 사용했다. 복음의 이해를 끌어내기 위해 비유와 상징의 문을 열었고, 그 문을 통해 몸, 씨, 장막, 거울, 감람나무 같은 일상의 소재들이 들어왔다. 그의 글은 신비를 붙잡되, 땅의 언어로 묘사하고, 영원을 삶의 이미지로 빚어냈다.

고린도전서 12장 12-27절에서는 교회를 '몸'으로 비유하며, 지체 하나하나의 독립성과 상호 필연성을 그려낸다. 이 비유는 교회 공동체를 하나의 유기체로 상상하게 하며, 각자의 자리가 불가결한 존재의 리듬으로 연결되어 있다는 것을 보여준다. 고린도후서 5장 1절에서는 죽음을 '무너지는 장막'으로, 부활을 '하늘에 있는 집'으로 상징화한다. '장막'은 사라짐이 아니라 지나감이며, '집'은 죽음 너머에 도래하는 영원의 거처다. 이 구절은 시간과 공간, 소멸과 영원을 하나의 은유로 엮어낸 영적 건축물이다.

로마서 11장 17-24절에서는 접붙임 당한 감람나무의 비유를 통해 이방인의 구속 참여를 설명한다. 돌감람나무인 이방인이 예수라는 생명의 뿌리에 접붙임 되어, 그 뿌리에서 생명의 진액을 받게 되는 이야기다. 그는 이 비유로, 선민성과 보편성 사이의 긴장을 한 나무의 생명력 안에서 풀어냈다. 고린도전서 3장 6-9절에서는 바울과 아볼로를 농부로, 교회를 하나님께서 가꾸시는 밭으로 비유한다. 성장과 책임, 하나님의 역할이 단순한 설명을 넘어, 신앙의 구조와 공동체의 역학 속에서 이미지로 그려진다. 여기서 교회는 소유의 대상이 아니라, 하나님의 손안에서 자라나는 생명의 자리다. 그 어떤 사람도 열매를 자랑할 수 없다. 성장은 인간의 능력이 아니라, 하나님의 섭리 안에서 숨 쉬는 기적이기 때문이다.

교회는 사역자의 무대가 아니라, 하나님의 밭이다. 농부는 물을 줄 뿐, 자라게 하시는 이는 오직 하나님이시다. 비유와 상징을 통과해 일상의 언어가 영원을 빚어낸다.

● 복음을 입은 이야기, 알레고리의 신학:

바울의 글쓰기 특징 중 하나는, 알레고리적 해석을 했다는 점이다. 그는 구약을 단순히 과거의 기록으로 읽지 않았다. 그 이야기들을 하나씩 불러내어, 복음의 빛 아래서 새롭게 배치하고 해석했다. 알레고리란 단일 사건이나 단편적 상징을 넘어서, 완결성 있는 하나의 이야기 구조 전체가 더 깊은 진리를 가리키는 해석 방식이다. 하나의 사건, 하나의 인물만이 아니라, 서사의 뼈대 전체가 다른 차원의 의미를 품고 있는 것이 알레고리다.

"기록된 바 아브라함에게 두 아들이 있으니 하나는 여종에게서, 하나는 자유 있는 여자에게서 났다 하였으며…이것은 비유니 이 여자들은 두 언약이라…"(갈 4:22-26). 이 구절에서 하갈과 사라는, 단지 두 여인의 이야기가 아니다. 율법의 종속과 복음의 자유, 그 대조적 체계를 상징하는 두 서사의 축이다. 바울은 그들의 이름과 역사를 빌려, 율법 중심성에 갇힌 이스라엘과 복음에 초대된 자유의 자리를 겹쳐놓는다. 이야기 안에 진리를 심고, 이야기 바깥에서 진리를 끌어낸다. 고린도전서 10장 3-4절 "…신령한 반석으로부터 마셨으매 그 반석은 곧 그리스도시라"에서, 르비딤 광야, 호렙 산의 반석이 그리스도 자신으로 변환된다. 생명의 근원이 되는 물을 내는 반석은, 생명의 본체이신 그리스도의 상징이 된다. 그렇게 그는 반석 위에서 복음을 다시 판다. 고린도후서 3장 13-16절은 모세가 수건으로 얼굴을 가린 사건을 소환한다. 그 수건은 단순한 천 조각이 아니다. 율법에 덮인 인간의 마음, 복음 앞에서 닫혀 있는 시야를 상징하는 영적 가림막이다. 복음만이 가려진 마음을 드러내고, 진리를 직면하게 한다.

"아담은 오실 자의 모형($\tau\acute{u}\pi o\varsigma$)이라"(롬 5:14). 아담은 단지 첫 사람의 이름이 아니다. 아담의 불순종은, 그리스도의 순종을 예비하는 언어적 구조이며, 인류 전체의 죄 아래 있음을 보여주는 원형이자, 그리스도의 순종으로 완성될 새로운 창조의 예고편이다. 바울은 성경을 문자로만 보지 않았다. 그는 기록된 문자가 품은 복음의 그림자를 보았고, 시간 속에 숨은 진리를 발굴해냈다. 그는 역사를 복음의 실루엣으로 읽어낸 알레고리의 장인이었다.

● 뒤집힌 문장 안에 숨긴 복음:

바울은 단순히 논리를 쌓는 자가 아니라, 복음의 실체를 뒤집힌 언어에 담은 증언자였다. 그는 역설의 문장으로 복음의 심장을 드러냈다. "하나님께서 세상의 미련한 것들을 택하사 지혜 있는 자들을 부끄럽게 하려 하시고 세상의 약한 것들을 택하사 강한 것들을 부끄럽게 하려 하시며"(고전 1:27)라고 썼다. 약함이 자랑이 되고, 미련함이 진리의 통로가 되는 이 언어의 반전은, 은혜의 역설이자 복음의 방식이다.

"무명한 자 같으나 유명한 자요…죽는 자 같으나 보라 우리가 살아 있고…"(고후 6:9-10). 고백은 고난과 영광의 교차점에서 사도적 정체성을 선명히 세운다. 여기서 그는 존재의 이중성을 적나라하게 드러낸다. 살아 있다는 말은 죽음을 통과한 자의 언어이고, 유명함은 무명의 길을 걸은 자에게 허락된 역설의 명예다. 고린도후서 12장 10절에서는 이 역설이 존재의 심층으로 내려간다. "내가 그리스도를 위하여 약한 것들과 능욕과 궁핍과 박해와 곤고를 기뻐하노니 이는 내가 약한 그때에 강함이라." 이것은 단순한 반어가 아니다. 신학의 전복이자 존재의 반전이다. 약함을 껴안은 자리에, 하나님의 능력이 솟아오른다.

복음은 인간의 바닥에서부터 올라온다. 로마서 5장 3-5절은 그 여정을 또렷이 밝힌다. "우리가 환난 중에도 즐거워하나니 이는 환난은 인내를, 인내는 연단을, 연단은 소망을 이루는 줄 앎이로다." 절망의 시작이 소망의 도착지가 되는 역설의 곡선. 믿음은 가장 낮은 곳에서 소망을 꿈꾸게 하며, 하나님의 시간은 인내의 골짜기 끝에서 빛난다.

때로 바울은 아이러니를 통해 말의 날을 세운다. 고린도전서 4장 8절에서 "너희가 이미 배 부르며 이미 풍성하며 우리 없이도 왕이 되었도다"라는 말은 축복의 언어가 아니라, 조소와 경고를 품은 아이러니의 칼끝이다. 바울은 안주하는 자들의 자족 위에 아이러니를 세운다. 아직 오지 않은 영광을 이미 살아버린 자들, 영광을 가장하여 허상의 왕관을 쓴 자들 위에 복음의 가시를 놓는다. 그의 말은 반전의 날을 품은 말이다.

진리의 시간과 현실의 착각 사이에서 복음의 긴장을 아이러니로

벼려낸다. 그는 약함을 말하면서 능력을 말하고, 고난을 기뻐하면서 기쁨을 초월한다.

자신을 낮추는 순간에야 비로소 그리스도의 손이 가장 깊게 닿는다고 고백한다. 이렇게 뒤집힌 문장 안에서, 복음의 진실은 조용히 고개를 든다.

문체적 특징, 복음을 짓는 문장들

바울의 글쓰기는 단지 내용을 전달하는 데서 그치지 않는다. 그의 문장은 복음의 두께만큼이나 깊고, 사도의 내면만큼이나 입체적이다. 그의 문체는 설교자와 논객, 기도자와 사랑받는 이 사이를 오가며, 존재 자체의 무늬를 품은 기록이 된다.

● **겹겹의 사유가 눌어붙은 문장:**
바울의 문체적 특징 중 하나는, 사유의 깊이를 한 문장 안에 층층이 쌓아가는 긴 숨의 글쓰기다. 문장이 아니라 강이다. 진리를 실은 물결이 겹겹의 곡선을 그리며 독자를 휘감는다. 에베소서 1장 3-14절은 한 문장으로 이어지는 202개 단어의 헬라어 원문이다. 번역된 성경에서는 그 문장이 나뉘었지만, 바울은 그 한 문장 안에 찬송과 예정, 구원과 성령의 인치심까지, 모든 복음의 서사를 단숨에, 그러나 호흡의 결을 따라 녹여냈다. 시작은 찬송이었고, 끝은 구속의 확신이었다. 문장은 멈추지 않고, 하나님의 이야기 안에서 점점 높아지며, 삼위 하나님의 구원이 시처럼 강물처럼 흐른다.

로마서 8장 38-39절, "내가 확신하노니…"로 시작되는 문장은, 그

확신의 범위를 죽음도 삶도, 천사도 권세도, 현재도 장래도, 높음도 깊음도, 어떤 피조물도 그리스도의 사랑에서 끊을 수 없다는 고백으로, 약함을 껴안은 자리에서 시간을 넘고, 세계를 껴안으며 선언한다.

그의 문장은 끝나는 것이 아니라 번져간다. 단단한 논리가 아니라, 무릎 꿇은 확신에서 시작된 물결이 진리의 호흡을 따라 확장되는 것이다. 그는 문장의 경계를 단정히 그어 마침표를 찍는 이가 아니라, 말의 숨을 따라 복음을 흐르게 했던 사도였다.

● **질문으로 말하는 자, 마음의 문을 두드리는 문답:**

바울은, 스스로 묻고 스스로 답하는 대화적 수사(Diatribe) 방법을 사용한다. 그러나 그 문답은 혼잣말이 아니다. 독백의 형식을 띠지만, 그 말은 늘 누군가를 응시한다. 눈앞의 청자가 아니라, 마음속의 독자를 바라보는 언어다. "은혜를 더하게 하려고 죄에 거하겠느냐"(롬 6:1). "하나님께 불의가 있느냐"(롬 9:14). 이러한 질문은, 어둠을 가르는 칼이 아니라, 어깨에 손을 얹고 함께 묻는 음성이다. "그럴 수 없느니라!" 이 단호한 대답은 독자를 물리치지 않고, 그에게 내면을 마주 보게 한다.

바울은 설교자가 아니라, 질문하는 자로 먼저 선다. 정죄하기 전에 다가서며, 확신하기 전에 침묵의 사유를 건넨다. 디아트리베는 형식이 아니라 태도다. 설득의 기술이기 이전에, 사랑의 문법이다. 그는 논쟁하듯 말하지만, 그 문장의 끝은 언제나 기다림이다. 의심하는 자를 밀쳐내지 않고, 다시 손짓하며 부른다. 의문으로 문을 열고, 되물음으로 틈을 만들며, 독자를 정죄가 아니라 고백의 여정으로 초대한다.

바울의 디아트리베는 복음의 문 앞에서 꿇은 무릎으로부터 시작된, 기도의 숨결이 섞인 질문이었다.

● 반복의 울림, 복음의 리듬으로 말하다:

바울은 병렬과 반복으로 문장의 리듬을 엮었다. 말들은 단순히 나열되지 않는다. 그 배열 안에는 긴장과 고백, 울림과 고요가 층층이 숨어 있다. 눈에 보이지 않는 구조가 마음을 흔들고, 반복은 단어를 넘어서 정서를 새긴다. 문장은 흘러가되 멈추며, 오르되 내려앉는다. 그 속에 신학이 숨 쉬고, 복음의 심장이 박동 친다.

고린도전서 13장 4-7절 "사랑은 오래 참고 사랑은 온유하며…"는 단어의 반복 속에 고요한 고백의 울림을 품고 있다. 이 구절은 사랑이라는 한 단어를 중심으로, 그 덕목을 하나씩 끌어올리듯 병렬하며, 사랑 자체가 살아 움직이는 존재처럼 다가오게 한다.

로마서 8장 35절 "환난이나 곤고나 박해나…"는 절망의 지형을 따라 순차적으로 이어지며, 마치 고난의 행렬을 묵상하게 만든다. 의미를 앞세우기보다, 반복의 리듬 속에 진리는 조용히 스며든다. 구조가 곧 메시지이며, 음율이 신학을 끌고 간다.

고린도후서 6장 8-10절은 '무명하나 유명한 자', '죽는 자 같으나 살아 있는 자'와 같은 역설적 병렬을 반복하여, 사도직의 고난과 은혜 사이를 넘나드는 영적 맥박을 만들어낸다. 반복되는 대조는 단순한 수사법을 넘어, 존재의 진실을 선명하게 떠오르게 한다.

고린도전서 4장 11-13절에서는 "우리가 주리고 목마르며 헐벗고 매 맞으며 정처가 없고…"라는 고단한 현실의 병렬이 고백처럼 쏟아지다, "우리가 지금까지 세상의 더러운 것과 만물의 찌꺼기같이 되었도다"는 급격한 자기 노출로 마무리된다. 이 절정은 마치 절벽 끝에서 쏟아지는 물줄기처럼, 내면 깊은 곳을 향해 독자를 끌어당긴다. 단어의 반복과 구문의 병렬은 정서를 고조시키고, 메시지를 몰아친다.

바울의 문장은 때로는 선언이고, 때로는 숨 가쁜 시다. 의미가 아니라 어조가 먼저 독자에게 도달하는 순간들, 그 순간이야말로 복음의 무게가 가슴에 내려앉는 구조적 리듬의 자리다. 거기서 말씀은 소리로 먼저 깃들고, 그다음에야 해석된다.

● 한 사람에게 건넨 말, 모든 시대를 깨우다:

바울의 문체는 지극히 개인적인 듯하면서도, 모든 이에게 열려 있는 메시지를 담고 있다. 한 사람의 이름을 부르듯 말을 건네지만, 그 음성은 교회 전체를 감싸고, 시대를 건너 지금도 우리를 조용히 붙든다. 그의 언어는 언제나 구체적이고 절박한 현실을 배경으로 하지만, 그 현실 속에서 피어난 고백은 결국 모든 시대의 성도에게 열려 있는 문장이 된다. 그의 서신은 한 공동체, 한 사람을 향해 쓰였지만, 그 문장 안에는 세월을 뚫고 흘러드는 진리가 숨 쉰다.

"하나님을 사랑하는 자 곧 그의 뜻대로 부르심을 입은 자들에게는 모든 것이 합력하여 선을 이루느니라"(롬 8:28). 이 문장은 로마 교회의 삶 한복판에 적힌 말이지만, 동시에 오늘을 살아가는 모든 성도의 마음에 울려 퍼지는 믿음의 언어다. 그는 역사 안에서 말했지만, 복음은 역사 밖의 영원을 품고 흘렀다. 빌립보 교회를 향해 적은 "아무것도 염려하지 말고…"(빌 4:6-7)라는 권면도 마찬가지다. 그것은 당대의 성도들을 향한 기도의 자세였지만, 지금 이 순간에도 염려로 주저앉은 모든 이들을 일으키는 위로의 음성으로 살아 있다. 지각을 뛰어넘는 하나님의 평강은 단지 상황을 해결하는 응답이 아니다. 마음의 가장 깊은 층에 깃드는 보이지 않는 보호막이며, 모든 시대를 감싸는 은총의 장막이다.

고린도 교회를 향해 선포한 "사람이 감당할 시험 밖에는…피할 길을 내사…"(고전 10:13)라는 말씀도 단순한 격려가 아니다. 그것은 시대를 가로지르는 약속이고, 고통의 형태가 바뀌어도 여전히 유효한 신실함이다. 개별적 아픔 속에서도 하나님은 동일하게 피할 길을 여신다. 시험은 다르게 오지만, 은혜는 다르게 오지 않는다.

바울의 문장은 시대를 살아낸 고백이면서, 오늘을 붙드는 말씀이며, 시간을 뚫고 도달하는 언어다. 그는 편지를 썼다. 그러나 그 편지들은 지금까지도 세월을 건너 살아 숨 쉬는 믿음의 문장이 되었다.

● 진리의 층, 신학의 성전:

바울은 서론-본론-결론이 뚜렷한 계시의 구조로 글을 썼다. 그의 문장은 감정의 격정보다 복음의 질서를 따른다. 바울은 외침보다 설계를 택했다. 복음을 단숨에 외치기보다, 층을 따라 천천히 쌓는다. 서론-본론-결론이 명확하고, 개념은 개념을 밀어내지 않고 진리가 다음 진리를 예비한다.

가장 정제된 구조는 로마서에 있다. 1장 16-17절에서 '하나님의 의'를 이 편지의 중심으로 선언한 후, 1장 18절부터 3장 20절까지는 인류의 보편적 죄와 타락을 철저히 해부한다. 그리고 "이제는 율법 외에 하나님의 한 의가 나타났으니"(3:21)라는 선언 아래 구원의 논증이 시작된다. 4장에서는 아브라함의 믿음을 통해 복음의 원형을, 5장에서는 믿음이 평화를 낳는 구조를, 6-7장에서는 성화와 율법의 기능을, 8장에서는 성령 안의 삶과 장차 올 영광을 내다본다. 구속사의 단락이 하나씩 논리의 층을 따라 세워지고, 바울은 그 위에 복음이라는 신학의 성전을 건축한다. 이는 로마서에만 국한되지 않는다.

고린도전서 15장에서도 그는 부활을 세 방향으로 노래한다. 시간 속에 남은 역사로, 신앙의 근간으로, 마침내 살아난 자들의 찬미로 나눈다. 15장 3-8절에서 부활을 증언하고, 15장 12-19절에서는 부활이 없다면 복음이 헛되다 말하며, 15장 35-58절에선 변화된 몸과 종말의 승리를 노래한다.

죽음의 신학이 예배의 찬송으로 이어지는 이 전개는, 진리와 기쁨이 함께 흐르는 신학적 서사다. 에베소서 1-3장에서도 그는 교회론과 우주적 그리스도론을 계시의 질서로 정리한다. 특히 1장 3-14절은 하늘의 복, 예정, 구속, 성령의 인치심을 헬라어 원문상 단 한 문장 안에 삼위 하나님의 사역으로 직조한다.

그는 단어들을 쏟아내지 않는다. 복음을 따라 문장을 설계하고, 감정이 아닌 계시, 느낌이 아닌 질서로 하나님의 구속 역사를 글로 세운다. 그의 글은 논리의 흐름이자 찬송의 리듬이며, 진리의 건축물이다.

복음은 하나, 그러나 글은 달랐다

바울의 글쓰기는, 언제나 '누구를 향한 말인가'에 따라 달라진다. 그의 글은 복음의 진리에서 출발하지만, 그것이 입혀지는 어조와 문장의 결은 언제나 수신자의 얼굴에 따라 달라진다. 때로는 한 사람의 내면을 어루만지고, 때로는 공동체 전체의 균형을 다시 세우려는 단호한 선언이 된다.

● **'누구에게'로 시작되는 편지:**
바울은 인사말과 서두부터 수신자에 맞춰 어조를 조율한다. 그는 누구에게 쓰는지를 알고 있었고, 그에 따라 언어의 옷을 갈아입는다. 개인에게 보내는 서신에서는 이름을 부르고, 관계를 되새기며, 오래된 기억을 조용히 불러낸다.

빌레몬서 1장 1-2절에는 "우리의 사랑을 받는 자요 동역자인 빌레몬과 자매 압비아와 우리와 함께 병사 된 아킵보와 네 집에 있는 교회에 편지하노니"라고 인사를 건네며, 우정과 신뢰, 동역의 따뜻한 언어가 함께 실린다. 그러나 고린도나 데살로니가 교회를 향한 서두에서는 말의 결이 달라진다. "고린도에 있는 하나님의 교회…"(고전 1:2), "하나님 아버지와 주 예수 그리스도 안에 있는 데살로니가인의 교회에…"(살전 1:1)라고 하며, 공동체 전체를 향한 더 공적이고 격식 있는 인사말로 시작한다. 서두에서부터 수신자의 정체성과 무게에 걸맞은 언어를 고른 것이다.

감사의 표현도 결이 다르다. 디모데후서 1장 3절에서는 "내가 밤낮 간구하는 가운데 쉬지 않고 너를 생각하여…하나님께 감사하고"라며, 개인을 향한 애틋한 마음을 숨기지 않는다. 반면 빌립보서 1장 3-5절에서는 "…너희가 첫날부터 이제까지 복음을 위한 일에 참여하고 있기 때문이라"며, 공동체의 지속적인 협력에 대한 정중함을 내보인다.

표현의 강도 또한 다르게 조율된다. 개인에게는 부드럽고 정서적인 어조가 흐르지만, 공동체에게는 때로 예언자처럼 단호하고 엄격하게 말한다. 디도서 1장 4절에서는 "같은 믿음을 따라 나의 참 아들 된 디도에게"라고 애정 어린 호칭으로 부드럽게 권면하지만, 고린도전서 5장 4-5절에서는 "주 예수의 이름으로…이런 자를 사탄에게 내주었으니"라고 하며 공동체의 질서를 위해 강한 질타의 언어를 사용한다. 그는 언제나 자신의 독자가 누구인지 알고 있었다. 한 사람에게는 아버지처럼, 어느 공동체에게는 재판관처럼, 어떤 날에는 친구처럼, 어떤 밤에는 눈물 섞인 동역자로서 썼다. 그의 서신은 단지 기록이 아니라 관계를 붙드는 말이었고, 상황에 반응하며 탄생한 인도자의 언어였다.

이처럼 바울은 인사에서 감사까지, 호칭에서 명령에 이르기까지, 수신자의 정체성에 따라 글의 결을 달리했다. 그의 글은 언제나 '누구에게'라는 물음에서 시작되었다. 그리고 그 물음의 끝에서, 그는 수신자의 영혼에 닿는 정확한 어조를 기도처럼, 편지처럼, 고백처럼 찾아냈다.

● 관계에 따라 달라진 주제, 부드럽게 권면하고 단호하게 세우다:

수신자가 누구인가에 따라 글쓰기의 주제 축이 달라진다. 그는 결코 모든 이에게 같은 말을 반복하지 않았다. 편지는 언제나 대상의 이름과 상황에 반응하여 쓰였고, 말은 언제나 필요한 자리에 가 닿았다. 개인에게 보내는 서신에서는, 사역자 개인의 내면과 사역의 태도에 대한 조언과 격려가 중심을 이룬다.

디모데전서 4장 12절 "누구든지 네 연소함을 업신여기지 못하게 하고…믿는 자에게 본이 되어"에는, 지금 막 길 위에 선 후배 사역자에게 건네는 따뜻한 권면이 담겨 있다. 디모데후서 1장 6절에서는 "내가 나의 안수함으로 네 속에 있는 하나님의 은사를 다시 불일 듯하게 하기 위하여"라며, 위축된 이의 가슴에 다시 불을 붙이는 격려가 흐른다.

디도서 2장 7절 "네 자신이 선한 일의 본을 보이며…"에서는 사역자로서의 삶과 태도에 대한 조용한 지침이 이어진다. 빌레몬서에서는 바울이 오네시모를 부탁한다. 한 사람의 선택에 온전히 기대며, 한 사람을 위하여 간곡히 요청한다. 여기에는 조직이 아닌 인격, 구조가 아닌 우정의 언어가 흐른다.

그러나 교회 공동체를 향한 서신에서는 주제의 결이 달라진다. 그는 단지 조언만 하지 않고, 교회를 붙들기 위해 신학을 꺼내든다. 고린도전서에서는 교회 내 분열, 윤리적 혼란, 은사의 남용, 부활에 대한 오해 등 공동체의 뿌리를 흔드는 문제들을 정면으로 다룬다(고전 1장, 5장, 12장, 15장 등).

갈라디아서에서는 율법주의로부터의 해방을 위해 날카로운 교리 논쟁이 펼쳐진다(갈 1:6-9, 3:1-14). 데살로니가전·후서에서는 재림과 종말에 대한 신학적 혼란을 교정하며, 흔들리는 공동체를 진리 위에 다시 세운다(살전 4:13-18; 살후 2장). 이처럼 교회 서신은 단지 권면이 아니라, 공동체 전체가 흔들릴 때 필요한 원칙과 교리, 믿음의 판단을 담아낸다. 분열, 음행, 부활 문제, 율법주의와 같은 주제는 모두 공적이며, 단호하고 굳센 어조는 무너지는 신앙의 토대를 다시 세우는 일이었다.

바울은 언제나 수신자의 얼굴을 떠올리며 글을 썼다. 개인을 향할 때는 눈빛처럼 따뜻했고, 교회를 향할 때는 기둥처럼 굳세었다. 그의 서신은 단순한 편지를 넘어, 신학의 깊이와 인간적인 온기가 어우러진 복음의 증언이 되었다.

● 감정의 온도와 권위의 무게 사이에서:

바울의 글쓰기에는 문장의 강도와 어조의 온도 차가 분명하게 드러난다. 그는 누구에게 말하느냐에 따라 말의 무게를 조정하고, 마음의 온도를 달리했다.

디모데전서 1장 2절에서는 "믿음 안에서 참 아들 된 디모데에게"라며 사적인 관계를 드러내고, 부드러운 인사와 감정을 아끼지 않는다. 디모데후서 1장 4절에서는 "네 눈물을 생각하여 너 보기를 원함은…"이라고 말하며, 그리움과 애틋함이 문장 끝에 오래 머문다. 빌레몬서 1장 9절에서는 "도리어 사랑으로써 간구하노라…", 14절에서는 "네 승낙이 없이는 내가 아무것도 하기를 원하지 아니하노니…"라고 쓴다. 권위를 내려놓고 사랑의 언어로 다가선다. 명령이 아닌 청원으로, 기다림의 어조로 한 사람의 마음을 두드린다.

그러나 교회 공동체를 향한 서신에서는 그 어조가 달라진다. 사도로서의 권위를 서두에 분명히 밝히고, 말의 톤은 공적이며 단호하다. 고린도전서 1장 2절에서는 "고린도에 있는 하나님의 교회"라며, 공동체 전체를 향한 공적 언어로 인사를 건넨다. 이런 공적 관계는 글 쓰는 이에게 일정한 거리를 요구하며, 비판의 자리를 부여한다. "나는 바울에게, 나는 아볼로에게, 나는 게바에게, 나는 그리스도에게 속한 자라 한다는 것이니"(고전 1:12)라며 파벌화를 구체적으로 언급하고, "그리스도께서 어찌 나뉘었느냐"(고전 1:13)라는 수사적 질문을 통해, 복음의 중심에서 벗어난 교회를 강하게 흔든다.

진리를 지키기 위한 절박함과 긴박함에, 그는 사도적 권위를 주장한다. 갈라디아서 1장 1절 "…하나님 아버지로 말미암아 사도 된 바울은", 고린도전서 9장 1절 "내가…사도가 아니냐 예수 우리 주를 보지 못하였느냐…", 고린도후서 11장 5절 "나는 지극히 크다는 사도들보다 부족한 것이 조금도 없는 줄로 생각하노라", 고린도후서 13장 10절 "…내게 주신 그 권한을 따라…"를 통해 알 수 있다.

이 사도적 권위 위에, 그는 타오르는 분노로 칼날처럼 단호히 언어를 세웠다. 고린도전서 5장 5절 "이런 자를 사탄에게 내주었으니…", 갈라디아서 1장 9절 "…누구든지 너희가 받은 것 외에 다른 복음을 전하면 저주를 받을지어다", 갈라디아서 3장 1절 "어리석도다 갈라디아 사람들아…누가 너희를 꾀더냐", 갈라디아서 5장 12절 "너희를 어지럽게 하는 자들은 스스로 베어 버리기를 원하노라", 이 문장들에는 바울의 사도적 권위가 격정적 분노와 추상 같은 단호함과 어우러져, 읽는 이를 압도한다.

사랑의 사도였지만 진리 앞에서는 부드러움을 접고 단호한 언어를 꺼냈고, 복음이 위협받을 때 그의 문장은 날이 서 있다.

회복을 위한 절단처럼, 구원을 위한 절제처럼, 그 단호함은 결코 증오가 아니다. 그것은 복음의 심장을 지키는 절박한 외침이다. 그는 사랑하는 이에게는 기다림의 말로, 흔들리는 교회에는 정의의 언어로 글을 썼다. 그의 문장은 언제나 복음을 지키기 위한, 감정과 진리를 동시에 품은 균형의 글쓰기였다.

● **구속사의 깊이, 일상의 떨림:**

바울의 서신은, 수신자에 따라 신학의 깊이와 주제의 폭이 다르게 펼쳐진다. 교회 전체를 향한 서신, 특히 로마서는 바울 신학의 정점이자 정수로, 방대한 구속사의 숲을 품고 있다. 1장부터 11장까지는 죄와 구원, 율법과 은혜, 이스라엘과 이방, 믿음과 칭의, 인간의 절망과 하나님의 의로움이 긴 여정처럼 이어진다. "모든 사람이 죄를 범하였으매"(롬 3:23), "의인은 믿음으로 말미암아 살리라"(롬 1:17)는 선언은, 바울 신학의 중심축이 되어 구원과 은혜, 십자가와 복음의 모든 지층을 드러낸다.

에베소서에서는 신학의 시야가 더욱 확장된다. 교회의 정체성(엡 1:22-23), 그리스도의 우주적 머리 되심(엡 1:9-10), 성도의 삶과 가정 윤리(엡 5:22-33), 성령의 인치심과 연합(엡 4:3-6)까지, 광범위한 주제가 질서 있게 직조된다. 그의 언어는 단지 명령이 아니라, 하늘에서 흘러내리는 계시의 구조로 뻗어나간다.

반면, 개인을 향한 서신, 디모데후서·디도서·빌레몬서에서는 말의 풍향이 달라진다. 그곳에서는 긴 교리의 숲이 아니라, 손끝으로 짚은 목회 현장의 흙냄새가 난다.

디모데전서 6장 3-5절에서는 거짓 교사를 경계하고, 디모데후서 2장 15절에서는 "진리의 말씀을 옳게 분별하며 부끄러울 것이 없는 일꾼"이 되라 권면한다. 디도서 1장 5-9절에서는 교회 직분자의 자격에 대해 구체적으로 언급한다.

그의 교회 서신이 교회를 위한 깊고 넓은 기둥을 세웠다면, 개인 서신은 조용한 손길처럼 한 사람의 내면에 등불 하나를 켜는 일이었다. 신학은 교리를 넘어 존재를 향했고, 편지는 때로 사람의 눈물과 어깨를 기억했다.

● 규범이 아니라 방향, 법이 아니라 온유:

바울의 글은, 수신자의 위치에 따라 교회 제도를 구체적으로 세우기도 하고, 공동체 전체를 향해 가치의 방향을 제시하기도 한다. 개인 서신에는 수신자의 현실과 상황에 맞춘 교회 제도와 실천의 언어가 더욱 세밀하게 담겨 있다.

디모데전서 3장에서는 감독과 집사의 자격을 하나씩 짚어내며, "감독은 책망할 것이 없으며 한 아내의 남편이 되며 절제하며…가르치기를 잘하며"(딤전 3:2)라고 구체적으로 말한다. 5장에 이르면, 과부와 젊은이, 장로를 어떻게 마주해야 할지, 현장의 온도와 눈높이에서 건네는 권면이 이어진다. 디도서 1장 5절에서는 "남은 일을 정리하고 내가 명한 대로 각 성에 장로들을 세우게 하려 함이니"는 말로 디도에게 지도 위의 큰 길을 보여준다. 디모데와 디도에게, 공동체를 짊어진 사역자로서 무엇을 세워야 하고, 누구를 붙들어야 하는지를 세심하게 알려준 것이다. 이러한 문장들은 제도를 세우는 언어이기보다, 한 사람의 어깨 위에 교회를 얹는 방식이다.

이 편지들은 목회의 손끝에서 쓰인 것이며, 사역자의 고독과 분별을 돕는 등불 같은 글이다. 반면, 고린도전서와 갈라디아서 같은 교회 서신에서는 제도에 대한 직접적인 언급은 거의 없다. 대신 공동체의 영혼을 지탱할 가치 중심의 윤리와 복음의 태도가 중심을 이룬다.

고린도전서 13장의 "사랑은 오래 참고 사랑은 온유하며 시기하지 아니하며…"(고전 13:4-7)는 그 정점에 놓인다. 분열과 혼란 속의 공동체를 붙들기 위해 바울은 교리보다 먼저 사랑을 말했고, 질서보다 먼저 인격을 내세웠다. 갈라디아서 5장 22-23절의 "오직 성령의 열매는 사랑과 희락과 화평과 오래 참음과 자비와 양선과 충성과 온유와 절제니…"도 마찬가지다. 그는 윤리적 규범을 법처럼 내리지 않았다. 오히려 공동체가 복음 안에서 어떤 결을 지녀야 하는지를 천천히, 그러나 단단하게 말해주었다.

에베소서 4장 1-3절에서도 "너희가 부르심을 받은 일에 합당하게 행하여 모든 겸손과 온유로 하고 오래 참음으로 사랑 가운데서 서로 용납하고…"라며, 공동체가 품어야 할 존재의 태도를 강조한다. 이것은 직분의 권위가 아니라, 존재의 아름다움을 통해 공동체를 세우는 방식이다. 개인 서신이 현장의 구체적 과제를 풀어내는 매뉴얼이라면, 교회 서신은 공동체의 숨결과 영혼을 살리는 나침반이었다. 그는 제도를 세울 때조차 사람을 기억했고, 가치를 말할 때조차 사랑을 먼저 놓았다. 그는 언제나 복음의 방향을 따라 말했고, 그 방향은 언제나 한 사람의 마음과 한 공동체의 중심을 동시에 품었다.

● **말씀이 다하지 못한 마음을 문장 끝에 놓다:**

바울은 편지의 마지막에서도 여전히 '누구에게 쓰는가'를 잊지 않았다. 그의 말은 끝날수록 더욱 수신자에게 가까이 다가갔고, 언어의 온도는 인격의 결을 따라 조정되었다.

디모데후서 4장 9-21절에서 바울은 담담히, 그러나 깊은 애정을 담아 이렇게 말한다. "너는 어서 속히 내게로 오라"(딤후 4:9), "마가를 데리고 오라 그가 나의 일에 유익하니라"(딤후 4:11), "겨울 전에 어서 오라"(딤후 4:21). 그는 자기 곁을 떠난 이들의 이름을 하나하나 불러내고(딤후 4:10-12), '내 겉옷과 책과 종이를 가져오라'(딤후 4:13)는 아주 사소하지만 절절한 부탁도 남긴다. 죽음을 앞둔 자로서 책과 외투를

청한 이 부탁에는, 말씀을 붙들고 사람을 믿는 그의 마지막 일상이 담겨 있다. 그뿐만 아니라 디모데후서 4장 6절의 "전제와 같이 내가 벌써 부어지고…"라는 고백, 4장 16절 "처음 변명할 때에 나와 함께 한 자가 하나도 없고 다 나를 버렸으나…"라는 회고에는 복음을 다 전한 자의 고독과 정직한 내면이 담겨 있다.

빌레몬서 1장 22절에서는 "나를 위하여 숙소를 마련하라"고 말하며, 만남을 기약하고 기다리는 사도의 다정한 마음이 느껴진다. 이처럼 개인 서신의 끝에는, 지극히 사적이고 한 사람에게만 들려주는 속마음과 작은 필요, 그리고 이름 하나하나에 담긴 사랑의 결이 실려 있다. 하지만 교회 서신의 마지막 장면은 다르다.

고린도후서 13장 11-13절에서는 "기뻐하라 온전하게 되며 위로를 받으며…"는 권면과 함께, "주 예수 그리스도의 은혜와 하나님의 사랑과 성령의 교통하심이…"라는 삼중 축도로 편지를 맺는다.

데살로니가전서 5장 25-28절에서는 "형제들아 우리를 위하여 기도하라 거룩하게 입맞춤으로 모든 형제에게 문안하라…"고 하며 공동체 전체를 향한 인사와 권면을 덧붙인다. 그의 마지막 문장은 늘 그가 마주한 이의 얼굴을 향해 있었다.

> 그는 복음을 썼지만, 복음을 사람에게 썼고, 복음을 사람을 향해 전했다. 복음은 하나였지만, 그 복음을 담은 문장들은 언제나 사람을 따라 조율되었다. 그의 편지는 끝날 때조차 교리를 닫는 것이 아니라, 사람에게 문을 여는 일이었다.

복음을 자기 생애로 쓰다

바울은 단지 복음을 전한 사도가 아니었다. 그는 복음을 자기 생애로 써낸 증언자였고, 그의 글쓰기는 자신이 겪은 은혜의 깊이를 신학으로, 체험으로, 고백으로 펼쳐 보인 고유한 기록이다. 그의 서신은 한 편의 편지이자 한 사람의 생애이며, 그 자체로 그리스도인의 글쓰기란 무엇인가를 보여주는 자전적 문서다.

● **부르심 앞에 무너진 자, 글을 쓰다:**
바울은 자신의 체험 안에서 복음을 해석한다. 교리를 먼저 말하지 않는다. 언제나 복음 앞에서 자신의 삶이 어떻게 꺾이고, 어떻게 다시 일어났는지를 먼저 펼쳐 보인다. 복음은 그에게 외워야 할 개념이 아니라, 자신이라는 존재가 뿌리째 바뀐 내력의 전환이었다. 갈라디아서 1장 13-17절은 그 결정적 장면이다. "내가 이전에 유대교에 있을 때에…교회를 심히 박해하여 멸하고…그러나 내 어머니의 태로부터 나를 택정하시고…그를 내 속에 나타내시기를 기뻐하셨을 때에…" 여기서 바울은 자신의 종교적 정체성과 회심의 순간, 그리고 부르심 이후의 사역까지를 하나의 연대기적 생애 서사로 엮는다.

이 모든 여정은 그의 결단이나 사역적 열망에서 비롯된 것이 아니다. 그것은 하나님께서 개입하신 시간, 하나님의 시선에서 비롯된 단절과 시작의 서사다. 이 장면은 단순한 사도직의 변명이 아니다. 복음이란 가르침이 아니라, 삶의 전체를 바꾸어 놓는 하나님의 간섭이고, 존재를 흔드는 은혜의 충돌이라는 사실을, 그는 자신을 오롯이 드러냄으로써 보여준다.

가장 깊은 신학은, 내가 복음 앞에서 어떻게 무너졌는지를 말하는 자리에서 태어난다. 그리고 그 자리에서, 신학은 지식이 아니라 고백이 된다. 바울은 복음과 자신의 삶이 충돌하고 화해하는 그 자리에 글을 앉히고, 신학을 펼치고, 존재의 무늬를 보여준다.

자서전적 글쓰기는 이처럼 한 인생이 복음을 통과하면서 다시 태어나는 여정이며, 무너짐과 일어섬 사이에 하나님이 주체가 되시고, 내가 응답자로 선다는 것을, 시간의 언어로 증언하는 일이다.

● 내가 가장 약할 때, 시작된 말씀:

바울은 자신의 약함과 갈등, 부족함을 숨기지 않았다. 언제나 은혜를 말하지만, 그 은혜는 자신이 강해서가 아니라, 무너진 자리에서 시작된 것임을 고백한다. 복음을 설명하기에 앞서, 자신이 어디서부터 무너졌는지를 먼저 털어놓는 사람이었다.

고린도후서 12장 7-10절에서 그는 셋째 하늘에 이끌려 올라간 신비로운 체험을 언급하지만, 곧바로 육체의 가시를 말한다. "…내 은혜가 네게 족하도다 이는 내 능력이 약한 데서 온전하여짐이라…그러므로 내가 그리스도를 위하여 약한 것들과 능욕과 궁핍과 박해와 곤고를 기뻐하노니 이는 내가 약한 그때에 강함이라."

그는 신비를 과시하지 않는다. 오히려 자신을 아프게 하는 약함을 복음의 통로로 삼는다. 그 약함은 단지 병이나 시련만이 아니다. 그 안에는 제어되지 않는 감정, 설득되지 않는 내면, 끊임없이 흔들리는 의지와 완성되지 못한 사람의 진정한 결핍이 들어 있다.

로마서 7장 15-25절에서 바울은 그 갈등의 깊이를 더 노출한다. "내가 원하는 바 선은 행하지 아니하고 도리어 원하지 아니하는 바 악을 행하는도다"(롬 7:19). 이 고백은 단순한 심리적 갈등이 아니라, 율법을 사랑하나 율법을 다 이룰 수 없는 자의 무기력, 은혜를 신뢰하지만 욕망에 휘청거리는 자의 진실한 속내다. 그는 자신의 내면에 있는 율법과 죄, 의지와 무력함, 열망과 나약함 사이의 낙차를 가감 없이 꺼내 보인다. 이처럼 약함과 부족, 자기모순의 드러냄은 자서전적 글쓰기가 간직한 고유한 진실의 무늬다.

바울은 실패와 부끄러움을 피하지 않았다. 그는 그것을 기록했고, 기록함으로써 자기 내면을 감추지 않는 존재로 다시 태어났다. 이것이 결정적으로 중요하다. 삶을 쓴다는 것은, 빛나는 순간을 골라내는 작업이 아니라, 복음 앞에서 내 부끄러움이 어떻게 은혜로 바뀌었는지를 드러내는 언어의 용기이기 때문이다.

그의 글은 그가 강했기 때문에 남겨진 것이 아니다. 오히려 그가 약해졌고, 스스로를 하나님 앞에 내려놓을 수 있었기에 가능했던 고백의 기록이다. 그가 쓴 것은 단순한 가르침이 아니라, 자기 안에서 일어난 은혜의 해석이었으며, 그 해석은 언제나 갈등과 부족 속에서 피어난 은총의 흔적이었다.

● 삶을 다시 배열하는 고백의 문장들;

바울은 자신의 영적 여정을 간증처럼 써내려갔다. 빌립보서 3장 4-14절은, 바울이 자기 인생의 전반부와 후반부를 하나의 문장처럼 엮어, 그리스도와의 만남을 중심에 두고 다시 써내려간 고백의 기록이다.

"나는 팔일 만에 할례를 받고 이스라엘 족속이요 베냐민 지파요 히브리인 중의 히브리인이요…"(빌 3:5). 그는 과거 자신이 자랑할 수 있었던 혈통, 율법, 자격, 종교적 정체성의 총체를 먼저 펼쳐 보인다. 그러나 곧이어, 그 모든 자랑을 전복시키는 복음의 충돌을 고백한다. " 그러나 무엇이든지 내게 유익하던 것을 내가 그리스도를 위하여 다 해로 여길뿐더러"(빌 3:7). 마지막에는 이렇게 말한다. "푯대를 향하여 그리스도 예수 안에서 하나님이 위에서 부르신 부름의 상을 위하여 달려가노라"(빌 3:14). 이 세 구절 안에는 기원과 전환, 지금 향하는 믿음의 방향까지, 바울의 삶 전체가 복음 안에서 다시 꿰어진 존재의 서사이자 신앙의 증언으로 담겨 있다.

자신의 자랑과 계보, 율법적 자격을 내려놓고, 그리스도를 향한 전복과 재정렬의 여정을 글로 남긴 것이다. 이 고백은 단순한 회상이 아니다. 지금도 살아 있는 믿음의 다짐이며, 앞으로 계속 걸어갈 방향의 선언이며, 공동체를 향한 묵직한 권면이다. 그는 자신의 시간을 설명하는 데 그치지 않고, 자신의 삶 전체를 복음의 광휘 아래 다시 배열하며, 그 글을 통해 독자들을 믿음의 길로 조용히 초대한다. 이러한 고백은 곧 그리스도인의 자서전 쓰기의 결정적 특징이 된다.

삶의 모든 장면이 은혜 안에서 재구성되고, 그 과정을 글로 고백하는 순간, 그 글은 단지 개인의 기록을 넘어 신앙 공동체를 향한 살아 있는 간증이 된다.

바울은 자신의 과거를 지우지 않는다. 오히려 과거의 영광과 오늘의 고백을 나란히 놓고, 진짜 생명을 주는 것이 무엇인지 되묻는다. 그는 삶을 복음으로 다시 읽어낸다. 영적 여정을 간증처럼 써내려간다는 것은 단지 과거를 정리하는 일이 아니라, 삶 전체를 은혜로 새겨 읽는 일이며, 하나님 앞에 자기 생애를 조용히 드리는 글쓰기다.

■ 길 위의 고백, 공동체를 향한 편지:

바울은 자신의 선교를 회고하며, 동시에 미래의 여정을 서신에 담아낸다. 단지 교리를 전하는 데 그치지 않았다. 복음을 품고 걸어온 시간, 앞으로 나아갈 길을 글로 나누었다. 그의 편지는 단순한 사역 보고가 아니라, 복음 안에서 살아온 자의 이력서이며, 그 길을 함께 걷자는 초대장이었다.

데살로니가전서 2장 1-12절에서 바울은 자신과 동역자들이 어떻게 전도했는지를 다정하게 회상한다. "우리는…너희 가운데서 유순한 자가 되어 유모가 자기 자녀를 기름과 같이 하였으니…우리의 목숨까지도 너희에게 주기를 기뻐함은…"(살전 2:7-8). 그는 자신들의 사역을 어머니와 아버지의 마음에 비유하며, 복음이 이론이 아니라 살아 있는 돌봄이며, 몸으로 실천된 사랑임을 고백한다. 이 회고는 단지 사역의 평가가 아니라, 바울이라는 사람이 누구였는지를 드러내는 내력의 언어다.

로마서 15장 18-24절에서는 자신의 선교 경로를 정리한다. "내가 예루살렘으로부터 두루 행하여 일루리곤까지 그리스도의 복음을 편만하게 전하였노라…이제는 이 지방에 일할 곳이 없고…서바나로 갈 때에 너희에게 가기를 바라고 있었으니…"(롬 15:19, 23-24). 자신이 어디서 무엇을 했는지를 나열하는 대신, 앞으로 어디로 가고자 하는지, 그 길에 누구와 동행하길 바라는지를 조용히 들려준다.

로마서 15장 30-32절에서는 "형제들아 내가 우리 주 예수 그리스도와 성령의 사랑으로 말미암아 너희를 권하노니 너희 기도에 나와 힘을 같이하여…"라고 요청한다. 이 요청에는 기도를 부탁하는 자의 겸손한 약함과, 기도를 맡기는 자에 대한 깊은 신뢰가 함께 배어 있다. 자신이 이룬 일의 목록을 적는 대신, 어떻게 살아왔는지를 증언하고, 믿음으로 어디를 향해 가고자 하는지를 고백한다. 이 모든 서술은 하나의 선교적 자서전이며, 그 안에 담긴 계획조차도 바울이라는 사람의 정체성을 구성하는 문장들이 된다.

그의 글은 과거의 회고와 미래의 기도를 함께 품은 살아 있는 고백문이었고, 자기 존재를 교회에 내어주며, 글로 유산을 남긴 행위였다.

● **마음이 먼저 도착한 편지:**

바울의 글에는 감정이 살아 있다. 단지 논리와 교리만을 써내려간 사람이 아니었다. 글을 쓰며 울었고, 그리워했고, 감사했고, 때로는 실망하고 아파했다. 고린도후서 2장 4절에서 이렇게 고백한다. "내가 마음에 큰 눌림과 걱정이 있어 많은 눈물로 너희에게 썼노니…." 마음 깊은 곳의 눌림, 사랑의 갈등, 공동체를 향한 안타까움이 숨지 않고 드러난다. 빌립보서 1장 3-8절에서도 그는 말한다. "내가 너희를 생각할 때마다…너희 무리를 얼마나 사모하는지 하나님이 내 증인이시니라."

그의 서신 곳곳에는 기쁨과 눈물, 감사와 애틋함, 기다림과 기억이 복음의 선율 속에 실려 있다. 그 감정은 단지 개인의 정서를 토로한 것이 아니라, 공동체를 사랑한 사도의 진심이 언어가 된 자리였다. 그의 글은 내면이 꺼내진 공간이다. 교리보다 먼저 다가온 울컥함이 있고, 신학보다 더 오래 남는 진심이 있다. 말씀을 해석한 자이기 전에, 그 말씀 앞에서 어떻게 흔들렸는지를 고백한 사람이었다.

디모데후서 1장 4절 "네 눈물을 생각하여 너 보기를 원함은 내 기쁨이 가득하게 하려 함이니"에는 눈물 속에서 피어난 기쁨, 관계 속에서 무르익은 사랑이 담겨 있다. 감정을 교리 뒤에 감추지 않았다. 오히려 은혜 안에서 모든 감정을 빛 아래로 데려와, 말보다 먼저 마음이 도착하는 글을 썼다. 감정은 내면의 골방에만 머물지 않았고, 교회 전체를 붙들고 있는 사도의 진심으로 흘러갔다. 바로 그 지점에서, 감정의 기록은 단순한 심리의 표출이 아니라, 바울 자신을 이루는 자서전적 진실이 되었다.

그의 글은 이론이 아니라, 살아낸 감정의 문장들이었고, 신학의 골격 안에 내면의 울림을 숨 쉬게 하는 믿음의 호흡이었다. 그는 교리를 설명한 자가 아니라, 복음 앞에서 떨렸던 자, 흔들리며 고백했던 사람으로 글을 남겼다.

● **유언으로 글쓰기, 돌아가는 자의 기도:**

바울의 서신은 자서전적 유언이자, 선교의 서사이며, 공동체를 향한 기록의 봉헌이다. 그는 편지를 쓰며 자신을 설명하지 않았다. 오히려 자신을 교회에 기증하듯 내어주었다. 바울은 복음을 위한 길 위에 자신의 존재를 깔았고, 그 여정의 흔적을 글로 남겼다. 그의 서신은 단지 누군가에게 보내는 편지가 아니라, 자신이 살아낸 복음의 고백서였다.

디모데후서 4장 6-8절은 바울 글쓰기의 정점이자, 가장 고요한 유언이다. "전제와 같이 내가 벌써 부어지고 나의 떠날 시각이 가까웠도다 나는 선한 싸움을 싸우고 나의 달려갈 길을 마치고 믿음을 지켰으니…." 이 구절은, 그의 글쓰기가 더 이상 계획이 아니라 정리된 생애며, 다짐이 아니라 남김의 언어였음을 보여준다.

바울은 마지막까지도 교리를 정리하거나 자신의 정당성을 변호하지 않는다. 그는 하나님 앞에서 어떻게 살았는지를 복음 안에서 써 내려가며, 자기 존재를 공동체 안에 남긴다. 그의 유언은 단지 한 사람의 죽음을 준비하는 정리 글이 아니다. 그것은 복음이 자기 안에서 시작되지 않았고, 자기로 끝나지 않는다는 믿음의 언어다. 그는 앞을 향해 쓰되, 자신을 중심에 놓지 않는다.

편지의 말미까지 그는 디모데를 부르며, 마가를 다시 데려오라고 말하고, 겨울 전에 오라고 덧붙인다(딤후 4:11, 21). "겨울 전에 어서 오라." 이 요청은 단순한 계절의 언급이 아니다. 로마의 차가운 감옥, 눅눅한 돌벽 아래에서 그는 겉옷을 청한다. 겨울은 길을 막고, 고립을 부르고, 사랑하는 이의 발걸음을 멀게 한다. 그 전에, 아직 길이 열려 있을 때 오라고 말한다. 그러나 이 말엔 더 깊은 층이 있다. 죽음을 앞에 둔 사도의 절절함, 홀로 남겨진 자의 외로움, 생의 끝자락에서 가장 사랑하는 이를 곁에 두고 싶은 마음, 마지막 호흡을 기도처럼 나누고 싶은 고요한 열망이 담겨 있다. 그는 디모데를 "믿음 안에서 참 아들 된 디모데"(딤전 1:2)라 부르며, 복음과 사명의 계승자로 여겼다. "겨울 전에 어서 오라"는 이 부름은, 단순한 방문 요청이 아니라, 글로 다 담지 못한 유산을 얼굴을 마주하고 전하고픈 마음, 남은 시간을 믿음과 기도로 엮고자 하는 사명감이다. 죽음을 준비하는 선교자와 그 길을 잇는 다음 세대 사이, 이 한 문장은 거룩한 교차점이 된다.

그의 글은 사적인 말조차도 공동체를 향해 있다. 그래서 그의 편지는 눈물보다 더 깊고, 기도보다 더 오래 복음의 기억으로 우리 안에 머문다. 이렇게 그는 죽음을 앞두고도 쓰기를 멈추지 않았다. 그것은 교회에 남긴 유산이었고, 죽음을 정리하는 글이 아니라 믿음을 넘겨주는 고백이었다.

바울의 글쓰기는 오늘 우리에게 말한다. 삶을 쓴다는 것은 단지 기억을 보존하는 일이 아니라, 복음으로 걸어온 발자국을 누군가에게 내어주는 일이며, 나의 시간을 통해 공동체가 그리스도를 더 깊이 믿게 하는 일이다. 바울의 편지는 결국, 하나님께 받은 것을 시간 안에 풀어내고, 사람들에게 하나님의 마음을 흘려보내는 고백의 유산이었다.

바울 서신의 가치

바울 서신은 신학, 역사, 문학, 영성의 교차로에 서 있는 복합적 텍스트다. 바울 한 사람의 편지들 속에서 우리는, 1세기 유대 디아스포라 지식인의 논변 솜씨, 그리스-로마 세계의 편지 문학 형식, 부흥

운동가의 불붙는 열정, 복음에 사로잡힌 사도의 뜨거운 심장을 함께 만난다.

바울의 글쓰기 특징은, 그가 전한 복음만큼이나 입체적이고, 풍부한 의미망을 지니고 있다. 그의 서신을 문학적으로 음미하면 설득의 기품과 말의 아름다움이 있고, 신학적으로 파고들면 깊은 계시의 흐름과 구원의 논리가 있으며, 문체를 살피면 살아 있는 한 인간의 목소리가 들리고, 자서전으로 읽으면 헌신자의 눈물 어린 고백이 배어 있고, 영적으로 묵상하면 그리스도와의 깊은 친교에서 번지는 향기가 난다. 또한 편지를 받는 수신자에 따라 조율된 어조와 절제 속에서, 복음을 전하려는 바울의 사랑과 분별의 지혜가 서려 있다.

우리가 주목할 것은, 바울 서신이 단지 과거의 한 사람, 특정 교회를 향한 편지가 아니라는 사실이다. 그의 편지는 모든 시대의 교회와 성도를 향한 살아 있는 하나님의 말씀이며, 그 안에는 오늘을 비추는 신앙의 빛과 내일을 준비하는 지혜의 밀도가 함께 담겨 있다.

바울의 글쓰기 유산은 지금도 성경 해석자들과 신학도들에게 끊임없는 탐구의 샘이 되고 있으며, 앞으로도 그의 편지들은 신앙과 학문, 말씀과 삶이 교차하는 그 자리에 새롭게 조명될 것이다.

바울의 서신들이 기독교 정경으로 인정받게 된 것은, 가장 먼저 사도적 권위에서다. 바울은 예수 그리스도의 직접적인 부르심을 받았으며, 그의 가르침은 초대교회에서 정통 신앙으로 받아들여졌다. 또 하나의 이유는 교리적 명확성이다. 그의 서신들은 기독교 신앙의 핵심 교리를 정립하는 데 중요한 역할을 하였다. 바울의 서신들은 다양한 교회에서 읽히고 필사되었으며, 신앙의 중심이 되었다.

바울의 생애와 선교지에서의 흔적은 그의 글쓰기에 깊은 영향을 주었다. 다메섹에서의 회심을 통하여 예수를 핍박하던 자에서 복음을 전하는 자로 변화되었고, 세 차례의 선교 여행으로 바울은 소아시아, 마케도니아, 그리스, 로마를 포함한 여러 지역을 돌며 교회를 세웠다. 그리고 로마 감옥에서 서신을 기록하고 순교하였다.

바울의 서신은 단지 교훈을 담은 편지가 아니라, 자기 존재 전체를 복음 위에 산 제사로 내놓은 신앙인의 삶을 보여준다. 그는 체험을 통해 복음을 증언하고, 자기의 내면적 연약함조차 공동체의 거울로 사용하고자 했고, 자신의 고난과 실패조차 하나님의 구속 서사의 필사본으로 남기길 원했다. 이러한 삶과 신앙의 번역인 바울의 글쓰기가 후대 신학과 신앙에 미친 영향은 지대하다. 아우구스티누스는 바울의 은혜와 믿음 교리를 통해 회심하였고, 마르틴 루터는 바울의 '이신칭의' 사상을 종교개혁의 기초로 삼았다. 장 칼뱅도 바울의 신학을 체계화하여 교회를 개혁하였다.

바울의 글쓰기는 논리적이며 감성적이고, 체험에 바탕을 두면서도 신앙의 깊이를 강조하는 특징을 가진다. 그는 단순한 교훈을 넘어, 개인적인 신앙 고백을 통해 복음의 진리를 증명하였으며, 초대교회의 기초를 세우는 역할을 하였다. 그의 서신들은 오늘날에도 기독교 신앙의 핵심 원리를 제공하며, 시대를 초월한 신앙적 가치를 지니고 있다.

사랑하는 사람에게 편지 쓰기

서신의 글은 감정과 사랑을 담는다. 눈물도 담을 수 있고, 고백도 흘릴 수 있고, 책망과 따뜻함도 전달한다. 기도와 축복을 담아 영적 고리를 만들어갈 수도 있다. 서신을 통한 글쓰기는 삶을 기록하는 자서전적인 도구가 될 수 있으며, 떨어져 있는 사람과 마음을 연결하는 수단이 된다. 편지는 단순한 의사소통 수단을 넘어, 시간을 초월하는 감정과 사상의 전달 도구로 활용될 수 있으므로, 디지털 시대에도 여전히 손 편지나 서신 형식의 글쓰기가 가지는 깊은 의미는 변하지 않는다. 말보다 글은 더 신중하게 다듬을 수 있고, 감정을 보다 정확하고 진실하게 표현할 수 있다. 특히 편지는 시간이 지나도 그대로 남아, 다시 읽으며 감정을 되새길 수 있기 때문에 오랜 시간이 지나도 감동을 그대로 느낄 수 있는 것이다.

편지는 사랑과 애정을 표현하는 도구가 되고, 사과와 용서를 구하는 방법도 된다. 위로와 격려를 하여 관계를 더욱 돈독하게 만들어준다. 편지는 단순한 감정 전달뿐만 아니라, 삶의 마지막 순간에 자신의 뜻을 정리하고 남길 방법이 된다.

엘리자베스 퀴블러 로스는 《상실 수업》에서 이렇게 말한다. "사랑한 이가 떠나버린 후에라도 그에게 편지를 쓰라. 당신이 어떻게 지내고 그들을 얼마나 그리워하는지 말하라. 자주 찾아가는 것이 불가능할 때는 편지가 멀리 떨어진 무덤까지 대리 여행을 할 수도 있다. 만일 무덤 앞에 있었다면 했을 말들을 편지로 옮기라. 다음에 사랑한 이의 무덤을 찾았을 때 지금껏 쓴 편지를 다 모아 그에게 읽어주면 그 편지들이 결국엔 당신을 위한 것이었음을 깨닫게 될 것이다." 그렇다. 편지를 써 보자. 아니, 그조차 힘들다면, 눈물을 눈물이 되게 하고 아픔을 아픔이 되게 할 글들을 필사해 보자. 그것도 Presto(매우 빠르게)나 Allegro(빠르게)가 아닌 Andante(느리게)로. "쓰면 느려지고 느리면 분명해진다. 손으로 쓰면서 우린 그렇게 알게 된다. 내가 누군지, 무엇을 원하는지."(베른하르트 뢰스너)

● 거세된 슬픔조차 우리는 남겨야 한다. 눈물로 표현되지 않은 슬픔은 몸으로 울게 한다고 하지 않던가?

몸이 말하지 않으면 위장이 점수를 매기고야 만다. 위장이 울고 있는 것을 위암이라 한다. 췌장암은 췌장의 슬픔이고, 간의 피눈물이 간암이다.

성경에서도 바울은 디모데에게 서신을 남기며 자신의 마지막 유언과 같은 권면을 전했다. 편지는 유언 그 이상으로 영혼을 남기는 방법이다. 바울의 서신처럼, 죽음 이후에도 편지는 계속해서 사람들의 삶에 영향을 미칠 수 있다. 때로는 어떤 말보다도 마음을 담아 전한 한 줄의 글이 깊은 울림이 된다.

바울의 글은 유서다

바울의 글은 유서다. 살아 있는 동안에 써야 하는 유서다. 스스로 목을 종이에 걸고 피를 토한 마지막 글이다. 유서는 말하지 못하는 시간을 이어가고 있다. 유서가 구체적일수록 더욱 그렇다. 삶의 극단적 상황에서 좌절을 표출하는 하나의 수단과 방법일 수도 있는 것이다.

글쓰기는 인간의 삶과 죽음을 기록하는 강력한 도구다. 유언과 유서는 특히 삶의 마무리 과정에서 남기는 말과 글로, 단순한 법적 문서를 넘어, 인생의 의미를 정리하고 후대에 메시지를 전달하는 역할을 한다. 고대부터 유언장은 단순한 상속 문서를 넘어 신념과 가르침을 담아왔으며, 종교적·철학적 의미를 담은 유서들은 한 개인의 마지막 글쓰기로서 후세에 깊은 영향을 미쳐왔다.

성경에서도 유언적인 글쓰기는 중요하게 다뤄진다. 모세의 신명기 설교(신 32장), 다윗의 마지막 권면(삼하 23장), 예수의 십자가상에서 일곱 마디 말씀(눅 23:34; 요 19:30 등)은 모두 일종의 유언이다. 바울 역시 디모데후서를 통해, 자신의 죽음을 앞두고 후계자인 디모데에게 신앙의 유산을 남긴다(딤후 4:6-8).

오늘날 글쓰기는 단순한 문학적 행위가 아니라, 자신의 삶을 반추하고 후대에 남기는 과정이 된다. 유언과 유서는 생을 정리하는 마지막 글쓰기인 동시에, 자기 고백과 신앙 고백이 될 수 있다. 신앙적 유산을 남기는 글쓰기는, 사도 바울이 디모데에게 남긴 편지처럼 다음 세대에게 영적 가르침을 전하는 역할을 한다.

자서전과 유서의 가장 큰 차이는 시점이다.

> 자서전은 삶을 살아가는 과정에서 기록하며, 유서는 죽음을 준비하며 남긴다. 그러나 둘은 서로 연결되어 있다. 신앙인으로서의 삶을 기록한 자서전은 결국 믿음의 유산을 후대에 남기는 사명적 유서가 될 수 있다.

대표적인 예로 아우구스티누스의 《고백록》은 개인의 신앙 고백이지만, 동시에 후대 그리스도인들에게 남긴 영적 유산이다. 디트리히 본회퍼의 《옥중 서신》도 신앙적 유서의 역할을 한다. 한국 교회사에서도 주기철 목사나 손양원 목사의 순교 기록은, 유서이자 신앙 자서전적 성격을 가진다.

그리스도인은 유서를 사명으로 써야 한다. 단순한 재산 정리가 아니라, 신앙의 고백과 후대에게 남길 영적 가르침을 담아야 한다. 이것이 성경의 위대한 인물들이 보여준 유언적 글쓰기의 본질이다.

삶과 죽음의 경계에서 쓰는 글은 가장 진실한 글이 된다. 인간은 죽음을 의식할 때, 가장 솔직해지고 본질적인 가치에 집중하기 때문이다. 사형수들의 마지막 편지, 임종을 앞둔 이들의 글, 전쟁 중 병사들이 남긴 편지들은, 그들의 삶의 핵심을 압축적으로 담고 있다. 성경에서도 예수의 마지막 기도(요 17장), 바울의 마지막 편지(딤후 4장) 등 순교자들의 고백은, 삶과 죽음의 경계에서 쓰인 글의 진실성을 보여준다.

오늘날 우리는 죽음을 직접 경험하지 않고도 글을 통해 그 경계를 성찰할 수 있다. '죽음 명상'(memento mori)과 같은 기독교적 전통은, 우리에게 죽음을 준비하는 글쓰기를 권장한다. 나에게 남은 시간이 얼마 남지 않았다고 가정하고 글을 써보는 것은, 삶을 더 깊이 이해하는 도구가 된다. 삶과 죽음의 경계에서 글을 쓰는 것은, 단순히 죽음을 준비하는 것이 아니다. 오히려 삶을 더욱 의미 있게 만드는 과정이다.

생사학(生死學, Thanatology)은 죽음을 연구하는 학문이지만, 그 핵심은 살아 있는 사람들에게 영향을 미친다는 점에 있다. 죽음에 대한 이해가 깊어질수록 삶의 태도도 변화한다.

호스피스에서 일하는 사람들은 죽음을 가까이하면서 삶의 본질적인 가치를 더 깊이 깨닫는다. 암 투병 중인 사람들이 기록한 글은, 죽음을 준비하는 동시에 삶을 더 소중히 여기는 태도를 보인다. 그리스도인의 사명적 유서는, 바울과 순교자들의 글에서 볼 수 있듯이, 믿음의 유산을 후대에 전하는 사명적 자서전과 연결된다.

삶과 죽음의 경계에서 쓰는 글은 가장 진실하고 본질적인 글이 된다. 기독교에서는 생사학이 단순히 죽음을 준비하는 것이 아니라, 영생을 준비하는 과정이 된다. 바울이 "나는 날마다 죽노라"(고전

15:31)라고 한 것은, 죽음의 의미를 묵상하며 날마다 자신을 하나님께 다시 내어맡기는 삶을 의미한다.

생사학을 공부하면 인간은 '지금 이 순간'을 더 깊이 살아가게 된다. 죽음을 직면할 때 우리는 삶을 낭비하지 않으려 하고, 더욱 사랑하고, 더욱 감사하게 된다. 글쓰기에 생사학적 관점을 가져오면 글쓰기는 삶의 의미를 발견하는 더욱 강력한 도구가 될 수 있다.

신앙인으로서 우리는 단순히 살아가는 글쓰기에서 멈추는 것이 아니라, 궁극적으로 우리의 신앙과 삶의 의미를 정리하여 후대에 남길 글을 써야 한다. 이것이 사도들이 보여준 글쓰기의 본질이며, 신앙적 유서와 자서전이 만나는 지점이다.

이제 나의 고백록이 믿음의 머릿돌이 되게 하라.

3편

말을 가슴에,
그 조각의 흔적

내 호흡 남기기

씨를 뿌리고 새가 깃드는 나무가 되었다. 하늘을 향해 춤을 추고 노래를 부르던 나무는 조용히 눈을 감는다. 벗겨진 살은 종이가 되고 태워진 뼈는 숯이 되었다. 백지 위에 연필이 구를 때마다 글이 되어 영혼과 하나가 된다.

🦋 내 호흡 남기기

또 내가 들으니 하늘에서 음성이 나서 이르되 기록하라 지금 이후로 주 안에서 죽는 자들은 복이 있도다 하시매 성령이 이르시되 그러하다 그들이 수고를 그치고 쉬리니 이는 그들의 행한 일이 따름이라 하시더라. _ 요한계시록 14장 13절

자서전 쓰기 강단

톨스토이는 작가였지만, 무엇을 쓸 것인가 보다 어떻게 살 것인가를 고민한 사람이었다. 그가 종이에 쓴 것은, 그런 자기의 생각을 흔적으로 남기는 것이었다. 사람의 존재는 사람이라는 존재로 남지 않는다. 신이 될 수도 있고, 악마가 될 수도 있고, 짐승보다 못한 존재가 될 수도 있는, 자유 의지의 선택권이 있는 존재다.

자서전 쓰기는 자신에 대한 질문이 시작되는 작업이다. 자서전은 내 과거의 기록과 기억을 넘어, 내일의 내 모습과 꿈에 대한 고백이다. 생애사를 건너 존재의 이유를 찾고자 하는 영혼의 소리다.

지금 나는 내 인생의 징검다리를 만들고 있다. 지나온 일들을 정리한다는 것은 현재의 시점에서 미래를 설계하는 것이다. 그런 이유로 정직해야 하며 담대해야 한다.

나에게 스스로 말하는 것처럼 솔직한 것은 없다. 나와의 대화는 가장 순수해야 한다. 외면과 사랑 그리고 용서의 과제다. 이것은 나의 가장 아름다운 인생을 만드는 작업이다.

글쓰기 강의를 하면서 여섯 개의 단락을 만들었다.

시작하는 첫째 날은 '왜 우리가 자서전을 써야 하는가'의 총론과 '어떻게 시작할 것인가'의 서론을 강의하였다. 내가 살펴야 할 것들은 총체적으로 상처, 자아 존중감, 관계성, 삶의 의미 등이다. 시작하는 날은 삶의 전체적인 모습을 살펴보면서 자기를 이해하는 시간이라고 생각했다. 글쓰기의 설계도를 폭넓게 그리는 것이다.

둘째 날은 제목 정하기(소제목 100개)를 과제로 삼아, 자기 무의식 깊은 곳에서 원하는 것을 얻기 위한 주제를 세밀하게 만들어보았다.

셋째 날은 단어 모으기를 통하여 어떻게 글을 써야 하는가에 대한 강의를 했다. 사전 찾기와 단어의 이해, 단어의 활용 등 기초적인 글쓰기 법을 활용함으로써 참신성과 신선함을 유지하고 기대하도록 설명하였다.

넷째 날은 단어의 조합을 통한 문장 세우기를 설명하고, 문장의 이음과 붙임에 대한 짜임을 설명하였다. 잘 지은 문장을 소개하고, 그 문장을 어떻게 활용해야 하는지에 대한 서로의 의견도 나눠보았다.

다섯째 날은 한 편의 제목 아래 쌓아올린 글을 가다듬는 퇴고의 시간이었다. 자신의 성장과 변화를 자연스럽게 정리하면서 문장을 다듬어 가는 과정을 설명하였다.

마지막 여섯째 날은 그동안의 것들을 정리하고, 또 다른 한편의 글을 생각하고 만드는 시간을 가지면서 마무리하였다.

글을 쓰는 나만의 공간을 가지고 생각하라. 글이 집중될 수 있다. 비밀의 공간은 나만의 은밀한 자신이다. 벌거벗은 내 모습도 보고, 상상을 풀어놓은 상자를 뒤집어보기도 한다. 글은 그곳에서 주워야 한다. 아무도 모르는 곳이 아닐 수도 있다. 종이와 펜이 있는 곳이라면 그곳은 나만의 공간이다.

● 자서전 쓰기는 단순한 글쓰기가 아니다. 자서전을 포장하고 예쁘게 꾸미기 위해 글을 잘 쓰려는 것은 더욱 아니다. 글쓰기는 내 마음의 감정을 정확하게 짚어보고, 누군가의 마음에 닿기 위한 도구다.

여섯 번의 강의가 그들에게 동기와 용기를 주고 감정을 살릴 수 있다면, 의도하는 모든 것을 채운 것이다. 호흡 남기기는 살아온 날들의 나를 남기며 그 긴 줄을 따라 살아갈 날들의 꿈이 담겨 있다. 우리는 마침내 시작의 걸음을 걷게 된다. 내가 보이면, 그 길을 걸어갈 힘이 생긴다. 자서전 쓰기는 내일의 나를 지금 만드는 것이다.

생애가 글이 되는 세 가지 길: 시선, 이름, 손끝

"여호와 하나님이 땅의 흙으로 사람을 지으시고 생기를 그 코에 불어넣으시니 사람이 생령이 되니라 여호와 하나님이 동방의 에덴에 동산을 창설하시고 그 지으신 사람을 거기 두시니라"(창 2:7-8).

창조는 완성된 것으로 씨를 만들게 하였다. 닭이 먼저며, 꽃이 먼저다. 닭이 알을 낳고 그 알에서 닭의 새끼가 나올 수 있도록 한다. 꽃은 씨를 뿌리고, 씨는 자라 꽃이 되고, 열매를 맺는다. 아담과 하와는 완성된 사람이며, 감정 또한 완전하다. 모든 책임과 결과는 어른으로부터 시작되고 결론을 맺는다. 자서전은 완성된 자신이며, 열매를 맺은 나무다.

노래를 흥얼거리는 사람을 가수라고 하지 않는다. 가수는 최선을 다해 그 노래의 가사와 음률을 소화하고 목소리를 조절한다. 낙서를 글이라 하지 않고 그림이라고 하지 않는 것도, 나오는 대로 생각 없이 가볍게 그렸기 때문이다. 글을 잘 쓰려면 수많은 생각을 하고, 연습을 하고, 최선을 다해야 한다. 가수가 되려면 노래를 흥얼거리고, 연습을 하고, 음을 조절해야 한다. 그 과정이 없는 가수는 없다.

글을 쓰기 위해서는 남이 쓴 글을 읽어야 하고, 무엇이든지 써야 한다. 창작의 첫 단계는 '관찰'이다. 자서전의 시작은 나를 '관찰'하는 것이다. 하루를 살아낸 내 마음의 움직임, 작은 말의 반응, 때아닌 침묵과 지나친 분노, 스스로도 놀란 눈빛 하나까지도 다시 바라보는 것이다. 내가 누구인지, 어떤 사건 앞에서 어떻게 반응했는지를 자세히 바라보는 일이 선행되어야만, 진실한 자서전이 가능하다. 쓰고 싶은 욕망과 열정이 있어도, 나를 살펴보지 않는다면 내 이야기를 정리할 수 없다. 자서전은 자기 자신에 대한 깊은 경청이며, 영혼을 향한 묵상의 시작이다.

앞으로 생을 살아야 하는 모든 사람들이, 그들이 살았던 삶의 흔적을 남기는 책임과 혜택을 알게 하는 것이 자서전의 선언이다. 어떠한 길을 걸었든지 그가 느끼고 경험한 것은, 또 다른 삶을 살아가는 이들에게 교훈이 될 것이다. 표현이 달라도, 방법론이 바뀌어도, 핵심이 흔들려도, 무엇을 기준으로 삼을 것인가는 읽는 이의 판단이 될 것이다.

제목을 먼저 만들어야 한다. 제목은 주제다. 제목은 아직 쓰지 않은 문장의 방향이고, 아직 고백되지 않은 마음의 중심이다. 그래서 제목을 정한다는 것은 내가 걸어온 길을 한 단어로 정리하는 일이며, 앞으로 걸어갈 여정을 먼저 바라보는 일이다. 하나님 앞에서 던지는 한 줄의 기도처럼, 제목은 삶의 단단한 외침이 아니라, 부드럽고도 확고한 고백이어야 한다. 내 글이 어디를 향해 가는지를 알려주는 등불, 길을 잃었을 때 되돌아갈 수 있는 묵상의 시작점이다. 또 제목을 짓는다는 것은, 한 생애 전체에 이름을 붙이는 일이다. 그 안에 감춰진 의미를 조용히 드러내고, 아직 쓰이지 않은 고백의 결론을 미리 떠올려보는 일이다.

실제의 자서전 쓰기 과정에서 제목은, 내가 쓰고자 하는 삶의 결론을 떠올리면서, '나는 어떤 사람인가', '무엇을 말하고 싶은가', '이 글의 마지막 문장은 무엇이 될까'를 스스로 질문하면서 정하면 된다. 제목은 길을 비추는 등불이고, 방향을 잃지 않도록 붙잡는 나침반이다.

● 설계도를 만들지 않으면 관점과 본질이 흐려질 수가 있다. 설계는 기승전결로 하든, 서론, 본론, 결론으로 하든, 전체 흐름 속에서 핵심 메시지를 일관되게 담아내야 한다. 그 흐름이 논리적으로 이어질 때, 서론과 결론은 단지 시작과 끝이 아니라 중심을 감싸는 의미의 틀이 된다.

글은 누군가에게 나의 생각과 경험, 그리고 감정을 들려주는 것이어야 한다. 가르침도 아니고 강요도 아니다. 내가 하고 싶은 긴 이야기다. 그래서 상대가 있어야 하고, 독백으로 해서는 안 된다. 그리스도인의 자서전은, 신앙의 달인이 되고 믿음의 완성자가 되는 고백이 아니라, 십자가에서 녹아 스며드는 과정을 그리는 글이 되어야 한다. 자서전의 정체성이 바로 흘러가는 물의 소리여야 한다는 것이다.

가장 좋아하는 문필가의 글을 필사해보는 것도 좋다. 문장을 베끼는 것이 아니라 그 문장의 호흡을 따라가 보는 것이다. 왜 저 문장이 그렇게 깊은지, 어떤 단어가 문장을 끌어당기고 있는지, 어떤 형용사가 정서를 붙잡고 있는지를 알아가는 것이다. 신앙의 부모님 같은 분의 간증에서 묻어나오는 여정도 좋고, 나와 비슷한 친구 같은 이의 경험도 도움이 될 것이다.

필사는 묵상의 손이다. 문장을 따라 써내려가는 손끝에서 글의 구조와 정서, 영감과 흐름이 서서히 몸에 배어든다. 이것은 영혼의 호흡이 된다. 접속사 없이 글쓰기를 연습하는 것도 좋다. '바람이 불어온다. 그리고 낙엽이 그 몸에 실렸다.' '바람이 불어온다. (그리고) 낙엽이 그 몸에 실렸다.' 늘어지는 글이 아니라 간략하게 쓰는 것도 좋다. 소리 내서 읽어라. 메모하라.

순수 문학을 하려면 재능이 필요하지만, 그리스도인의 고백론은 믿음의 대상에 대한 진실한 감정이 있으면 된다. 그렇게 되면 글은 자연스럽게 써지고 만들어진다. 의사소통에서 언어의 중요성은 7퍼센트밖에 없다. 나머지 93퍼센트는 비언어적 영역(청각 38%, 시각 55%)이 좌우한다. '메러비안의 법칙'이라고 하는 이론이다.

말은 편하지만 일괄성과 논리가 글에 미치지 못한다. 대충해도 충분히 공감이 가고 그 뜻을 이해할 수도 있다. 그러나 오래 가지 못하고 고칠 수 없다는 단점이 있다. 글은 말의 모호성을 채운다. 그래서 말은 글이 될 때 완성되는 것이다.

먼저 목차를 만들자

글을 써야 한다는 발상은 엄청난 진보다. 이런 반복된 생각은 자연스럽게 설계도를 그린다. 간단하지만 전체의 줄거리가 기다리는 도면이다. 두서없이 모인 글감이라도, 쓰다보면 정리되고 비슷한 것끼리 모인다. 이러한 줄기를 정리하는 것이 목차다. 목차는 글의 설계도이자, 독자를 위한 지도로서 글쓰기의 방향과 논리를 정리하는 중요한 과정이다. 단순한 제목 나열이 아니라, 글의 흐름을 체계적으로 구성하고, 독자가 글을 효과적으로 이해하도록 돕는 역할을 한다.

목차를 만드는 과정은, 글을 논리적으로 정리하고 핵심 메시지를 선명하게 만드는 작업이며, 글의 완성도를 높이는 필수적인 단계이다. 그 의미는 글의 구조를 명확하게 정리하는 역할이며, 글의 전체적인 흐름을 파악하고 논리적 전개를 구축하는 과정이다. 주제의 중요도와 순서를 정리하여 독자가 자연스럽게 내용을 따라갈 수 있도록 한다.

목차는 글이 다루는 핵심 내용을 한눈에 보여주는 역할을 한다. "이 글에서 무엇을 이야기할 것인가?"라는 질문에 대한 답을 목차로 표현할 수 있어야 한다. 독자는 목차를 보고 전체 글에서 어떤 내용을 기대할 수 있는지 예측할 수 있다.

글을 읽는 순서와 중요도를 알게 되며, 관심 있는 부분을 쉽게 찾아볼 수 있다. 목차를 먼저 만들면, 글을 쓰는 도중 길을 잃지 않고 논리적 일관성을 유지할 수 있다. 흐름이 어색하거나 중복되는 부분을 미리 조정할 수 있어 더 정돈된 글을 완성할 수 있다.

목차 만들기에는 기본적 구조를 갖추는 것이 포함되어야 한다. 서론, 본론, 결론을 통하여 정리하고 경험과 감정을 자연스럽게 풀어내는 흐름이 되게 한다.

주제를 잡게 되면, 그 틀에 살을 붙이면 된다. 부분을 만들면서 전체를 만들어 가면 된다. 글쓰기에 가장 우선되는 것은 용기다. 처음부터 잘 쓸 수는 없다.

모든 초고는 쓰레기다. 초고를 완성된 글처럼 잘 쓸 수는 없다. 퇴고로 쓰자. 쓰기와 고치기를 분리하라. 바둑은 한 번 놓으면 물릴 수 없다. 그러나 글은 수백 번 물릴 수 있다. 쓰는 시간을 최소화하고 고치는 시간을 늘려라. 허접한 글을 쓰고 고치기를 연습하라.

목차는 이런 모든 것들의 요약이며 상표다. 목차의 제목은 글의 핵심 내용을 반영하면서도, 짧고 직관적으로 전달되어야 한다. '흥미로운 제목'과 '명확한 정보 전달' 사이에서 균형을 맞추는 것이 중요하다. 너무 세부적으로 쪼개지 말아야 한다. 지나치게 많은 하위 항목을 만들면, 글이 산만해지고 주제가 희미해질 수 있다. 핵심적인 내용 위주로 정리하되, 필요한 경우에만 세부 목차를 추가해야 한다.

논리적 흐름을 깨지 말아야 한다. 목차를 만들다 보면, 같은 내용을 다른 위치에서 반복하게 될 수도 있다. 논리적으로 순서가 자연스러운지 점검하고, 불필요한 중복을 줄이는 것이 중요하다. 목차가 너무 모호하거나, 지나치게 단순하면 독자의 흥미를 끌기 어렵다.

좋은 목차는 단순한 제목 나열이 아니라, 글의 핵심 메시지를 효과적으로 전달할 수 있도록 구성된 것이다. 목차를 먼저 잘 정리하면 글을 쓰는 과정이 훨씬 수월해지고, 논리적인 흐름을 유지할 수 있다.

단어를 불러오라

글을 쓰기 위해서는 글을 수집해야 한다. 세상에 존재하는 모든 단어와 주제, 글과 말을 모두 수집해야 한다. 나는 그것을 글을 쓰기 위한 창고라고 말한다.

창고에 얼마만큼의 글을 모아 놓았는가. 그것이 글을 쓰기 위한 재료가 된다. 음식을 만드는 요리사처럼 집을 짓는 목수처럼, 재료는 필수다. 그것을 가지고 요리를 하고, 틀에 맞춰야 하고, 기둥을 세워야 한다. 좋은 재료가 맛있는 음식을 만들고, 멋진 집을 짓는다.

성경은 수많은 믿음의 언어가 넘쳐나는 풍요로운 창고다. 너무 익숙해서 선별할 필요도 없는 수없이 많은 재료가 성경이다. 절제된 언어를 수집하는 훈련이 필요하다. 단어는 독립된 자아다. 건축을 하기 위해 가장 먼저 하는 작업이 재료 모으기다. 글을 쓰기 위해 가장 우선된 것은 단어와 문장을 모으는 것이다. 생각나는 대로 한 줄씩 모아야 한다. 멋진 글도 있을 것이고, 조잡하게 느껴지는 글도 있을 것이다.

글쓰기는 창작을 한다고 하지만, 모방과 발견과 이삭줍기다. 단어 줍기의 영감을 얻기 위해서는, 사전 보는 연습을 해야 한다. 글을 쓰는 사람들은, 생각이 나지 않으면 글을 읽거나 사전을 뒤적거리며 혼자 말을 한다. 그곳에서 감동이 가는 한 줄의 글을 모은다. 글은 언어의 조각을 맞추는 작업이다. 그냥 주워서 담는 그릇이 아니고, 그 속에 감성과 사상과 철학과 신앙을 담는 것이다. 많은 언어를 만드는 것은 재료다. 많은 재료가 있을 때 좋은 음식이 만들어지는 것과 같다. 재료를 가지기 위해서는 많은 노력이 필요하다.

● 영혼의 재료를 얻기 위해서는 절절한 기도가 필요하다. 세상에서 볼 수 없고 만들 수 없는, 상상으로 꾸밀 수 없는, 그런 것들을 담아와야 한다. 그것은 영감이며 성령의 음성이다.

똑같은 재료를 가지고 여러 가지 음식 맛을 낼 수 있듯이, 성경의 조각 재료들을 어떻게 할 것인가를 생각하여야 한다. 그 재료는 어떻게 배열하느냐에 따라 탄식이 되기도 하고, 찬송이 되기도 한다. 단어 하나를 어디에 두느냐에 따라, 그 글은 기도가 되기도 하고, 고백이 되기도 하고, 때로는 침묵의 무게를 품은 기다림이 되기도 한다. 글은 단지 문장을 잇는 기술이 아니라, 단어 하나에 영혼을 싣는 일이다. 시편 기자가 그토록 절제된 언어 안에 울부짖음을 담았던 것처럼, 우리도 모은 단어를 조심히 다루어야 한다. 언어는 빛이 되고, 빛은 길이 된다. 글을 쓴다는 것은 결국, 그 길을 따라 하나님께 나아가는 일이다.

누구도 묻지 않는 것, 알고 있지만 말할 수 없는 것, 신과 공유하는 나의 질문이다. 신성한 비밀이다. 시편은 이런 비밀스러운 공유를 엿볼 수 있는 책이다. 하나님 앞에 있는 인간의 모든 감정이 가리지 않고 펼쳐져 있다. 기쁨과 노래, 분노와 슬픔, 원망과 사랑이 뒤섞여, 아무 꾸밈없이 흘러나온 믿음의 언어다. 이러한 진솔한 감정과 믿음의 고백이 때로는 날 것으로, 때로는 정제된 언어, 함축적 언어로 쓰여 있다.

성시는 고백과 참회로 비밀을 터는 예언이다. '네가 어디 있느냐'의 대답이며, '네가 먹었느냐'의 통곡이다. 성시의 나타남은 함축된 단어의 등장이다. 시인은 단어의 결을 뒤틀어 감춰진 빛을 끌어내고, 글을 쓰는 이는 그 빛을 질서 있게 담아내는 그릇을 만든다. 언어의 파편을 품어 온전한 숨결로 이어붙이는 일이 곧 글쓰기다.

물이 아무 곳이나 가는 것처럼 보이지만, 결코 그렇지 않다. 높은 곳에서 낮은 곳으로 가고, 모두가 막힌 곳에서는 고인다. 물을 가두어놓은 그릇이 작으면 반드시 넘친다. 글도 규칙이 있다. 어지럽게 흩어진 단어와 언어를 단정하게 종이에 담아 놓았을 때 글이 된다.

누구도 묻지 않는 것, 알고 있지만 말할 수 없는 것, 모두 글에서 정리될 수가 있다.

글은 책임을 가진다

한 문장 안에 15개 정도의 글자만 넣어보자. 문장이 짧으면 읽기가 편하다. 생각도 간결해진다. 책은 제목만 읽어도 전체적인 내용을 추측할 수 있다. 나머지를 더 알고 싶을 때 더 읽으면 된다. 그래서 제목도 독서다. 홀로 있을 때 책은, 친구가 되어주기도 하고 애인이 되기도 한다. 자서전도 전달하는 글이다. 자기만 만족하는 글이 되어서는 안 된다. 문장의 내용에 하나의 생각을 담는다. 말을 더듬거리는 사람은 많은 생각을 한꺼번에 말하려 하기 때문이다. 그냥 생각을 한 가지 말로 정리해야 한다. 글은 정리다.

글이 어렵다면, 짧은 글부터 쓰면 쉬워진다. 주어는 가능하면 핵심의 단어가 좋다. 중요한 부분을 앞에 강조하면, 뒤에 있는 문장들이 궁금하기도 하고 예측되기도 한다. 시간이 없어 혹시 뒤의 것들을 읽지 않았더라도 결론을 미리 추론할 수 있다.

두괄식 문장을 써보자. 가장 중요한 것은 먼저 써보는 것이다. 마지막 문장을 제일 먼저 쓴다. 즉 결론을 내리고 내용을 적어가는 형식이다. 전체의 구도를 잡고 글을 써야 하기 때문에 구성 능력을 갖추어야 한다.

창조는 질서다. 흩어진 단어는 혼돈하고 공허하며, 흑암이 깊은 곳에 있다. 그것을 정리하면 이야기가 된다. 빛을 낮이라 칭하고 어두움을 밤이라고, 이야기를 만든다. 근본적 사실을 비유와 형상으로 다듬어나가는 것이다. 궁창에 광명이 있어 주야로 나뉘게 하신 것처럼 나누기도 하고, 물을 모이게도 하고, 그것을 번성케 하는 작업을 하는 것이다.

하나하나의 단어에 생명을 주고 그것을 가지고 의미를 담는 것이다. 단어를 정복하고 다스리는 것이다. 삶을 규정하는 모든 것은 자기 증식에서 이루어진다.

> 생을 남용해서도 안 되고 남을 의식하지 않는 자유로움도 안 되는 것처럼, 글은 모든 책임을 스스로 져야 한다. 세상은 도덕적으로 스스로의 지탄을 넘어 방임의 칼날에 쓰러지고 있다. 글이 올바른 방향을 잃었기 때문이다.

남을 의식하는 호기심 충족의 비판이 도를 넘어가고 있다. 새로 나의 인생을 시작해야 한다는 것처럼, 어쩌면 이제까지 힘들게 살아온 사람에게 잔인한 요구일지도 모르는 것처럼, 이제까지의 글쓰기를 새로 시작해야 한다. 이제는 모든 것을 다 내려놓고 편안히 쉬어야 한다고 위로하는 편이 훨씬 쉽다. 세상을 살아보니, 열심히 한다고 무엇이 성취되는 것도 아니고, 노력한다고 성공하는 것이 아님도 이제는 안다.

능력에 비해 운이 결정적 역할을 한다고 생각될 때가 많다. 그런 생각이 널리 퍼져 있다면, 운을 갖지 못한 사람들을 운 좋은 사람들이 배려해야 한다. 글을 먼저 쓰게 된 사람도 길잡이가 되어야 한다. 나이가 들면 전관예우처럼 대우를 받는 데 익숙해져서, 글을 쓰고도 그런 대접과 예우를 원하는 일이 있기 때문이다.

너희가 사는 것이 모두 우리가 그렇게 했기 때문이라는 자존심과 의식을 가지고 있다면, 그것은 자위다. 이제까지 일했으면 그 정도의 대우는 받아야 한다는 말인데, 그것을 너무 야박한 비판으로 몰아가면 안 된다는 주장도 있을 수 있다. 도덕이라는 미명 아래 그렇게 어른을 공경하라고 원칙을 세웠던 지난 시절을 그리워할 필요도 없다. 지금 일하면 언제나 현역이 된다. 공경과 존경은 당연히 뒤따라온다. 지금 사회와 세상이 바뀌었다는 냉엄한 현실을 잊어서는 안 된다. 세상은 이제 너무 빠르고 투명해져서 은근함과 느림이 없다. 나이를 먹었다고 생각이 끈적거려서는 안 되는 것처럼, 글을 쓰면서 자만을 가져서는 안 된다.

오랫동안 피로가 누적되고 세상에 적응하지 못하는 시간이 닥쳐 올지도 모른다. 체력이 바닥이 나서 힘이 들지도 모른다. 가벼운 몸살로 의욕이 떨어질 수도 있다.

성경을 따라 쓰는 자서전은, 다시 낯선 곳으로의 도전인 것이다. 이제 삶이 길어진 세상이 되었다. 그만큼 세상에서의 기회가 늘어날 수도 있고, 시험의 시간이 길어진 것도 있다.

살아서 듣는 책임이 이제 길어졌다. 내 생각에 책임을 지는 글쓰기를 하라.

기도의 실재를 상상하라

질문은 답의 반쪽이다. 하나님을 향한 끊임없는 질문은 영혼의 기도문이다.

모세처럼 들어라. 다윗처럼 찬양하라. 베드로는 거침이 없다. 바울은 호소한다. 그렇게 상상할 때 기도는 실재가 된다.

방주에는 많은 사연이 있다. 노아만 그곳의 주인공은 아니다. 방주를 떠난 많은 사람들이 있고, 선택받지 못한 짐승과 새도 있다. 노아에게도 웃음만이 있는 것이 아니다. 죽은 자보다 더한 고독이 있고, 슬픔이 있고, 아픔이 있다. 그에게 이웃이 있었고, 지독한 외로움도 있었다. 가족 모두 그의 편에서 그를 도운 것이 아닐지도 모른다. 또 다른 그들의 이야기가 있다. 여호수아의 용기에 더해진 좌절과 고독을 보자. 그런 긴 이야기가 바로 거룩한 독백이다.

창작은 우리가 돌아가야 하는 에덴의 모방이어야 한다. 그런 욕구가 간절한 회복의 찬가를 그릴 수 있다. 세상은 홀로 사는 곳이 아니다. 사람은 공동체를 이루며 사는, 하나님을 닮은 형상들이다. 모두 형제가 되고 자매가 되고 모친이 되어, 에덴을 꿈꾸는 그리스도인이 되자. 영육의 홀로 사는 세상은 존재의 가치를 잃어버리는 무의미한 삶이 된다.

인터넷과 스마트폰의 등장은, 지속적인 관계보다는 쉽게 맺고 끊을 수 있는 관계를 일상화시켰다. 자유는 커졌지만, 그만큼 외로움도 위험도 커졌다. 관계를 책임지려는 애씀보다는 회피하려는 선택이 쉬워졌다. 교회 공동체조차 서로를 위해 책임지는 '신앙적 동행'이 느슨해졌다. 이제 공동체적 고백이 해체되고, 신앙은 자기 안으로만 접혀들었다. 믿음은 고백이 아니라 소비가 되었다. 이 혼미한 세상, 홀로 드리는 예배가 아닌 공동체적 예배를 회복해야 한다.

자서전은 조서다. 정의가 위선이 될 때도 있다. 부끄러움에 갇힌 자존심의 문제가 아니라, 복음의 문제다. 누구나 할 말이 많다. 그 하고 싶은 말들을 모두 해야 한다. 시작이 있다면 끝이 있다. 그리고 글은 생각의 정리가 아니라 압축이다. 그 많은 이야기를 어떻게 글이 대신할 수 있겠는가. 어렵게 꾸미려고 하지 말고, 너무 쉽게 흩어놓아도 안 된다. 우리는 지나치게 스스로의 의도에 맞추려는 경향이 있다. 내 방에서 내가 정리한 물건처럼 내 것으로 진열하려 한다.

내 인생의 모든 것을 정리해야 하는 이유는, 어떻게 살아야 할 것인가 만큼이나 다양하다. 그리스도인에게 자서전 쓰기는 자신의 삶을 고백으로 남겨 복음의 증인이 되는 엄숙한 선서다.

글은 절제된 삶의 의미다. 그래서 기도의 산물이다. 시작과 끝이 모두 기도의 산물이 되어야 하며, 말하는 것이 아니라 '영감적 귀 기울기'가 정답이다. "보혜사 곧 아버지께서 내 이름으로 보내실 성령 그가 너희에게 모든 것을 가르치고 내가 너희에게 말한 모든 것을 생각나게 하리라." 요한복음 14장 26절의 말씀이다. 시편 42편 1절에서 다윗은 "하나님이여 사슴이 시냇물을 찾기에 갈급함 같이 내 영혼이 주를 찾기에 갈급하니이다"라고 고백한다. 기도의 글쓰기처럼 쓰라.

영혼을 토하라

외형이 번지르르한 작품은 감성적이고 감각적이다. 눈길을 사로잡지만, 오래 머물지 못한다. 내면의 아름다움을 채우기 위해서는, 영혼에서 부르는 소리가 되어야 한다. 겉이 아닌 속에서 울려 나오는 떨림이 글을 숨 쉬게 한다. 깊은 고백은 화려함보다 조용한 진실에 닿는다.

우리는 종종 작은 것들에 실패한다. 관계에서도, 말 한마디의 결에서, 눈빛 하나의 어긋남에서 마음이 다치고 돌아서버리기도 한다. 다시는 그를 보지 않겠다고 마음먹는 순간들, 그것은 큰 사건이 아니라 사소한 서운함 때문이었다. 거창한 논쟁이나 법적인 판단을 요하지 않더라도, 일상의 아주 작은 조각들이 삶을 통째로 흔들어 놓는다. 그러므로 내 삶에 대한 해석은 결코 누군가를 심판하는 정의의 잣대가 되어서는 안 된다. 내 생각과 논리는, 옳을 수도 있고 틀릴 수도 있다. 그 사실을 인정할 수 있다면, 우리는 비로소 소통할 수 있다. 그때 우리는 다투지 않고, 묻고 들을 수 있다.

하나님의 말씀도 우리는 그렇게 소통해야 한다. 하나님의 말씀대로 살 수 없다고 느끼는 순간, 우리는 하나님과의 대화를 거부하기도 한다. 하지만 그 거부는 곧 우리 안의 오답을 고집하는 일이 된다. 하나님은 기다리시고, 우리는 머뭇거린다. 글은 더욱 그러하다. 오로지 내 생각과 주장을 일방적으로 다루고 있기 때문에, 글은 위험할 수 있다. 진실이라는 이름으로 누군가를 몰아세우는 글은 폭력이 된다. 알 수 없는 글을 써놓고 그것을 이해하라고 요구하는 것은, 오만한 횡포다. 글은 묻는 것이어야 하고, 함께 걸어가는 호흡이어야 한다.

우리 삶에서 '행복'이란 단어는 언뜻 다정하지만, 실제로는 아주 짧고 민감한 순간일 수 있다. 행복하다고 느끼는 그 찰나, 곧 고통이나 불안이 스며들 수 있다. 그래서 "당신답게 살아라", "당신만의 길을 걸어라"라는 말들이 위로의 정답처럼 들리기도 한다. 하지만 그것 역시 스스로 감당해야 할 삶의 몫이다. 아무도 대신 살아주지 않는다. 진실이 때로는 거짓처럼 보이고, 거짓이 때로는 진실처럼 포장된다. 거짓은 의도된 것이기도 하고, 때로는 무의식적으로 생성된다. 그렇기에 더욱 우리는 서로를 향해 소통해야 한다.

로마서 7장의 바울처럼, 내 안에 선을 행하고자 하는 나와 악을 품고 있는 또 다른 나 사이에 끊임없는 대화가 있어야 한다. "곧 선을 행하기 원하는 나에게 악이 함께 있는 것이로다 내 속사람으로는 하나님의 법을 즐거워하되 내 지체 속에서 한 다른 법이 내 마음의 법과 싸워 내 지체 속에 있는 죄의 법으로 나를 사로잡는 것을 보는도다"(롬 7:21-23). 두 마음이 소통하지 않으면, 내 몸도 정의로울 수 없다. 신앙의 법도 윤리의 기준도, 그 틈에서 흔들린다.

우리는 우리 몸에 맞는 옷을 입지 못하고 살아왔다. 옷은 원래 체형에 맞게 지어져야 폼이 나는 법인데, 우리는 이 옷 저 옷을 억지로 걸친 채 살아남아야 했다. 사회가 주는 옷, 누군가 강요한 옷, 생존을 위한 옷들. 그것들은 늘 불편했고, 마음에 들지 않았다.

　이제는 우리의 옷을 찾아야 할 때다. 좋은 원단을 고르고, 마음의 선을 따라 재단하고, 손바느질로 정성껏 꿰매어, 마침내 우리만의 옷을 지어 입어야 한다. 그것은 다시 지어진 정체성이고, 새로 빚어진 존재의 고백이다. 성시는 그런 옷이다. 성경 따라 쓰는 글쓰기는, 하나님의 시선으로 나에게 맞추어진 내 영혼의 울음이며, 거룩한 언어로 수놓아진 눈물의 옷이다. 그 옷을 입는 순간, 우리는 비로소 나다워지고, 비로소 하나님 앞에 서게 된다.

드러남

　예배는 은혜 받고 설교를 듣고 찬양을 부르는 것이 목적이 아니라, 하나님께 영광을 드리는 것이 목적이다. 찬양과 기도, 설교와 헌금은 예배의 형식이다. 하나님과 하나 되는 드러남이다. 카지노에는 세 가지가 없다고 한다. 시계와 창문과 거울이다. 시간을 없게 하여 오직 돈을 따고 잃는 데 정신을 잡아놓기 위함이다. 낮과 밤이 없게 하여 빛을 차단한다. 어둠에 빠져 헤어나오지 못하게 하는 것이다. 마지막은 자기 자신을 볼 수 없도록 한다. 휑한 눈빛, 헝클어진 머리, 어둠 속에서 죽어가는 자기 자신을 볼 수 없도록 하는 것이다. 시간과 빛과 나 자신의 모습은 창조의 목적대로 지어졌지만, 그것을 잃어버리면 사탄의 자식이 된다. 사탄이 주는 어둠은 나를 보지 못하도록 한다. 자서전은 나를 비추는 거울이다. 시간을 찾고, 빛을 보며, 나 자신을 바라보는 내 존재의 목적을 실행하는 위대한 행위다.

자서전은 증거를 요구하지 않는다. 종이의 살을 베고 터져나오는 복음의 신음 소리다. "사람들이 나를 누구라고 하느냐…너희는 나를 누구라 하느냐…"(막 8:27-29). 이 두 가지 질문은 가르침이다. 지금 나를 세상 사람들은 무엇이라고 말하는가? 나는 누구인가? 자서전은 그 물음에 대한 또 다른 질문이며 답이다. 자서전에서 나타난 나의 대답은, 생명책에 이르기까지 함구된 수칙이다. 토라와 시편 그리고 하나님의 말씀을 근거로 시작된 영혼의 기도다.

● 자서전은 나의 죽음이다. 모세가 죽어야 할 아이로 태어난 것처럼, 예수가 죽어야 할 아이로 자란 것처럼, 청년 다윗이 광야에서 죽어야 하는 것처럼, 나는 내 흔적 속에서 죽어야 할 아이다.

죽음은 어설픈 혼란을 야기하지 않는다. 분명하고 확실하게 내가 살아가야 하는 푯대가 된다. 말씀이 육신이 되셨다. 말씀이 보이고 느껴지고 행동하는 것이다. 나의 말이 육신이 된다. 그것은 글이 되어 종이 위에 존재가 된다. 흔적은 살아 움직일 것이며, 많은 사람들에게 남겨질 것이다. 자서전은 나의 시간이 드러남이다. 지나온 시간과 지금, 내일의 시간이 내면의 수면에서 드러남이다.

아우구스티누스(Augustine)는 《고백록》에서 "과거는 기억 속에, 현재는 의식 속에, 미래는 기대 속에 존재한다"라고 말했다. 자서전은 나를 시간으로 보내신 하나님의 시간과 함께 존재하는 것이다. 하나님의 관점에서는 시간이 무의미하며, 영원(永遠, Eternity) 속에서만 진정한 실재가 존재하며, 그것은 나를 보고 있는 시간에서 발견할 수 있는 것이다.

인간이 경험하는 시간은 하나님의 영원한 존재를 반영하는 그림자다.

교회, 자서전이 멈추는 곳

"내가 이 반석 위에 내 교회를 세우리니"(마 16:18). 종이 위에 성전을 세우는 것, 나의 자서전이다. 언어유희의 장난이 아니라면, 지금 우리는 전율해야 한다. 부름 받은 무리의 모임이다. 하나님이 나를 부르신 장소며, 내가 응답한 흔적이 쌓인 성소다.

내 삶의 존재가 이어질 때마다 나는 또 다른 얼굴의 베드로가 될 것이다. 복음서에 그려진 강하면서도 약한 모습으로, 용감하면서도 겁이 많은 그가 사도행전에서는 놀랍게 변신하는 것처럼, 그렇게 내 흔적도 다듬어지고 새로워질 것이다. 돌처럼 단단하면서도 물처럼 흔들리는 나의 본성은, 성령의 불길 아래에서 서서히 형태를 바꿔가며 하나님이 쓰시는 그릇으로 조형될 것이다.

나의 자서전은 가필과 변형의 과정으로 심판받을 것이다. 종이 위에 세운 성전은 두 가지를 가지고 출발한다. 하나는 보이는 글자며, 또 다른 하나는 보이지 않는 관계다. 하나님과 나와의 관계, 사람들과 나의 관계다. 이 관계는 나의 문장을 형성하고, 내가 살아온 길을 다르게 해석하게 한다. 단어 하나에도, 내가 누구를 미워했고 누구를 사랑했는지가 숨어 있다. 글은 관계로 이루어진 구조물이며, 교회는 그 구조물이 하나님께 닿는 방향을 바로잡아 준다.

삶은 정답이 없다. 내가 살고 있었던 날에서 환경과 역사와 문화가 한 번도 같은 적이 없었고, 탄생과 두뇌가 동일하지 않았고, 본능과 이성의 출발이 뒤엉켜 있고, 규칙과 부조리가 경계가 없으며, 아무도 세상을 떠나는 날을 알 수 없기 때문이다. 답이 없는 것은 누구의 잘못도 문제도 아니다. 내 위치에서 그 모든 것을 수용하고, 배우고, 이해하고, 용서하는 것이 나에 대한 정직함이다. 우리는 그 기준에 하나님의 말씀을 놓고 삶을 살아가고자 기도하는 사람들이다. 나의 자서전은 그 기준으로 삶을 고백하는 장정(長征)이다. 그것은 정복이 아니라 순례며, 판단이 아니라 경청이며, 교만한 선언이 아니라 떨리는 진술이다.

언어가 혼잡하므로 말을 따라 흩어짐은 바벨의 비밀이 되었다. 나 자신의 흩어진 혼잡을 다시 모으고 부르는 것이 교회가 되었고, 그곳은 다시 하나의 언어가 되고 말이 되었다. 말들이 다시 노래가 되고, 흩어진 내 영혼의 파편이 하나의 문장으로 이어지는 순간, 교회는 종이 위에 세워지는 것이 아니라, 내 안에 거처를 정하신 하나님의 장막이 된다.

'자, 벽돌을 만들어 견고히 굽자', '역청으로 진흙을 대신하고 탑 꼭대기를 하늘에 닿게 하자'. 지금 우리는 다시 돌아가 바벨의 어두운 탑을 올리고 있다. 교회는 하늘의 언어다. 땅의 언어는 흩어졌지만, 하늘의 언어는 하나가 되어야 한다. 오만하게 하늘을 찔렀던 바벨의 언어가 쓰러졌고, 흩어진 언어는 이제 세상의 끝을 향하여 달려야 한다. '땅끝까지'. 하늘이 내려준 마지막 언어다. 하나님의 말씀은 하늘에서 내려온 언어며, 자서전은 그것을 다시 인간의 말로 풀어 쓰는 번역의 여정이다.

사명은 강요가 아니라 마음에서 나온다. "모든 지킬 만한 것 중에 더욱 네 마음을 지키라 생명의 근원이 이에서 남이니라"(잠 4:23). 성령을 모시고 순종하는 것은 내 마음이다. 입에서 나오는 것은 사람을 더럽게 하지만, 마음의 결정은 선을 쫓는다. 내 말이 복음을 거스르지 않도록, 내 문장이 하나님의 성품을 잃지 않도록, 우리는 날마다 글 앞에서 겸손해야 한다.

교회에 마음을 두라. 나의 자서전은 그곳에서 멈출 것이다. 그러나 그 멈춤은 끝이 아니라, 성전의 문 앞에 잠시 무릎 꿇고 숨 고르듯, 다음 장을 열기 위한 신성한 쉼이다.

종이 신문과 사진

〈마우트하우센의 사진사〉(Mauthausen)라는 영화가 있다. 2018년 스페인 출신 마르 타르가로나 감독이 실화를 바탕으로 만든, 오스트리아의 악명 높은 마우트하우센 수용소를 그린 영화다. 주인공 프랑시스코가 수용소의 모든 것을 기록하는 사진사로 사역하면서, 나치의 만행이 담긴 필름을 만들고 그 지옥의 참상을 세상에 고발하고자 싸웠던 이야기다. 사진 따위에 목숨을 걸었던 그에게, 사진은 생명보다 귀한 사명이었다. 7천 명 이상의 스페인 포로에게 역사의 기록자가 된다. 실제 인물이었던 프랑시스코 부아(1920~1951)의 이야기다. 진실을 남기고자 했던 양심의 사진사를 통해 우리는 무엇을 남겨야 하는가. 그가 남긴 사진은 지워지지 않는 글이었다.

워런 버핏은 10대 청소년 시절 4년 동안 신문 배달원으로 일했다. 지금도 매일 5개의 신문을 읽는다고 한다. 1977년에는 뉴욕의 〈버펄로 뉴스〉를, 1911년에는 마하 지역 신문인 〈월드 헤럴드〉를 사들였다. 지금은 지역 일간지와 주간지 수십 개를 인수해 경영하고 있다. 그는 2년 전(2012, 저자주) 자신이 소유한 신문사 발행인과 편집장에게 보낸 편지에서 "나를 신문 중독자로 불러달라"고 주문했다. "세상을 이해하려면 어릴 때부터 신문을 꼭 읽어야 한다." 신문 사랑과 신문 읽기의 중요성을 강조한 일화로 잘 알려져 있다. 그는 흔적을 남기기 위해 읽고 생각한 것이다. 신문에는 현장이 있고 상황의 증거가 있다. 남기고 싶은 사진과 사진이 말하는 글이 있다.

빠른 정보나 소식을 알기 위해서는 디지털이 더 효과적이지만, 좀 더 심층적으로 다양한 사고를 나누는 일에는 종이신문이 조금 더 가깝다. 신문은, 종이신문의 지난 감성이 아니라 지금의 현실에서 사회적 담론을 형성하는 매체로 존재해야 한다. 책임감 없는 자극적 기사와 클릭을 유도하는 낚시성 제목이 아닌 책임감 있는 양질의 사회 담론을 소개하는 종이신문이 된다면 여전히 필요로 할 것이다.

신문은 글쓰기의 창고다. 하루에도 수많은 변화의 소식들이 들려오기 때문이다. 같은 이야기라도 새롭게 읽히는 순간, 그 안에서 영감이 자라난다. 남의 글을 읽는 일은 내 창작의 실마리가 되고, 어느 순간, 공감하게 된다.

종이신문을 오래 구독한 독자에게 돌아오는 것들은, 해박한 지식과 조리 있고 명료한 언변이다. 대충 아는 것이 아닌 입증 가능한 사실적 근거를 토대로 정연하게 말할 수 있기 때문이다. 사진과 그림이 함께 어우러진 다양한 편집 구조도 종이신문의 매력과 힘이다.

- 신문 한 부에 인쇄된 활자의 분량은 책 한 권과 비슷하다. 내가 알지 못하고 생각이 미치지 못했던 분야를 강제로라도 볼 수 있다는 것은, 생각의 폭을 넓혀가는 것이다. 텍스트 이해와 용어 습득에도 효과적이다. 신문을 정독하면, 지금 우리에게 머물러 있는 사건과 생각들을 정리해 놓은 '책'이라는 느낌을 받는다.

종이신문들의 유사성과 차이성의 용이한 대조는, 정보의 편식을 막아주고 폭넓은 사고와 미처 생각해 보지 못한 정보까지도 알 수 있는 장점이 있다. 단순히 뉴스를 전달하는 정보매체가 아니라, 분석하고 지각하고 통찰하는 지면으로 만들어 나가야 한다. 기사와 연결되는 과정

속에서 새로운 것들을 생성해내는 대안의 방법을 실현해야 한다.

모든 생각의 기록은 문자로부터 시작되었다. 제지술과 인쇄술의 발달은 인류가 누린 문명의 결정판이었다. 책과 신문으로 대표되는 가장 전통적인 미디어는, 컴퓨터와 전자책 같은 디지털 매체가 등장하면서 사라질 것이라고 예견된다. 과거에 비해 책과 신문을 종이로 읽는 인구가 많이 줄었다. 동영상과 이미지 중심의 미디어에 익숙한 젊은 세대들에게는 더욱 어려운 미디어가 되어가고 있다.

70년대와 80년대를 살았던 사람들이 아침에 들었던 익숙한 소리는 신문을 배달하는 외침이었다. '신문이요!' 특별히 지식인이 아니더라도 일반 가정에서도 한 종류의 신문 정도는 정기 구독했다. 신문을 통해 세상을 보았고, 상품 광고를 보았고, 취업 정보도 보고, 대학 입시도 알 수 있었다. 세상의 모든 분야에 걸쳐 정보를 생산하고 전달하는 역할을 하였고, 기자도 사회의 엘리트 신분이었다. 어느 분야에서도 신문에 한 번쯤 나와야 그 분야의 리더로 인정받았다.

학자들은 고대 로마 시대의 율리우스 카이사르(Julius Caesar)가 원로원 등의 결의 사항을 석판이나 금속판에 새겨 로마 시민들에게 알렸던 '악타 디우르나 포폴리 로마니'(Acta Diurna Populi Romani)를 신문의 기원, 신문의 시초로 본다. 세계 최초의 일간지는 1650년 독일에서 창간된 〈아인 콤만데 차이퉁〉(Ein Kommande Zeitung)이다.

디지털 시대로의 변화로 종이가 위기를 맞고 있지만, 고급 매거진, 예술·문학 잡지, 종교적 문서 등은 종이로 보존 가치를 높일 것이다. 종이 기록이 주는 심미성, 감성적 가치, 영속성은 디지털이 제공하지 못하는 고유의 가치다. 업무 환경에서는 점점 종이 없는 사무실(Paperless Office)이 확산될 가능성이 높아지지만, 책이나 예술의 도구로 종이가 존재한다면 우리의 자서전은 종이로 남겨지는 것이 바람직하다.

'무엇인가'의 기억, 자서전

    자서전이라는 말이 1797년 〈월간평론〉(The Monthly Review)에 처음 나타난 후, 그런 형식으로 보는 여러 종류의 단어들이 탄생했다. 삶을 기록하는 형식은 단지 하나의 방식이 아니라, 기억을 붙잡는 다양한 언어로 진화해왔다. 자신의 생애와 활동을 직접 적은 기록을 자서전이라고 하면, 지난 일을 돌이켜 생각하여 적은 기록은 회고록이라고 말한다. 비망록은 어떤 사실을 잊지 않으려고 적어둔 기록이다. 자신이 직접 쓴 것이 아니더라도 개인의 일생에 대한 필자의 논평을 겸한 전기는 평전이라고 한다. 알렉스 헤일리가 쓴 맬컴 엑스의 자서전처럼, 인물의 구술을 토대로 저술하는 경우도 있다. 자서전은 단지 쓰는 사람만의 것이 아니라, 기록을 엮는 또 다른 손길에 의해 완성되기도 한다.

    "자서전은 수치스러운 점을 밝힐 때만이 신뢰를 얻을 수 있다. 스스로 칭찬하는 사람은 십중팔구 거짓말을 하고 있다." 영국의 작가이며 언론인이었던 조지 오웰의 말이다. 자서전은 자기 자신을 꾸미는 문장이 아니라, 벌거벗은 고백과 침묵을 넘는 용기로 이루어진다. 소설의 형식으로 쓰인 《작은 악마 스물두 살의 자서전》이 유행한 적도 있다. 오늘날엔 SNS나 블로그처럼 일상적인 매체에서도 자서전적 표현이 넘쳐난다. 한 줄의 포스트에도 자서전적 조각이 들어있고, 짧은 영상을 통해서도 자신의 인생을 서사화한다. 자서전은 이제 장르를 넘고, 플랫폼을 넘으며, 기록이라는 본질로 회귀한다.

    기원을 거슬러 보면, BC 2세기에 중국의 사마천은 역사책 《사기》(史記)에서 자신에 관한 짤막한 기록을 남겼다. 또 BC 1세기의 키케로와 사도 바울의 편지, 카이사르의 기록들(Commentaries)에도 자서전적 부분이 조금씩 들어 있다. 사도 바울의 서신들은 단순한 교리 전달이 아니라, 고난과 기쁨, 회심과 부르심이 겹쳐진 내면의 고백이었다. 5세기에 쓰인 성 아우구스티누스의 《고백록》은 종교적 자서전에 속하며, 한 인격이 하나님 앞에 선 내면적 역사적 기록이자 신학적 문학의 걸작이다. 14세기 이탈리아 시인 페트라르카의 《친밀한 이들에게 주는 편지》에도 간략한 자서전적 요소가 있다. 자서전은 개인의 삶에 대한 기록이지만, 그 시대와 정신을 드러내는 사회적 거울이기도 하다.

자서전은 그 내용에 따라 주제별·종교적·지적·소설적 자서전으로 분류할 수 있다.

주제별 자서전에는 아돌프 히틀러의 《나의 투쟁Mein Kampf》(1924), 에드워드 복의 《에드워드 복의 미국인화The Americanization of Edward Bok》(1920), 리처드 라이트의 《토착민Native Son》(1940) 등이 있다. 이들은 한 개인의 내면과 이념, 정체성과 투쟁을 드러낸 강렬한 서사다.

종교적 자서전에는 성 아우구스티누스의 《고백론》, P. 아벨라르의 《불행의 이야기Historia Calamitatum》, 존 뉴먼 추기경의 《변명Apologia》 등이 있다. 이 세 가지 자서전은 고통과 회심, 논쟁과 사랑, 신앙의 전환과 확신을 통해 한 인간의 내면이 어떻게 하나님 앞에 서게 되는지를 보여준다.

지적 자서전에는 특이했던 자신의 교육에 대해 서술한 존 스튜어트 밀의 《자서전》(1873), 《헨리 애덤스의 교육》(1918), 아버지와 자신의 어려웠던 관계를 다룬 에드먼드 고스의 《아버지와 아들》(1907), 조지 무어의 《만남과 작별Hail and Farewell》(1911~14) 등이 있다. 이 자서전들은 정신의 형성과 내면의 갈등을 보여준다.

소설적 자서전에는 새뮤얼 버틀러의 《만인의 길Way of All Flesh》(1903), 제임스 조이스의 《젊은 예술가의 초상A Portrait of the Artist as a Young Man》(1916), 조지 산타야나의 《최후의 청교도The Last Puritan》(1935), 토머스 울프의 《천사여, 고향을 보라Look Homeward, Angel》(1929)와 《시간과 강에 관하여Of Time and River》(1935) 등이 있다.

자서전 쓰기는 기록을 넘어, 내 삶을 넘어, 새로운 피조물로 거듭남이다. 언젠가 사라져야 하는 존재와 영원히 살아야 하는 존재의 연결이다. 단어는 결국 생의 자취를 남기기 위한 도구며, 한 줄의 고백은 수백 년의 침묵을 건너뛸 수 있다. 자서전은 과거를 꺼내는 일이 아니라, 과거를 새롭게 조명하는 일이다. 내가 남긴 흔적은 누군가에게는 살아갈 이유가 되고, 누군가에게는 용기의 문장이 된다. 내 삶의 기록은 결국 타인의 구절이 되고, 한 영혼의 기도가 된다.

자서전은 나를 말하는 것을 넘어, 나를 하나님 앞에 드러내는 일이며, 이 세상을 지나가는 이들에게 남기는 조용한 설교다.

글쓰기의 본질은 흔적이다

글은 용기라고 알았다. 어느 날, 자서전이 사명이라는 것을 깨닫게 되었을 때 '자서전 쓰기'를 외쳤다.

그리스도인의 자격은 복음이다. 내 안에 있는 것을 세상에 주어야 한다. "내게 있는 이것을 네게 주노니 나사렛 예수 그리스도의 이름으로 일어나 걸으라"(행 3:6). 내 이야기는 내게 있는 것이다. 아무도 가져갈 수 없고 흉내 낼 수 없는 내 것이다. 그리스도인은 세상에 내 이야기를 주어야 한다. 사명이다. 세상은 성전에 들어가고 걷기도 하고 뛰기도 하며 하나님을 찬송할 것이다.

나는 보상을 받을 것이며 성장할 것이다. 자서전 쓰기에서 가장 두려운 것은 이런 질문들이다. '나 같은 사람이 자서전을 써야 할 이유가 있는가?' '글을 쓰는 재주가 없는데 쓸 수 있을까?' '자서전을 쓰면 누가 읽어주고 관심을 가져줄까?' 그 모든 두려움에 답은 하나다. '내가 걱정할 일이 아니다'라는 것이다.

이유 없는 삶은 없다. 살아 있다는 것은 당연한 것이 절대 아니다. 나와 똑같은 인생을 살아본 사람은 아무도 없다. 글쓰기는 학습과 훈련으로 만들어진다. 하나님의 관심을 받을 것이며, 나 자신에 대한 거울을 갖게 될 것이며, 내가 알지 못하는 사람들이 나를 알게 될 것이다. 에베소, 로마, 빌립보에게 보낸 사도 바울의 편지가 지금도 읽히고 있다는 사실을 깨달아야 한다.

내가 쓴 자서전은 하나님과 나의 관계를 알리는 글이 된다. 분명한 것은 하나님과의 관계가 바르게 되면 나의 글쓰기는 바르게 된다.

글쓰기가 그리스도인의 본질은 아니다. 그러나 글을 쓰라고 명한 하나님의 부름을 받은 사람에게는 글쓰기가 본질이 된다. 이웃을 위하여 봉사하고, 찬양을 하고, 선교를 위하여 돈을 벌어야 하는 사람들의 부름은, 그것이 신앙의 본질이다. 말씀이 증거되려면 나는 존재해야 되고, 예언은 증명이 아니라 응답되어야 한다. '너는 반드시 그들을 물리칠 것이라'라고 한다면, 내가 그들을 물리칠 것을 믿을 것이며 힘을 다할 것이다.

끊임없이 자기와의 대화를 통해 자신의 생각을 정리한다. 자서전 글쓰기를 통해 내 삶과 소명과 현실적 관계를, 내가 꿈꾸는 미래를 만들어 나가는 것이다. 나의 자서전은 어제의 내가 아니지만 맞고, 오늘의 내가 아니지만 맞고, 내일의 내가 아니지만 맞다. 내가 변하면서 글이 나를 따라왔고, 쓰면서 읽으면서 내가 글이 된다.

성경은 하나님의 말씀이다. 성경에 내가 빨려 들어가는 것은 내 모습의 얼굴이기 때문이다. 영혼의 거울이기 때문이다.

세월이 가면 얼굴도 바뀌듯이 영혼의 모습도 바뀐다. 그 거울은 그렇게 변해가는 모습을 비춰주는 것이다. 우리가 하나님의 얼굴을 보지 못하는 것을 아쉬워하지 않는 것은, 그 거울 속에 나를 비추고 있는 하나님의 얼굴이 계시기 때문이다. 말씀은 현실을 구속하면서, 그 구속을 성찰하고 고귀하고 거룩하게 만드는 힘이 있다. 불합리한 세상의 얼굴과 치열하게 대결한다. 우리의 글쓰기는 말씀을 기억하고 영혼에 새기는 작업이다. 사명을 전달하고 생각을 전파하는 수단이며 근거다.

나 자신에 대한 최초의 문장은 나 자신이다. 문장을 어떻게 조직해서 그 사명을 효과적으로 완수할 것인가에 대한 고민이 기도다. 글쓰기의 담론은 바로 대화다. 고정된 실체가 아니라, 맥락과 관계에 따라 구성되는 변화의 실체다.

무엇인가를 바라고 꿈을 꾼다는 것은 아직도 건강한 이유다. 죽을 만큼 아프고 도저히 일어날 힘이 없는 외로운 자는 단 한 가지의 소망을 가진다. 건강하여 모두와 함께하는 것이다. 고통 속에서 우리는 내 욕망과 탐욕에서 벗어날 수 있다. 자서전을 통하여 모든 욕심을 버리고 한 가지의 인생 본질을 살펴보는 것, 어쩌면 힘들고 고통인지도 모를 그 작업은, 나의 소명에 대한 본질일지도 모른다.

● 자서전은 '나는 누구인가?', '나는 어떻게 살 것인가?', '나는 어떻게 죽음을 바라볼 것인가? 이 질문에 대한 답이다. 인문학 차원의 질문에서 나온 질문과 답이 아니라, 나 자신에 대한 인생의 그림이다.

사회과학이나 자연과학과도 연결되고, 나의 종교, 꿈, 현실의 통로이기도 하다. 나를 가리키는 손가락 끝에서 나오는 날카로운 광선은, 내 생각과 지나간 시간과 내일의 바람까지도 뚫고 지나가버린다. 소크라테스는 "캐묻지 않는 삶은 가치가 없다"라고 말한다. 자신을 캐지 않으면 나는 내가 아니다.

조선 선조 때 영의정을 지낸 서애 류성룡의 회고 《징비록》은 참혹한 7년 전쟁의 원인을 찾으려고 했다. 조선을 냉정하고 냉철하게 분석하여 내일의 조선을 새롭게 하는 것이다. 토론과 논쟁에서 옳음과 그름을 증명한다. 그리고 대화를 통해 객관적인 나를 발견하기도 한다. 이 모든 시도가 자서전이다.

내가 알고 있는 모든 것은 부분이다. 코끼리 전체를 설명할 수 없는 눈먼 자처럼, 부분적 진리만을 설명할 수밖에 없다. 그래서 누구에게든지 겸손해야 한다. 짐승이 무서운 것은 그와 대화할 수 없기 때문이다. 대화할 수 있다면, 어떤 것에도 두려움을 느끼지 않아도 된다. 대화는 나의 옳음을 입증하는 과정이지만, 상대방의 옳음을 발견하는 과정이기도 하다. 영어의 다이얼로그(dialogue)는 '두 개'의 논리가 있고, 양쪽이 모두 말이 되는 논리라는 뜻이다. 안티로그(antilog)는 두 개의 논리 중 하나를 선택하고 하나는 부정하는 상황을 말한다. 다이얼로그는 풍요로 나아가지만 안티로그는 쳇바퀴 세상이다. 나와 세상과의 자서전은 다이얼로그다. 잘못 살아온 날도 나의 경험과 기회의 대화다. 글쓰기는 나의 체념과 주관을 온전하게 그려놓을 때만 완성된다. 내 지나온 삶과 지식이 새롭게 조화되고 인정되는 것이다. 이것이 자서전을 쓰는 지혜며, 내가 살아야 할 기회며 성장의 걸음이다.

나의 성숙은 '나'를 바라보는 것부터 시작된다. 내가 나 자신을 알고 이해하고 나와의 관계를 찾아가는 것은, 나의 내면으로 깊이 들어가는 것이다. 톨스토이는 《인생의 길》에서 "우리에게 기쁨을 주는 것은 진리 그 자체가 아니라, 진리에 도달하기 위해 우리가 기울이는 노력이다"라고 말한다.

"나는 길이요 진리요 생명이다"라고 예수 그리스도는 정체를 밝혀주신다. 우리가 예수를 닮고자 한다면, 예수의 흉내를 내는 것이 아니라 본질을 쫒아야 한다. 그 노력은 진리 자체일 수도 있다.

세상에는 변하지 않는 사랑은 없다. 사랑은 변화와 성장, 순리와 저항의 살아 있는 움직임이다. 나에게 묻고 내가 깨달음에 답하고자 하는 것이다.

백지의 종이는 위험하다. 어쩌면 거룩하고 짜릿하다. 자유하며 어떤 것도 베어버리는 공포다. 알 수 없는 차원도 역사도 사실도 허무도 상상도 꿈도 가능하다. 죽음보다 신비스럽고 삶보다 더 흔들린다. 사명 이전의 삶은 무거웠고, 사명 이후의 삶은 두려운 바람이었다. 내 삶을 정리한다는 것은, 또 다른 사명을 찾기 위함이다. 오늘도 '어떤 글을 남겨야 할까?' 게으른 몸을 편다.

4편

다시 이어지는
탯줄로

extra-story

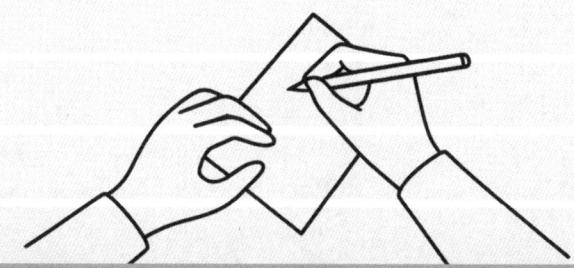

과거는 보이지 않는다. 스쳐 지나버린 흔적이기 때문이다. 내게 보이는 가장 확실한 것은 내일의 꿈이다. 끊어지지 않은 탯줄이 다시 보이는 것은 한번도 손을 놓은 적이 없는 글의 무게 때문이다.

노란 집에서의 영원한 별 Vincent, 그가 십자가를 놓치다

"내 안에 무언가가 있다. 도대체 이게 무엇일까?"

"도시와 마을을 나타내는 지도의 검은 점들이 나를 꿈꾸게 하고, 밤하늘에서 빛나는 별은 늘 나를 꿈꾸게 한다. 타라스콩이나 루앙에 가려면 기차를 타야 하듯, 별에 가려면 우리는 죽음을 맞아야 한다."

"내 가슴속에는 끌 수 없는 불꽃이 있다. 이 불꽃이 나를 어디로 끌고 가는지 알지 못해도, 더 활활 타오르게 해야 할 불꽃이라는 느낌이 든다."

1853년 3월 30일 태어난 빈센트 반 고흐는 내가 세상에 오기 105년 전의 사람이다. 그는 네덜란드 브라반트 지방의 그루트 쥔데르트에서 태어났다. 사망한 형의 이름을 가지고 태어난 그는 늘 "나는 두 사람의 삶을 살아간다"라고 말했다고 한다. 아버지는 3대째의 목사였고, 어머니는 제분소의 딸이었다. 그에게는 네 살 아래의 테오도루스가 있었다. 그의 이야기는 늘 테오도루스와 함께한다.

그의 이름은 빈센트다. 반 고흐는 그들의 성이다. 경제 사정으로 학교에 다니지 못하고, 큰아버지의 구필 화랑에서 동생과 함께 점원으로 일하며 그림을 접하게 된다. 그는 책을 좋아했고 많은 독서를 했다. 화랑에서 해고된 후 작은 학교의 임시교사로 취직해서 영국으로 떠난다. 영국의 산업혁명이 한창일 때 그는 비참한 현실을 목격하게 된다.

그는 목회자의 길을 가기로 결심한다. 다시 네덜란드로 돌아와

서점의 점원으로 일하지만 몇 달 만에 끝난다. 집안의 대를 이어 목사가 되겠다는 결심으로 암스테르담의 신학대학 시험을 보지만 낙방하고, 벨기에 브뤼셀 근방의 라켄에 있는 전도사 양성학교에 입학한다.

1878년 그의 나이 스물다섯 살에 벨기에의 탄광촌 보리나주로 떠난다. 정식 전도사가 아니었지만 그곳에서 모든 열정을 다해 복음을 전한다. 광부의 가난한 삶을 체험하면서, 환자를 방문하고 성경을 읽어주었다. 탄광에도 들어가 그들과 함께 일했다.

"이곳에서는 아픈 사람이 아픈 사람을 간호하고, 가난한 사람이 가난한 사람의 친구다"라고 테오도루스에게 편지를 쓴다. 1878년에 쓴 편지에 "아무도 나를 이해하지 못한다. 내가 참된 기독교인이 되기를 바랐기 때문에 사람들은 나를 미친놈 취급을 한다. 내가 불행한 이웃의 고통을 덜어주려 애썼기 때문에 사람들은 나를 개처럼 내쫓으려 한다. 내가 문제를 일으켰다는 것이다"라고 기록한다. 그는 자신의 인생에서 가장 큰 전환점을 돈다. 바로 그림이었다.

동생 테오도루스에게 편지로 말했다. "나는 밀레의 작품을 보는 순간, 마치 모세가 하나님을 본 후에 신을 벗은 것처럼 나 또한 신을 벗어야 한다고 느꼈다."

"작은 등불 아래서 접시에 담긴 감자를 손으로 먹는 이 사람들을 그리며, 나는 그들이 마치 땅을 파는 사람들처럼 보이도록 그런 분위기를 만들어내려고 애썼단다. 이 사람들이 먹고 있는 것은 자신들이 노동을 통해 정직하게 번 것임을 말하고 싶었지." 감자 먹는 사람들을 그리고 동생에게 보낸 편지의 일부분이다.

복음협회의 결정은 그를 종교에서 멀어지게 했다. 그의 나이 스물일곱이었다. 다시 그의 삶은 그림에 애착을 갖게 된다.

그를 이끌었던 밀레의 소박한 농촌 풍경은, 그가 얼마나 사람들과 함께 살고 싶었는가를 말해주는 영혼의 고백이다. 그림을 그리기 위해 사촌인 화가 모베에게 지도를 받는다. 테오도루스는 화랑에서 일하면서 알게 된 화가들을 형에게 소개한다. 그의 첫사랑은 하숙집 딸이었고 약혼자가 있는 여자였다. 두 번째 사랑은 사촌누이였다. 남편을 잃은 미망인이며 아이도 있었다. 집안의 엄청난 벽에 부딪혀 그는 집을 나갔고, 그녀가 올 때까지 램프 불 밑에서 손을 떼지 않겠다고 소리쳤지만 기절했다. 사랑은 그렇게 그와 멀어진다.

1882년 알코올 중독에 임신을 한 채 거리를 헤매는 창녀를 만난다. 크리스틴이라고 불렀던 여인의 초상화에 그는 〈슬픔〉이라는 제목을 붙인다. 그의 이름은 시엔이었고, 빈털터리 화가가 창녀와 동거한다는 것 때문에 가문으로부터도 멀어지고 만다. 그는 괴로워한다. 목사의 아들이 방탕해졌다는 소문으로 더욱 그는 외로워졌다. 결국 그와 헤어지고 그림에 몰두한다.

1885년 목사관 문턱에서 뇌졸중으로 아버지가 숨을 거둔다. 자신을 "집에 함부로 들여놓을 수 없는 물에 젖은 개"와 같다고 테오도루스에게 글을 쓴다. 그는 〈성경이 있는 정물〉을 그린다. 성경 옆에 있는 소설은 에밀 졸라의 《삶의 기쁨》이다. 그는 그 책을 겉장이 닳도록 읽었다. 무엇이 그의 목적이었을까?

1886년 그는 프랑스 파리로 떠나 화가 친구들을 만든다. 인상주의가 미술의 흐름이었던 시대다. 빛에 따라 변하는 순간적인 인상을 그려보는 시도다. 화가 코르몽의 화실에서 수업을 받으러 다녔으나, 넉 달 만에 그만둔다. 그에게 공부는 사람을 둔하게 만드는 것이라는 생각이 들었다.

자화상을 가장 많이 그린 화가는 네덜란드 화가 렘브란트로 일흔다섯 점이 된다. 빈센트도 50여 점을 남겼다. 그 당시의 화가의 지위는 왕궁에서 이발사나 요리사의 수준이었다. 탕기 영감은 파리에서 물감을 파는 상인이다. 물감 값 대신 탕기 영감의 초상화를 그렸고, 훗날 로댕이 이 영감의 딸로부터 이 그림을 사서 간직한다. 탕기 영감의 뒤로는 벚꽃이 핀 나무와 눈 덮인 산과 겨울 풍경이 바로 왼쪽으로는 게이샤로 불리는 일본 기생의 모습이 보인다. 배경은 일본의 판화인데 테오도루스가 수집한 것이다. 그는 2년간 머물렀던 파리를 떠나 프랑스 남부의 작은 도시 아를르로 간다. 해바라기의 고향이다. 우체부, 룰랭 부인 등 친구를 만난다.

1888년 '노란집'이 등장한다. 생애 가장 행복한 시기를 보낸다. 고작 여섯 달이다. 방 두 칸을 빌려 하나는 자신이 쓰고, 다른 방 하나는 화가들의 방을 꾸밀 생각이었다. 그림도 함께 그리고, 그림 판 돈을 나누는 '화가 공동체'를 꿈꾼다. 그곳에서 폴 고갱과의 동거가 시작된다. 빈센트보다 다섯 살 많은 그는 프랑스 사람이다. 증권거래소의 중개인이었는데, 서른다섯 살에 직장도 아내도 자식도 모두 버리고 그림만 그리는 사람이 되었다. 인상주의와 작별하고 마르티니크 섬에 정착하면서 유럽의 문명은 오염되었다고 선언한다.

빈센트는 생레미 요양원에 입원하고 고갱과 헤어진다. 1년 정도의 동거는 막을 내린다. 발작 증세로 입원한 그는, 낮에는 노란 집에서의 작업을 허락받아 그곳에서 그림을 그린다. 〈생레미 요양원 복도〉 등 그가 남긴 그림에서 지금까지 요양원의 풍경들이 남아 있다. 〈실편백나무가 있는 별이 빛나는 밤〉, 〈올리브 나무〉 등 예술의 극치가 이곳에서 탄생한다.

동생 테오도루스가 아들을 낳고, 그의 아내 요한나는 존경하는 마음으로 아들의 이름을 빈센트로 한다. "아이가 형처럼 끈기와 용기를 지녔으면 좋겠어." 그는 조카에게 〈꽃 핀 아몬드 나뭇가지〉를 선물한다. 1890년 5월 17일 파리로 돌아와 가셰 의사와 인연을 맺는다.

1890년 7월 27일, 자기 가슴에 총을 쏜다. 모든 일에 서툴렀던 그는 마지막도 그랬다. 3일 후에 테오도루스가 지켜보는 가운데 숨을 거둔다. 서른일곱의 나이다. 〈까마귀가 나는 밀밭〉이 마지막 작품이라고 알려졌다. 여섯 달 후에 동생 테오도루스도 그를 뒤따라갔다. 그들은 오베르 쉬르 우아즈의 공동묘지에 나란히 묻혔다.

1914년 《Brieven aan zijn broeder 그의 형제에게 보낸 편지》라는 책이 세상에 나온다. 아름다운 형제의 스토리다. 빈센트가 죽은 지 24년 만의 일이었다. 18년간 663통의 편지 속에, 고흐는 예술에의 열정과 삶의 고뇌를 새겨넣어 자신의 흔적을 남겼다. 테오도루스의 부인 요한나 반 고흐 봉허가 그 편지들을 엮어냈고, 그의 자서전이 되었다. 그의 삶을 가장 가까이서 비춘 이 기록은, 이후 전기 작가들의 손에서 또 다른 자서전으로 다시 태어나는 원천이 되었다.

37세의 나이로 권총 자살한 비운의 화가는 요한나를 통해 세상에 자신을 알렸다. 결혼한 지 21개월 만에 애 딸린 과부가 된 요한나가 가진 것은, 형제가 나눈 편지와 여기저기 흩어진 그림뿐이었다. 그들 사이에 오간 편지는 형제의 삶과 그림을 이해하는 길잡이가 되었고, 예술에 대한 전문 지식이 없었던 그에게 예술을 알려주는 스승이 되었다. 비바람이 불고 폭풍우가 몰아치던 날 밤, 왜 고흐는 그렇게 몸부림치며 그림을 그려야 했는지 알게 된다. 슬픈 고흐의 영혼이 그에게 전이되었고, 그는 앞으로 무엇을 해야 하는가를 깨닫게 된다. 그의 삶에 사명을 얻게 된 것이다. 그는 고흐와 그의 그림을 정확하게 세상에 뿌렸다.

● 평생 동안 그린 800점 이상의 유화와 700점 이상의 데생 가운데, 그가 살아 있는 동안 팔린 작품은 데생 한 점뿐이었지만, 남아 있는 작품 속에서 고흐는 살아서 자기를 설명하고 있다. 고흐에게 흔적은 편지와 그림이었다.

빈센트 반 고흐가 세상을 떠난 15년 후에 사람들은 그를 알기 시작했다. 1,700페이지에 달하는 편지, 100점 이상의 스케치, 900점 이상의 유화, 그가 그림을 그린 10년간의 그 자신이었다. 그가 가슴에 총을 쏜 후 68년 후 다음 날 나는 세상에 나왔다.

그가 남긴 자서전, 아직도 물감 냄새가 캔버스에서 노래가 되어 우리의 가슴을 헤집고 있다.

이단자 얀 후스, 100년 뒤에 개혁자가 되다

화석처럼 굳어진 경건과 믿음의 거룩함이 신화를 부르는 시대, 먼 과거의 울림이 우리의 심장에 뛰고 있다. 500년 전의 이야기가 지금 우리의 가슴과 영혼을 흔드는 것은, 시공을 넘어 믿음의 사람이 함께 갖는 소명의 부름 때문이다. "물고기가 물에서 살 듯 우리는 역사 안에서 산다"라고 말한 리처드 니버의 이야기를 빌리지 않더라도, 신앙과 삶의 자리는 분리될 수 없다. 신앙의 초월적 영성은 지식과 학문의 발달에서 나타나는 것이 아니다. 지혜조차도 하나님의 본질을 떠난다면 바람에 나는 겨와 같은 것이다.

1517년 새벽 거대한 망치 소리의 시작은 102년 전으로부터였다.

시대의 어둠이 가장 짙게 이 세상을 덮고 있을 때, 독일 남부의 도시 콘스탄츠에서 화형식이 있었다. 그 불길 속에 있었던 사람은 얀 후스(1369~1415)였다. 체코의 저명한 신학자고 사제며, 프라하 대학의 신학부 교수와 총장을 지냈던 인물이었다.

이 도시는 거대한 호수를 끼고 스위스와 국경을 맞대고 있는 아름다운 휴양지다. 그 호숫가에 360도 회전하는 높다란 동상 하나가 서 있다. 가슴과 허벅지를 드러낸 반나의 여인상은 높이가 9미터나 되고 무게도 18톤이나 나간다. 당대 콘스탄츠 최고의 미모를 지닌 창녀의 상이다. 그녀의 양손에는 두 남자가 앉아 있다. 왼손에는 삼층관을 쓴 교황이, 오른손에는 왕관을 쓴 황제다. 둘 다 벌거벗었는데, 교황은 다리를 꼬았고 황제는 성기가 그대로 드러난 모습이다. 600년 전의 시대상을 폭로하는 상징으로 남아 있다. 당시 가톨릭은 면죄부를 판매하면서 타락하고 있었다.

후스는 교회의 심장부에 칼을 겨누었다. "면죄부(면벌부)를 파는 교황은 가룟 유다와 같다." 그는 목숨을 걸고 교회의 상처를 움켜쥐었다. 교회 밖에서 설교하면서 라틴어 대신 체코의 언어로 말씀을 전했다. 사람들은 자신의 모국어로 가슴에 꽂힌 말씀에 매료되었다. 후스는 체코어로 성서를 번역하는 일을 하였다. 타락의 시대를 깨우는 새벽닭이 된 것이다.

가톨릭 교회는 공의회를 열었다. 공의회는 교회의 최고 결정기관이다. 종교재판에 소환된 그를 모두가 만류했다. "가면 죽을 것이다." "절대 가지 마라." 그러나 지기스문트 황제는 두 차례나 사신을 보내 '이 땅에서 이단 정죄가 사라지게 만들겠다'며 신병을 보장한다고 약속했다. 후스는 콘스탄츠로 갔으나 체포되었고, 감옥에 갇혔다. 그가 갇혔던 수도원은 지금 호텔과 레스토랑이 되었다. 그러나 그가 석 달 갇혔던 성탑처럼 생긴 감옥은 그대로 있다. 낮에는 쉼

없이 걸어야 했고, 밤에는 벽에 묶여 있어 누울 수도 없는 고통을 겪었다. 그는 교황의 절대권에 대해 전적인 부정을 감행했다.

"너는 베드로라 내가 이 반석 위에 내 교회를 세우리니 음부의 권세가 이기지 못하리라"(마 16:18). 이 구절에 기댄 교황은, 베드로를 잇는 반석의 권위자였다. 그러나 후스는 달랐다. '반석'은 베드로가 아니라 말씀하시는 예수 그리스도 자신이라고 해석하였다. 이런 견해는 중세 교회의 심장부를 그대로 찌른 검이 되었다. 결국 후스는 사형 선고를 받았다.

1415년 7월 16일 토요일 아침. 사형장에 끌려나온 후스는 황제를 향해 종교개혁의 절박함을 역설하였고, 황제는 얼굴을 붉힌 채 아무런 말도 하지 못했다. 공의회의 주최가 왕이 아니라 교회였던 까닭에 왕은 그를 지켜주지 못했다. 100년 후에 마틴 루터 역시 똑같은 곤경에 놓였지만, 제국회의 주최가 교회가 아니라 제후였기 때문에 목숨을 잃지 않았다.

'입장을 번복하면 파면을 면하고 목숨을 구할 것'이라는 제안을 후스는 거절하고 "내 입장을 번복하면 신 앞에서 죄가 될 것"이라며 죽음을 택했다. 후스의 머리카락은 면도칼로 동서남북 네 방향으로 깎이고, 그 머리에 'Hic est heresiarcha'(이 자는 이단의 두목이다)라고 쓴 모자를 씌웠다. 주일을 하루 앞둔 '회개하지 않은 이단자' 후스는 그렇게 자신의 몸을 하늘에 날려야 했다. "너희는 지금 거위 한 마리를 불태워 죽인다. 그러나 100년 후에는 태울 수도 없고 삶을 수도 없는 백조가 나타날 것이다."

'후스'라는 이름은 체코어로 '거위'를 뜻한다. 그래서 후스는 생전에도 종종 자신을 거위라고 말했다고 한다. 많은 후세의 사람들은 100년 후의 백조가 '마르틴 루터'라고 말한다. 후스가 죽은 후 105년의 세월이 흐른 1520년 2월 루터는 이렇게 말한다.

"모르든 알든 우리는 모두 후스파다."

후스의 저술은 불태워졌고, 인쇄술이 없던 시절 손으로 필사했던 그의 책들은 남겨지지 못했다. 그러나 루터는 방대한 사상을 활자로 퍼뜨리며 전혀 다른 운명을 맞았다. 그가 화형을 당한 그 자리에 그려진 십자가에서, 예수 그리스도의 말씀을 닮은 위대한 선지자를 상상해본다. 나의 자서전은 100년 뒤의 루터를 기다리는 고깔모자다.

현실을 계시로 만들라

믿을 수 없고 신뢰할 수 없는 이야기를 들었을 때 우리는 '소설 쓰지 마'라고 말한다. 소설은 사실이 아닌 이야기를 가지고 상상한다고 생각하기 때문이다. 그러나 그 소설을 답습하면서 현실을 사는 것이 끔찍한 현실이다. 우리는 사실과 소설을 혼돈하면서 산다. 그래서 소설을 현실로 받아들이고, 현실을 소설로 받아들인다. 완벽이라는 삶의 방식이 없다는 것은 누구나 알지만, 소설처럼 완벽한 삶을 만들어보는 것이 자기 자신에 대한 위안이기 때문에 그렇다.

독립운동가들을 만난다. 중국에서도 보고, 종로에서도 보고, 미국에서도 본다. 힘겨운 그들의 삶이 아니더라도, 우리가 사는 모든 것들이 모순덩어리다. 그들도 그렇게 모순을 안고 살았다. 그러나 그 모순의 범위가 어떤 것인가를 놓고 우리는 심각하게 고민해 보아야 한다.

하루는 일상의 무료와 약간의 새로움이다. 색색의 천조각을 이어 만든 조각보 같은 것이지만, 늘 다른 모양이다. 색깔도 크기도 천도 다르다. 추운 날 손바닥만 한 햇살이 주는 따뜻함과 정겨움은, 허기에 지친 저녁의 골목 음식점이다. 어느 것 하나도 인생에 필요 없는 것은 없다. 하얀 노트를 펴고 오늘도 하루의 일기를 그리는 삶은 참 용기 있는 예언이다.

욕망은 삶이 가지는 본능의 야심이다. 그것이 갖는 끊임없는 질서는 늘 거침이 없다. 용서와 베풂 위에서도 거만하다. 결코 기죽는 일이 없다. 타인에 대한 외면과 무관심은 비극을 키운다. 배신과 탐욕의 그림자는 오히려 자기 자신을 지치게 하는 복수다.

● 우리 삶에 한 가지 새로운 혜택은 반성이다. 어제의 실수나 잘못을 자기 합리화로 흥정하는 것이 아니라, 거래의 대상으로 두는 것이 아니라, 철저한 회개를 하는 것이다.

오늘은 어제의 비판적 계승이다. 살아 있는 동안 사람에게는 늘 기회가 있다. 나 자신을 쓰고 만드는 자신에 대한 용병술을 만들어야 한다. 이기심은 자신에 대한 교묘한 배신의 수법이다. 복수심조차 억제하는 절제를 배워야 한다. 나를 기록한 삶의 일기에는 책임이라는 무게가 존재한다. 헌정되지 않은 면죄부를 스스로 만들어 의인이 되어서는 안 된다. 자신에 대한 낙서조차 그냥 버려지는 쓰레기가 아니다. 나는 오늘도 하루를 산다.

인간이 단순히 지능이 높아서 지구의 정복자가 되었다고 할 수 있을까? 사실 인간은 지구의 다른 동물과 비교해서 모든 면에서 열등한 것이 너무 많다. 그러나 인간만이 가지는 독특한 상상력과 문화 그리고 뛰어난 예지의 능력은, 그 부족한 모든 면을 극복하고 정복자가 될 수 있었다. 그런 능력은 도대체 어디에서 생겨난 것일까? 모든 종교는 그것을 영성이라는 보이지 않는 사람의 본성 때문이라고 한다. 기독교는 그 영성의 출발을 바로 하나님의 존재와 그의 사랑이 내어준 능력이라고 말한다. "여호와 하나님이 땅의 흙으로 사람을 지으시고 생기를 그 코에 불어넣으시니 사람이 생령이 되니라"(창 2:7). 사람은 육신의 동물이지만, 그 창조주의 생기로 말미암아 생령이 되어 하나님의 능력이 전수된 것이다.

인간의 실존에서 죽음은 항상 열려 있는 문이다. 삶에서 죽음에 이르는 길은 온통 눈밭이다. 눈을 뒤집어쓴 산기슭 초옥들의 가쁜 숨소리가 흐느낌처럼 흐르는 것이 인생이다. 신부의 발걸음처럼 조심스럽게 하루를 딛고, 어느 즐거움으로 잠시를 잊어버리는 치유의 기억으로 사는 날들이다.

육십몇 년 전 무작정 이곳에 온 탄생의 잔상은 어디나 남아 나를 기억한다. 삶은 그렇게 탄생의 무대다.

동무의 발걸음을 따라 허우적거리며 걷던 발걸음도 이제 지쳤나 보다. 그래도 보이지 않는 푸른 달빛의 은은한 빛까지 잔상을 지우지 못하는 것은, 늘 아픈 아련함이다.

오기와 집념이 간간이 나를 세워도, 그것은 힘없는 쾌거다. 아버지의 넓은 등짝에 안겼던 어린 시간이 숨이 막힌다. 그 소년이 이제 허리를 구부리고 누군가를 기다리며 등을 내밀고 있다. 벅찬 감동도 숨이 차오르는 그날의 그리움, 아직도 남은 한마디의 소리를 지르고 있다.

이제 꿈을 꾸고 있다. 방향을 잃어버린 다리가 그저 원을 돌다가 멈춰버린다. 세상은 열매를 원한다. 쭉정이를 들고 어디 보일 곳이 없다. 절망을 씹어도 나오는 것은 쓴 물뿐이다. 시작이라는 것은 배가 고프다. 환갑을 훌쩍 넘긴 소년의 나이가 거만한 즐거움이다. 누구의 분노도 이겨보려고 눈을 감는 손에 중세의 면죄부가 들린다. 내가 지금 필요한 것은 다른 사람들이 그토록 기억하고 싶은 청춘이다. 이것이 꿈이다.

하나님은 하늘을 성경 속에 묻었다. 은밀하고 강하게 그리고 천국의 나침반으로.

세상의 모든 것은 창조주의 흔적이다. 초원의 달리기는 경기가 아니다. 그 걸음은 삶이며 생명이다. 육은 우리도 그들처럼 처절한 달음질을 한다. 그들과 다른 것은 육이 살기 위해 그런 것만은 아니다. 우리는 달리면서 상상을 하고, 기도를 하고, 문명을 만든다.

창조의 완성은 흔적이다

존재는 소리 없는 빛으로 새겨진다. 말씀이 아니라면 펜을 놓아야 한다. 순종이 아니라면 마차의 그림자는 먼지를 감추고 책을 덮어야 한다. 영원이라는 이름을 가진 장엄한 창조는 이제 완성이다. 스스로 계신 자의 이름이다. 그 이름 아래, 모든 창조는 심장이 되고, 눈물이 되고, 기다림이 된다.

총알 하나가 인생을 끝낼 수 없다. 창조는 그렇게 허무한 것이 아니다. 아이의 죽음도 스쳐 지나간 우연도, 이해할 수 없는 순간도, 인생의 작은 한쪽이었다. 창조는 그 작은 파편까지 끌어안아 빛으로, 생명으로, 하나의 이야기로 완성한다. 소금이 맛을 잃고 버려져 밟히고 있다. 이제 소금은 흔적도 없이 사라질 것이다. 믿음을 잃어버린 그리스도인의 이야기다. 빛이 보는 것을 사라지게 한다. 살인도 욕망의 끝이 아니다. 소금을 먹은 갈증일 뿐이다. 오직 십자가, 갈증은 끝나고, 모든 시작과 끝은 새로 기록된다. 에덴의 마침표다.

나무는 내 몸이 되고, 파인 글이 나의 심장이다. 고백은 나의 영혼이며, 소리는 거친 혈관이다. 유배된 삶을 이곳에 묻고 파도가 날아온 한 줌 모래의 하나가 되었다. 바람은 얼굴을 지우고 시간은 인내하지 않았다.
앙상한 가지가 되어 가을의 단풍을 기억할 때 생명은 허공을 휘젓고 있었다. 그것이 주검으로 남겨진 타버린 재 위에 가냘픈 금이 하나 그려졌다. 그렇게 소리가 나무에 박혀 굳어져버렸다. 이것은 모세가 보았던 떨기나무에 솟았던 불이다. 타지 않고 살아 있는 불, 불꽃 속에서 들려오는 하나님의 숨결. 우리는 신을 벗어야 한다.

대지는 나무를 놓치지 않는다. 증오도 달리고, 사랑도 묶어져 있는, 커다란 종이가 길게 펼쳐 있었다. 창조의 대언은 피다. 구멍에 뚫린 은밀한 눈동자의 간절함이 보낸 이의 눈물이다. 다시 돌아와, 전리품처럼 생명은 진정한 웃음이 된다. 십자가의 나무가 피를 먹고 글을 새겼다. 하늘이 열린 작은 창에서 오래 기다린 빛이 울음을 탄다. 삶은 죽음을 기다리는 나무다. 그 나무에는 많은 이야기들이 매달려 있다. 자유가 죽음을 맞이한다. 그것은 억압이 아니라, 생명의 마지막 춤이다. 흩어진 재 위에, 한 줄기 빛이 떨어진다. 그리고 사랑에 매인 구속이 광야의 바람처럼 먼지를 깨운다. 우리는 완성할 수 없는 것을 완성하려고 걷는다.

우리는 결코 다다를 수 없는 끝을 향해 걸어간다. 그러나, 흔적이 남는다. 흔적이 모든 것을 말한다. 흔적이, 창조의 완성이다. 창조의 한 조각으로 우리는 '보시기에 좋았더라'를 완성한다. 태초의 숨결이 지나간 자리, 흙먼지 위에 남겨진 작은 울림, 창조의 흔적은 그것으로 충분하다.

상상이 죽어버린 사고는 오만한 허상이다

조약돌을 어느 곳에 놓아야 할 것인가? 광장, 장식, 신화, 이야기가 없다면 모든 질문은 사라진다. 누군가가 주었던 진리의 답은 그 영혼에 묻혀 조용히 숨어 있고자 함이다. 계단을 기어가는 힘든 움직임도 대가는 아니다. 그저 겨울을 덮는 흙처럼 침묵하는 것이다.

파도 소리가 들리는 찻집의 구석에 앉아, 커피가 들려주는 음악을 듣는다. 어둠은 늘 비밀을 간직한다. 이불속에서의 상상처럼.

벌거벗은 여자가 토끼의 피를 발라 동굴에 그림을 그린다. 무엇을 남기려는 걸까? 베란다에 앉아 바다를 바라보는 작은 개 한 마리가 눈에 들어온다. 날 사랑할 때까지 나는 기다리고 있다. 신비처럼.

내가 몰랐던 순간들, 잃어버린 기억 속의 나를 찾아서 떠나는 여행은 내일을 살아야 하는 몸부림이다. 봄은 겨울이 그리운 몸부림인 것처럼 지나간 것들의 그리움이다.

신을 대면하는 유일한 길은 죽음이다. 죽음 이전의 신은 살아가는 방법을 소명으로 준다. 삶의 의미도, 탄생도, 죽음도, 답을 주지 않는다. 침대에 묶여 두건을 쓰고 있는 공포처럼, 두려움은 연기가 아니다. 죽음의 문을 두드리는 실종의 소식은 남겨진 자들에 대한 예의다. 아담이 묻고 아브라함이 답한다. 예레미야의 신음을 바울이 기도한다. 이 모든 상상은 허상이 아니다.

달리기를 한다. 가장 빠른 동물이 앞에 서 있다. 그 등에 타고 있던 작은 쥐가 골인 지점에서 먼저 내렸다. 네가 나를 데려왔어, 네가 일등이야. 그러나 나는 이렇게 일등을 해보고 싶었어. 고마워. 나의 이야기는 모두에 대한 감사다. 이제 붓으로 믿음을 우려내 종이에 새겨야 한다. 닳은 손톱에 흐르는 피는 하늘을 향해 십자가로 서 있다. 종이 위에 십자가를 깎고 있었다. 그렇게 아는 자들은 글을 놓을 수 없다. 돌아온 탕자의 몸이 되어 그 이야기로 빠진다. 품꾼의 하나가 되게 하소서. 회개의 역사는 찢음이다. 내가 유혹의 표적이 된 것은 잘라도 다시 자라는 평화의 꼬리다.

말씀은 이야기를 만들어 창조의 완성을 이룬다. 창조를 구겨버린 욕망과 탐욕은, 선악과의 이야기를 듣고 자란 가장 어리석은 오기였다. 넘치는 잔은 채움이다. 그곳에 더 이상의 더함은 버려진다. 예수 그리스도로 채워진 영혼의 잔은 이제 십자가의 발을 가져야 한다. 아버지가 대나무를 엮어 만든 그릇을 주면서 물을 가득 채우라고 하신다. 물이 담겨 있을 수 없는 그릇은 어떻게 해야 하는가의 질문을 거절한다. 이것은 우리의 삶이다. 채워질 수 없는 그릇으로 만들어지고, 아무것도 남기지 못하고 잊혀가는 빈 그릇이다. 수없이 많은 신화가 만들어지고, 상상이 그려지고, 신이 되었다. 그러나 어느 것도 채워지지 않은 존재다. 주님은 이곳에 오셔서 내 곁에 커다란 웅덩이가 되셨다. 질문은 여기에서 멈춰야 했다. 물은 마르지 않았고 흔들리지도 않았다. 누군가가 그곳에 채워질 수 없는 내 그릇을 던졌다. 그릇에는 물이 가득 채워졌고 내가 그곳에 나오지 않는 한 항상 물이 넘쳐났다.

세속화는 에덴을 창조하고 싶은 저주의 믿음이다. 신의 사랑이 더할수록 탐욕의 갈망도 커져간다. 한갓 영웅담이나 호기심 많은 모험이 아니다. 미치도록 자기를 사랑하던 턱없는 자유의 달콤함을 이제 버릴 수 없는 것이다.

심판의 그날에 공범을 찾아 용서를 빌기 위해 나는 칼을 손에 쥐어야 할까? 사라진 아이들의 이야기를 너그럽게 들어야 하는 것은 나를 바라보는 아이들이 있기 때문이다.

글은 마르지 않는 샘에서 퍼 올린 두레박에 담긴 차가운 물이다.

생명이 된 죽음, 그것으로 살아야 할 이유다

"뛰기 전에 보라", "돌다리도 두드리고 건너라" 이런 말들은 망설이거나 주저하라고 충고하는 것이 아니다. 상황을 잘 판단하여 급하게 서두르지 말라는 뜻이다. 생각해야 할 때가 있고 행동해야 할 때가 있다. 생각해야 할 때 행동하면 상황을 더 어렵게 만들 수 있고, 행동해야 할 때 생각하고 있으면 실기할 수 있고 비겁해질 수도 있다. 어떤 때가 생각할 때이고 어느 때에 행동할 것인가의 선택은 바로 자신의 몫이다. 이러한 올바른 판단과 선택을 하기 위해 교육을 받고, 연구를 하고, 기도를 하고, 책을 읽는다.

인생은 위험을 한시도 벗어난 적이 없는 싸움의 터다. 환경과 질병과 사람과의 관계와 늘 대립하고 판단하고 경계해야 한다. 우리의 탄생은 피투성이로부터 시작되었다. 누군가가 내 몸을 씻어주기 전까지, 온몸에 피를 바른 피비린내 나는 몸으로 인생을 시작하게 되는 것이다. 그러나 이것이 전부는 아니다. 창조는 '보시기에 좋은' 결과다. 탄생은 가장 아름다운 즐거움이다. 배 속에서 노래를 하고, 아름다운 꿈을 꾸고, 감사와 기쁨을 나눴다. 하나님이 우리에게 주신 권리였다.

내가 자아를 가지고 다시 새롭게 태어나는 것을, 우리는 첫사랑이라고 한다. 그러나 그것은 아름답고 고상한 것만은 아니다. 슬프기도 하고 외롭기도 하고 아프기도 하다. 로마의 시인이었던 호라티우스는 "화살이 언제나 겨냥한 곳만 맞힐 수는 없다"라고 말한다. 영국 작가 조지 엘리엇은 "인생을 황량하게 만드는 것은 동기의 결핍에 있다"라고 한다. 어떤 삶이든지 성공으로 모두 채워질 수는 없다.

죽음은 삶의 일부분이다. 끝없는 삶이 이어지는 것이다. 비극이든 희극이든 삶은 존재하는 것이다. 창조는 선택이 아닌 필연이며, 영원한 존재로 사람을 탄생시켰다. 그러나 죄를 선택함으로 죄의 삯인 죽음을 받았고, 또 다른 선택으로 죽음과 영원한 삶을 가를 수 있게 되었다. 불행은 자신을 알지 못하는 것으로부터 출발한다. 내가 얼마나 고귀한 존재인지, 축복받은 존재인지, 사랑을 받고 있는 존재인지, 이 모든 사실을 잃어버릴 때 우리는 결코 행복을 가질 수 없는 것이다.

나를 찾지 못한다는 것은, 땅속에 묻혀 있는 어떤 보석을 발견하지 못한 것이다. 내 모습을 제대로 보기 위해서는 거울을 보아야 한다. 그러나 깨진 거울에 내 모습을 비춰 보아서는 안 된다. 그곳에 비친 내 모습은 삐뚤어지고 깨어지고 찌그러져 있다. 그것은 진정한 내 모습이 아니다. 나를 바르게 파악하고 용기를 가지고 내 삶의 목적을 향해 기도한다면, 삶은 행복해질 수 있음을 깨닫게 될 때, 행동이 변화되고 평안이 오는 것이다.

세상은 세상적 즐거움으로 가득하다. 그런 것들은 내 진정한 모습을 비춰주기에 부족함이 많다. 윌리엄 셰익스피어는 《오델로》에서 이렇게 말한다. "쾌락은 시간을 짧게 만든다." 그렇다. 육신의 삶은 유한하며 시간의 지배를 받는다. 한정된 시간 안에서 살아야 하고, 그동안 모든 문제를 해결해야만 한다. 사랑하고 착하고 선한 시간을 가지는 것이 삶의 목적이라면, 후회 없이 행동하고 남겨야 한다. 진정 시간이 없는 곳으로 가기를 원한다면 시간을 좋은 도구로 삼아야 한다는 것이다. "인간은 자기 일에 몰두할 때 행복할 수 있는 것이다." 레오 톨스토이는 말한다.

　나는 다른 사람들에 비해 집중력이 떨어진다. 많이 모자란다. 그래서 좋은 학력도, 유창한 외국어도, 존경받는 지식도 가질 수 없었다. 늘 무엇인가를 하는 동안 다른 생각들이 들어오고, 심지어 시험을 보는 순간에도 다른 과목의 문제들이 겹칠 때도 있었다. 그렇게 재미있는 오락과 운동을 하면서도 제대로 된 집중력을 발휘하지 못했다. 그러나 유일하게 집중할 때가 있다. 바로 글을 쓸 때다. 기도조차도 집중해서 오래 하지 못했던 것이 글 속에서는 집중할 수 있었다. 그때부터 기도를 종이 위에 하기 시작했다. 자연스럽게 종이 위에 성전을 짓고, 기도굴을 만들고, 설교를 하게 된 것이다. 이런 것을 깨달은 것은 많은 것들이 내 곁을 떠나버렸을 때였다. 그러나 지금부터라도 행복해야 한다. 감사해야 한다.

　내가 이런 것들을 발견한 것은 환경 때문이었다. 모든 것을 잃어버리고 내 곁에 아무도 없는 황량한 곳에서, 건강까지 나빠졌다. 관절을 구부릴 수 없는 아픔이 나에게 왔을 때 내가 유일하게 할 수 있는 것은, 컴퓨터의 자판을 손가락으로 누르는 것이었다. 정신까지 혼미하여 생각난 것을 금세 잊어버리고 평범한 단어조차 생각나지 않는 상황에서도, 집중하면서 글을 썼다.

나중에 생각한 것은, 이것은 내가 쓴 것이 아니라는 사실이었다. 성령의 은혜였고 힘이었다. 그래서 제목을 《신의 숨소리》라고 정했다. 미국의 시인인 헬렌 헌트 잭슨은 "신이 사랑하는 자는 영원히 젊음에 가득 차 있다"라고 적고 있다. 그렇게 아픈 내 육체에서 새로운 젊음을 하나님께서 주신 것이다. 그 청춘은 글이었다. 이제 내 인생의 질서를 세워보려고 한다.

워싱턴 국회도서관의 천정에는 포프의 시 한 구절이 새겨져 있다고 한다. "질서는 하늘의 제1법칙이다." 인생은 결코 짧은 시간이 아니다. 앞으로의 내가 살아갈 시간을 허비한다면 짧은 시간이 되겠지만, 질서 있게 살 수 있다면 가치 있는 삶이 될 것이라고 믿는다. 이제까지 많은 편견과 오해를 가지고 살았다. 어쩌면 이것은 서로를 용서하는 비겁한 변명인지도 모른다. 아내보다 아내의 친구가 더 좋고, 내가 가진 떡보다 남의 떡이 더 크게 느껴지는 것, 모두가 지쳐서 삐뚤어짐이 용납된 너그러움이다. 달려라. 끝이 없는 노래는 살아야 할 이유다.

나이 듦! 앞을 향해 달리는 바퀴처럼 침묵하자

바람 속의 연기처럼 눈을 감고 있었다. 주저앉은 흙먼지 속에 나무는 긴 잠이 들었다. 그리고 영원이 된다. 가면을 두른 영혼이 무엇인가를 기다리는 곳, 기도의 울음은 날카로운 펜이 되어 종이를 조각하고 있다. 그곳에 새겨진 영혼의 말들은 살아 누군가의 노래를 듣는다. 그리운 이를 위한 노래를 부른다. 세상 어디에도 없는 지도는 그렇게 만들어진다.

　시간이 간다는 것을 느끼는 나이가 되어버렸다. 그래서 자꾸 우리 이야기를 하고 싶고 듣고 싶다. 지나온 것들에 대한 푸념은 잠시 뒤로하고, 이제 무엇을 남겨야 하는가를 자꾸 생각하게 된다. 자연재해에 대한 많은 두려움도, 혹시 나 혼자의 죽음이 아니라 모두 함께 그 시간에 죽을 수도 있다는 괜한 상상 때문이다. 이런 것들이 알지 못하는 사람들의 위험한 불장난이 되어 글을 태웠다.

● 삶은 내가 만든 결과를 남기고 떠나간다. 흔적은 음모가 되어 그렇게 많은 사람들이 남겨놓은 동굴에 쌓인다. 퇴행과 역류의 짙은 그림자가 인생의 바닥을 치고 길게 늘어져 있다.

　절박한 삶의 문제들과 유리된 채 세상에 몰두하여, 점점 하늘의 섬에 고립된 퇴화만을 머리에 둔다. 산다는 것은 폭포수의 물이 오르지 못하는 것처럼 허망하다. 종이는 하늘과 땅을 잇는 꿈의 길이다. 남겨보고 싶은 처절한 본능이며, 영원하지 못한 육신의 몸부림이다. 책은 나무의 숲이다. 길게 늘어선 핏줄과 아담하게 정리된 창자가 그리움을 더한다.

　하루를 보내면서 하늘을 본다. 해가 솟아나는 바다를 보기도 하고, 높은 산에서 나를 향해 달려오는 붉은 불덩이를 향해 소리를 치기도 한다. 죽음은 삶을 모두 채운 완성이다. 꼬리를 감춘 믿음의 잔해는 노년이 되어버렸다. 어떤 반전의 예언이 눈을 감은 현실을 위로한다.

　종이 첫 줄의 시작은 기도다. 겨울처럼 흑과 백이 공간을 채운 영혼의 민낯이다. 우리는 이 땅의 모든 것을 다스리라는 명령을 받았다. 이웃에 대한 책임도 우리의 몫이다. "내가 아우를 지키는 자니이까?" 그렇다. 우리는 모든 타자에 대해 책임을 가져야 하는 존재다. 우리가 외면하고 감추고 하늘에 실종 신고를 해서는 안 된다. 자막 없는 외국 영화를 보는 것처럼 이해할 수 없는 믿음의 신앙은 너무 가볍다. 방향을 모르는 달리기는 무섭다. 그리고 너무 위험하다. 살아온 인생, 그리고 살아갈 인생, 그 모든 것은 지금을 위해 존재하는 것이라는 위안을 만들어본다. 그렇게 끝을 향해 달려가는 바퀴의 모습을 바라보며 오늘 침묵한다.

인생 후반기는 죽음의 가치다. 인생 후반기, 아직 살아보지 않은 삶이라고 말하기에는 그들에게 많은 경험과 경륜이 있다. 인생 후반기에는 욕심을 내볼 만한 의욕이 생긴다. 용기를 내어볼 만도 하다. 사랑 앞에서 내보지 못했던 용기, 배움의 길에서 주저앉았던 좌절, 이제 과거와 화해하고 살아갈 날에 손을 내밀어보자. 우리가 그렇게 흥분했던 청춘의 혈기는 성공과 교만이었다.

나이를 먹는다는 것! 이제는 우리가 걸어보지 않은 제2의 인생을 걷기 시작한 것이다. 태어나 걸음마부터 시작해 학교를 졸업할 때까지 인간 수업을 하고, 그동안 사회생활을 했다. 이제 다가오는 인생, 당혹스럽기도 하고 다른 한편으로는 너무 시간을 낭비하는 것 같다는 초조감도 든다. 친구들도 아직 살아보지 않은 인생이라 훈수가 시원치는 않다. 나이가 든다는 것은 무엇인가 사라지는 것이고 잃어버리는 것 같아서 슬펐다. 여행을 떠난 아내의 빈자리를 느끼면서, 혹시나 아내가 이대로 떠나면 빈자리의 공허함은 어떨까 생각했다. 늙어가는 시대, 그 중심의 자락에 내가 서 있다. 나이가 들어 겸손해진 것은 힘이 없어서일까? 나약하고 쓸모없는 나를 지키고 보살펴야 할 사람은 오직 자신밖에 없다는 허무감 때문일까?

늙음은 절대 낡음이 아니다. 날마다 새로운 것을 찾아야 하고 배워야 한다. 새로운 눈을 뜨고 감정을 갖고 지식을 더해야 한다. 그것은 성숙이다. 이제 제법 먼 곳이 보이고, 지난날의 잘못에 대한 반성과 깨달음을 느낄 수 있다. 젊었을 때의 어리석음과 교만도 생각이 난다. 죽음을 의식하면서 하루하루를 산다는 것이 얼마나 삶의 가치와 의미를 깨닫는 일인가를 느낀다. 세상의 모든 약속 중에 가장 확실하고 정확한 것이 죽음이다. 의연하게 죽음을 맞이하는 것은 삶을 그만큼 가치 있게 하는 것이다.

말과 행동은 품위를 유지해야 하고, 사람들을 이해하고 양보하고 배려해야 한다. 늙어간다는 사실을 인정하고 사랑하자. 기억력이 감퇴하고 피곤하고 회복도 느리다. 젊은 노인이 되어 다시 인생 후반기를 설계하는 것은 가슴 벅차다. 청춘의 시작처럼 용기가 난다.

삶의 방식에 정답이 없고, 불행이나 만족도 기준이 없다. 60대 중반에 지하철 무임승차를 하게 되니 국가가 공인한 노인이 되었다는 생각에 꽤 나이가 들었다고 생각했는데, 원로목사님들과 이야기를 나누다 보면, 지금 그 나이의 사람들을 보면 새파랗게 젊은 사람으로 보인다고 하신다. 지금 시작하면, 내가 그분들의 나이가 되었을 때 나도 같은 생각을 할지 모른다는 생각이 든다. 시작하기에 늦은 나이가 어디 있겠는가. 무엇을 해도 10년은 열심히 할 수 있는 나이다.

이제 낙엽이 지고 혹독한 추위가 찾아올 것이다. 어쩌면 나에게도 치매가 올지도 모른다. 우울증이 와서 안으로 자신을 감추고 꽁꽁 숨어버릴지도 모른다. 스펀지에 숨어버리는 물처럼 존재가 드러나지 않을지도 모른다. 그러나 어느 순간에도 봄을 기다릴 줄 아는 성숙한 나이 듦이 되어야 한다. 그것이 지금까지 버티고 살아온 생에 대한 예의며 보람이다. 삶의 절벽을 바라보면, 놀라움이 아니라 감사다. 놀랍도록 매력적이다. 삶의 가장자리에서, 그동안의 경험이 폭넓고도 깊은 감정을 느끼며 바닥을 차고 뛰어오른다.

세상은 다시 열리고, 마음은 젊어진다. 타자의 마음에 자유자재로 침투하면서 몸은 강물처럼 유연해진다. 이것이 노년이고 노년의 열정이다. 이제는 노화라는 중력에 맞서 싸우기보다는 '나이 듦에 협력'할 때 얻게 되는 것들에 대한 경험이, 남은 날들에 대한 기쁨이 될 것이다.

우리 몸속에 콩팥이라고 불리는, 아기 주먹 크기의 장기가 복부의 뒤쪽에 자리 잡고 있다. 이 콩팥의 기능은 노폐물을 내보내며 체액의 전해질 조절, 적혈구 생성, 호르몬 분비와 비타민D 활성화로 칼슘 대사를 조절하는 일 등을 한다. 무엇을 할 것인가보다 무엇을 하지 않을 것인가를 결정하는 일이 더 중요한 일인지도 모른다.

새로운 혁신을 위해서는, 무엇인가를 버리는 것이 매우 중요하다. 콩팥은 노폐물을 제거하면서 우리 몸의 균형을 이루게 한다. 물도 고이면 썩게 되어 있고, 제도도 오래되면 부패하게 된다. 그래서 우리의 삶은 '체계적인 폐기'를 통해서 무엇을 폐기해야 하는가를 결정하고 있다. 쓸모없는 것들을 내려놓는 것이 균형 있는 삶을 살아가는 현명한 방법인 것 같다.

'혁신'은 동물의 가죽을 벗겨서 새롭게 만들어낸다는 뜻도 가지고 있다. 은퇴를 하면 그동안 가지고 있었던 것들을 버리고 새로운 혁신을 해야 한다. 그동안 가지고 있던 사고방식도 바꿔야 하고, 세속적인 문제도 버려야 한다. 이런 혼란의 영역에 충돌하는 도전이 무엇인가를 분석하고 깨달아야 한다.

존재하는 것은 사라진다. 우리가 존재한다면 우리도 사라진다.

사라져가는 시간을 위한 존재의 남겨짐, 그것이 바로 기록이다. 종족 번식을 위한 본능의 몸부림이 당연한 것이라면, 우리의 존재를 위한 기록의 본능도 여전하다. 동굴에 벽화를 그리고, 나무에 새기고, 돌을 다듬고 말을 남기기 위해 글을 쓰고, 이제는 시간을 남기기 위해, 기억하기 위해 사진을 찍고 일기를 쓰고, 소통을 위해 SNS를 한다. 그러나 그런 것들이 다 진실은 아니다. 타인의 기억까지 상상하고 그들의 움직임을 따라다니며, 무엇인가를 남기기 위해 힘을 쏟는다. 어쩌면 지나간 모든 것들이 존재를 만들고, 그 존재는 지금의 현실이 되어 있는 것은 아닐까. 그렇게 모든 것들을 지금의 우리에게 현실로 불러오는 것이다.

존재는 그대로 버려진 것이 없다. 나는 사람들을 만나 그들의 이야기를 듣는 것을 좋아한다. 그들의 기억을 더듬으면서, 그들의 존재를 글로 담는다. 사람은 사람끼리 많은 공통점을 가진다. 자기만의 세계는 예술이라는 이름으로 또 하나의 다른 공통점을 만든다. 흥미롭다. 나는 산을 오르지 않고 산을 보고 있다. 그들의 삶에서 한 번도 나와 함께 간 적이 없는 길을 내가 보고 있는 것이다.

사는 날까지 무엇을 생각해야 하는가는 숙제다. 분명한 것은, 노년에도 생산적이고 창조적인 삶을 살아야 한다는 것이다. 환경과 사회의 수준은 나의 수준에 비해 훨씬 높아진다. 노년이 되면 자녀에 대한 의존도가 높아지지만, 정신력과 자존심이 강한 사람일수록 자녀와 함께 살지 않는다. 이별은 가장 거룩한 죽음이다. 내 인생을 내가 설계한 사람은 없다. 나는 사랑이라는 설계도를 따라 만들어지고 자라고 죽는, 사랑의 존재일 뿐이다. 그래서 오늘도 침묵을 강요당한다. 우아한 나이 듦을 위하여!

죽음의 신화와 동화, 그 현실

나의 죽음에 나를 위한 눈물은 없다. 흙으로 가기 위한 지독한 악취로 내 죽음이 기억될 뿐이다. 지금 우리 곁에 고독한 죽음이 사람을 찾아 헤맨다. 숨을 거두는 순간까지 홀로였던 그들은, 죽음에서도 혼자였다.

서재의 숲에는 길이 없다. 가는 곳이 길이 되고, 눕는 곳이 잠자리가 된다. 연인의 숨소리가 있고, 아이의 반가운 웃음이 있다. 어느 곳에는 물음표가 고개를 갸우뚱거리며, 곁에 놓인 묘비의 글자는 끊임없는 이야기를 주절거린다. 진지함도 가벼운 질문에 묻어버리고, 나체가 되어버린 몸뚱이 속에 비치는 실루엣은 고상하다. 글을 채집하다가 버려둔 바닥에는 녹이 슬어버린 마침표가 가득하다.

죽어가는 사람의 소원은 무엇일까? 사는 것이라는 대답은 답이 아니다. 어쩌면 더 빨리 죽었으면 하고 바라는 것일지도 모른다. 어떤 사람은 내가 죽은 후에 이런저런 일을 해주었으면 좋겠다고 말할 수도 있을 것이다. 죽음에 앞선 삶에 대한 의미는 기다림이다.

우리는 왜 죽음 앞에서 죽음을 보아야 하는가. 삶을 살면서 죽음을 앞에 놓고 산다면 참 편할 것이라는 생각을 해본다. 목표를 정하고 그것에 맞춰서 천천히 살아가는 것도 삶을 즐기는 한 방법일지도 모른다. 죽어가는 사람들의 소원은, 죽음을 모르는 사람의 생각과는 다르다. 높은 지위를 원하는 것도 아니고 많은 물질을 바라는 것도 아니다. 살면서 아주 하찮은 것들이 될 수도 있었던 작은 희망이나 꿈 같은 것이 될 수도 있다.

죽음은 이별하는 것이 맞다. 그 이별은 품위를 가져야 한다. 평소 존경받던 훌륭한 업적을 남긴 분이, 임종을 맞이하면서 동물로 변하는 모습을 보였다. 그는 살기 위해 어떤 것이든지 해야 한다고 몸부림쳤고, 그가 원하는 것이 이루어지지 않으면 주변에 있는 모든 사람을 원망하고 상처를 주었다. 그렇게 발버둥 치다가 죽음을 맞이했다. 가족과 주변의 사람들은 그의 임종 과정을 끔찍하게 여겼다. 그는 삶의 마지막에 자기 생애의 모든 것을 부숴버리고 떠난 것이다.

    반대의 경우도 있다. 평생을 의료인으로 살았던 고 노경병 박사의 이야기는 많은 감동을 준다. 환자 수술을 하다가 C형 감염에 걸렸는데, 의사인 아들이 권하는 간 이식을 하지 않고 죽음을 준비했다. 죽음에 대한 신념이 확고했던 그는 지인들에게 그동안 고마웠다는 말을 하고, 아끼던 물건이나 재산을 교회와 학교에 기부했다. 아들의 손에 자신의 손을 포갠 상태로 79세의 세월을 이 세상에 남겼다. "나는 행복하다. 감사하게 살다 간다"라는 말을 남겼다고 한다. 아인슈타인도 수술을 거부하고 이런 말을 남겼다. "내가 원하는 때 가고 싶다. 인공적으로 생명을 연장하는 것은 부질없는 짓이다. 할 만큼 했으니, 이제 가야 할 시간이다. 품위 있게 죽고 싶다." 그는 이 세상에서 76년을 살았다.

    죽음은 삶에 있어 가장 중요하고 거룩한 시간이다. 살면서 살기 위해 저질렀던 모든 몸부림이 정리되는 순간이기 때문이다. 남은 자들을 위한 좋은 추억이 될 수 있도록 선택해야 한다. 삶을 잘 살아온 사람과 잘못 살아온 사람 모두가 죽음 앞에서는 의미를 가져야 한다. 또 다른 삶을 위해서도 그것은 필요한 일이다.

    죽음은 또 다른 의미의 기다림이다. 어떤 것들에 대한 간절한 그리움인지도 모른다. 나이가 들면 매일 아무 생각 없이 살면서 먹고 자고 하는 것이 전부인 것처럼 보인다. 하고 싶은 것이 없어서가 아니라, 그 일을 하기 위해 힘이 들기 때문이다. 그런 것들이 뜻대로 되지 않기 때문에 늙었다고 하는 것이다. 살면서 나이를 잊어버린다는 것은 참 어렵다. 늙음을 모르고 사는 사람이 되고 싶은 것은, 모두의 바람이다.

늙으면 욕망이 사라지고 참을 수 있고 용서할 수 있다고 믿는다. 그러나 변한 것은 육체뿐이다. 마음은 변함이 없고, 사랑도 그대로 남아 있고, 여전히 희망도 있다. 사람은 늙을 때까지 살아봐야 인생의 깊이를 알고 삶에 대한 후회와 깨달음이 쌓인다고 한다. 먼저 세상을 떠난 사람들이 느끼지 못하는 인간적 감정을 여전히 갖고 있는 것이다. 삶의 어떤 모습도 의미 없는 것이 없다.

죽음과 삶과의 거리는 없다. 삶은 죽음의 추억을 만들지 못한다. 그래도 삶의 어느 곳에서도 죽음을 감출 수는 없다. 아르헨티나 작가 호르헤 루이스 보르헤스는 《시간에 대한 새로운 반박》에서 "시간은 나를 이루고 있는 본질이다. 시간은 강물이어서 나를 휩쓸어 가지만, 내가 곧 강이다"라고 썼다. 탄생으로부터 강은 흐르고, 그 시간이 바로 자신이라고 자신에게 말한다. 우리는 좋은 강이 되어야 한다. 그것을 공부하는 것이 인생이다. 우리는 우리가 생각하는 것보다 보잘것없는 존재며 무지하다. 이 엄청난 고백을 하고 나면 위대한 신을 만난다. 그런 사람들이 모여 지식 공동체를 만들고 도덕주의를 논한다. 그리고 기도를 한다. 겸손한 반성문이다.

믿음의 용기가 들춰낸 추악한 욕망의 민낯은 부끄러움이 아니다. 묵은 구린내에 토악질이 날 지경이라도, 사람은 스스로 십자가에 나를 걸어야 한다. 그 간절한 열정을, 한순간의 기행이라고 매도하지 말아야 한다. 기도는 그렇게 벌거벗는 것이다.

사람의 수치는 선악과를 먹는 그 순간부터 예언되었다. 벗어 부끄러움을 아는 것은 역설이다. 이제 흔적만 남은 변명조차도 우리는 지우려 한다. 우리에게 가장 위험한 것은 포장된 진실이다. 18세기 물리학자며 풍자 작가인 게오르크 리히텐베르크의 말처럼 "거세게 내리는 비에 돼지는 깨끗해지지만, 사람은 진흙투성이가 될 수 있는 것"이다. 믿음의 본질은 순종과 복종이다.

"세상이 비틀거리는 건, 어리석은 자들은 자신만만한데 명석한 이들은 의문에 차 있기 때문이다." 버트런드 러셀의 말이다. 죽음은 어느 사람들이 말하는 동화다. 요한의 글에서 죽음의 그림자를 뛰어넘는 천국으로의 현실을 찾아보자.

나의 연대기, 인생 2막을 쓴다

삶은 죽음 앞에서 침묵한다. 두려워 떠는 공포가 아니라, 알지 못하는 것에 대한 경건한 예의다. 삶의 예언이며, 가장 안전한 평안이다. 이제 삶이 길어졌다. 친구들은 공직을 마치기 시작했고, 백세 시대의 도래를 바라보는 삶의 여정은 무엇인가를 생각하게 한다.

인생 2막은 또 다른 시작이다. 더 뒤로 갈 수 없는 출발선이다. 생각해 보면, 어른이 되면 어떻게 될 것인가를 걱정과 호기심으로 보았던 청춘보다 더 나쁠 것도 없다. 한 가지 부족한 것이 있다면, 육체가 조금 불편하다는 점이다. 그러나 그 아쉬움보다 더 많은 장점을 가지고 시작한다. '이렇게 하면 안 되더라', '그렇게 하는 것을 보니 괜찮더라' 판단도 되고 지혜도 생겼다. 요령이라면 요령도 가지고 있고, 사람들과 관계를 좋은 방향으로 이끌어갈 수도 있다. 그때보다는 약간의 여유도 있고 대담해졌다. 이제 인생 2막이 시작되었고, 나는 출발선에서 약간의 고민을 하며 시작을 기다리고 있다.

청춘의 한 시절에 청년문화라는 세류의 낭만이 있었다. 청바지와 기타와 긴 머리로 기억되는 시대에, 나는 종로 2가의 쏟아지는 빗줄기에 더운 피를 식혔다. 그 아이들을 지금은 '7080세대'라고 말한다. 광화문 아이에서 종로의 노인으로 변화된 세대, 그 거리를 걸어보았다. 참 세상은 많이 변했다. 늙어도 죽지 않는 모습을 보고 있다.

나는 목사다. 늦게 주님을 만나 부름을 받았고, 27년을 허둥거리며 복음을 들고 다녔다. 복음을 들고 넘어지고, 깨지고, 비웃음을 들으며, 하늘을 보고 원망도 하고 울기도 하고, 선악의 경계에서 숨기도 했다. 육체는 세월을 따라 기운이 빠지고, 뼈에는 구멍이 생기고 소리가 났다. 병실에 누워 뒹굴던 몸은 너무 아팠다. 움직이면 살과 뼈가 덜렁거리며 호흡을 막았다. 숨을 쉴 적마다 갈비뼈의 한 조각에 가시가 일어나는 고통은 슬펐고, 내일의 사라짐도 허무했다.

사실 아픔보다 더 고통스러운 것은 이렇게 인생이 끝나는가 하는 절망감이었다. 감히 미래를 상상할 수 없었다. 원인조차 모르는 이 상황에서 나만이 혼돈에 빠졌다. 그런 나에게 나만의 존재를 증명하고 마지막 확인하고 싶은 욕망이 펜을 잡게 했다. 컴퓨터 자판을 두드리며 모든 것을 쏟았다.

창세기로 들어가 시작한 성시의 노래는 간절한 기도였고 종이는 나에게 성전이 되었다. 태초의 탄생과 죽음이 어우러지는 선으로 그려진 기도는 풍경이고 창조고 영혼의 흐느낌이었다. 어두운 시간의 기록이 아니라 생과 사를 넘어서는 에덴의 회복이었다. 다채로운 색감으로 칠해진 오히려 평안의 길이었다.

사라져버린 물욕과 세속적인 일들에 대한 무관심, 동시에 에덴에 대한 동경은 온통 신의 숨소리에 채워져 있었다. 기댈 곳도 없는 바닥에서 주워 든 종이와 연필로 신의 숨소리를 베꼈다. 이제는 이것밖에 남지 않았고, 할 일도 없었다. 나이 60이 넘어 비로소 나는 내가 출발선에 있음을 깨달았다. 훌쩍 어디서 자라온 아들의 모습은 미안하고 부끄러웠다.

좋다. 이제 종이 위에 복음을 심자. 사도의 행전을 따라 사진을 찍고, 그의 발자취를 그리자. 그들의 이야기를 담아 사람들에게 전하자. 인생 2모작은 그렇게 모판에서 다시 심길 논바닥의 흙을 기다리고 있다.

세월이 가고 난 후에 생각나는 얼굴, 그리고 이름, 그것은 나 자신의 모습이었다. 흘러간 팝송으로 여유를 찾고 긴 호흡을 내쉬어보지만, 역시 지나온 날은 후회뿐이다. 그러나 젊음으로 돌아가려고 하지 않는다. 그것은 어리석은 일이기 때문이다. 아무리 노력해도 그것은 이루어질 수도 없다.

나는 30대 초반에 막장을 경험했다. 운영하던 작은 공장이 부도가 나면서 한 번도 가보지 못했던 하늘을 가린 나무 밑으로 숨었다. 깊은 굴속에 들어가 세상을 잊어버리고 갑자기 죽음을 맞이하고 싶은, 목숨을 건 도박이었다. 그곳은 갱도의 가장 안쪽에 있어 매우 위험하다. 그곳에서 일하는 사람들을 '막장 인생'이라고 한다. 그곳에서 일하는 사람들의 가슴에는 희망이 가득하다. 더 이상 갈 곳이 없는 벽을 보면서, 더 살고자 하는 의지가 철없다.

그곳이 어떤 곳인지를 알지 못하는 사람들은, 인생의 가장 밑바닥을 '막장'이라는 말로 표현한다. 더 이상의 불륜도 없고 더 이상의 패륜도 없고 더 이상의 희망도 없는 이야기를 막장이라고 한다. 그러나 지금은 욕하면서 묘하게 중독되어 버리는 안방극장의 드라마에 그 이름을 붙인다. 묘하다. 막장 코드가 개연성 없는 파격적 경계가 되어 사람의 마음을 시원하게 해주는 것이다.

　사실 막장은 폭력과 질투와 미움이 가득 차 있는 곳이 아니라, 삶의 가장 진지한 터전이다. 막장은 새로운 시작이 있는 곳이다. 죽음 앞에 선 사람들이 이런 기분일 것이다. 막장을 기점으로 삶은 운명적 진화를 꿈꾼다. 개개인에게 막장의 의미는 다르다. 나는 세상보다 그 막장이 오히려 편했다. 그러나 고흐처럼 오래가지는 못했다.

　고흐는 20대 초반 신학을 공부하고, 삶의 현장에서 실천하는 목회자가 되고자 벨기에의 가난한 탄광촌 보리나슈에 갔다. 전기 작가 어빙 스톤이 쓴 고흐의 일대기에서는, 고흐가 들어갔던 막장을 이렇게 표현한다. "통로를 따라 점점 밑으로 내려갈수록 굴들은 작아지고 마침내 광부들은 누워서 팔꿈치로만 곡괭이를 휘둘러야 했다."

　시간이 흐를수록 광부들의 체온이 굴 안의 기온보다 높아지고 석탄 먼지가 허공에 자욱해져서, 그들은 계속 헐떡거리면서 뜨겁고 검은 검댕을 한 입씩 들이키는 수밖에 없었다. 갱도의 끝, 막장에 이르렀을 때 고흐는 결국 도망치듯 그곳을 빠져나온다. 자신의 방은 배 속이 따뜻하고 침대는 넓고 편안했지만, 그는 자신이 거짓말쟁이며 비열한 사람임을 깨달았다. 광부들에게는 가난의 덕을 설명하면서 자신은 할 수 없었던 위선으로, 그는 자학하고 꿈을 버렸다. 빈털터리가 되고 믿음마저 상실한 그를 다시 세상에 던진 것은 그림이었다. 그는 넘치는 상상력으로 역동적 형태와 힘찬 선을 바탕으로 자신의 그림을 남겼다. 평생 동생 테오도루스에게 기대어 생계를 유지하면서 살아야 했던 열등감은 희망을 포기한 고독이었다. 37세의 나이에 권총으로 스스로 생을 마감하면서 "인생의 고통이란 살아 있는 그 자체다"라는 말을 남겼다.

이 긴 이야기가 내 가슴에 들어오는 것은 답답한 연민이다. 나도 한때는 그림을 그리는 화가가 되고 싶었고, 글을 쓰는 작가로 살고 싶었다. 그러나 지금 목회자가 되었고, 복음을 위해 살아가고 있다. 이런 불우한 고흐의 삶에서, 문득 어쩌면 그렇게 살지도 몰랐을 것이라는 생각은 비열한 동정이었을까. 목회자의 장남으로 태어난 그가 정말 원했던 목회자가 되었다면, 그는 어떻게 되었을까.

"나의 형은 위대한 천재이고 언젠가 베토벤 같은 인물과 비교되는 날이 오더라도 나는 놀라지 않을 것이다." 그를 평생 돌보았던 동생 테오도루스 반 고흐의 말이다. 물론 나의 재주는 그의 발바닥에 묻어 있는 작은 티끌에도 비교할 수 없다. 사람의 생에 대한 막연한 추억뿐이다. 그리고 사명을 달리한 양면의 작업이다.

"동물원의 동물은 행복할까?" 로브 레이들로는 질문했다. 그는 전 세계 1,000여 곳 이상을 탐방한 캐나다 동물 보호 활동가다. 그가 내린 결론은, 아무리 좋은 동물원이라고 해도 동물의 생활 방식을 충족하기는 어렵다는 것이다. 우리의 삶도 마찬가지가 아닐까? 나를 가두고 있는 것들 안에서 나는 얼마나 행복할까? 아무리 야생의 삶이 녹록지 않다고 해도, 그곳에서 있을 때 행복한 삶이 있다는 사실을 알아야 한다.

'세속화에 희생당한 목회의 길은 행복한 길이었는가?' 생각해 보아야 한다. 나에게 찾아온 2모작의 시작은, 목회의 정의론을 다시 쓰는 것이다. 어차피 우리에 앞서 많은 사람들이 이 세상에서 살았고 우리가 떠난 자리도 누군가가 앉을 것이다.

먼저 세상을 살아간 사람들의 지식과 지혜가 없으면 배울 것이 없다. 우리는 그의 발자국을 따라간다. 내 말을 하고자 글을 쓰면서도, 먼저 쓰인 글들을 모아야 하는 흉내가 정신을 들게 한다. 사실재간이라는 것도 먼저 누가 한 말과 글을 잘 이용해서 말하고 쓰는 재주인 것 같아 미안하고 씁쓸하다. 제 말을 하기 위해서는 묵은 것을 토해야 한다. 그리고 새로운 것을 찾아 떠나야 한다.

세상은 참 시끄럽다. 많은 사람들의 부딪치는 소리도 요란하고, 사람을 대신하는 기계의 동작도 시끄럽다. 사람이 사는 곳을 떠나면 세상은 참 조용하다. 자연의 경쟁은 늘 조용하고 은밀한 순종이다. 죽어간 것들을 넘어 그 위에 엎드린 경건하고 거룩한 복종이다.

나는 새로운 무대에서 펼쳐질 2막의 대본을 쓰면서 다시 지나온 날들을 추억하고 있다. 또 내일의 글쓰기를 기대하며.

epilogue | 다시 에덴으로

　누구의 삶도 우리의 삶에 대답할 수 없다. 그 질문의 답은 나 자신뿐이다. 내 삶은 모든 사람들의 생애의 한 조각이다. 누군가의 삶에 내 삶은 그런 존재로 남는다. 모세도, 다윗도, 요한도, 바울도, 그들이 조각이 되어 또 다른 모세와 바울을 만들어간다. 살아서는 한 사람의 인생이지만, 죽어 이 땅에 남기는 것은 모든 사람의 길이 된다. 글은 그렇게 시작된다.

　글을 쓰면 많은 것들이 남는다. 그것은 배움이다. 나 자신에 대한 글은 나 자신을 알게 한다. 기억을 불러오고, 참고할 것들을 찾고, 데이터도 보고 검색을 하면서, 내가 어떤 사람이었으며 무엇을 해야 하는가를 알게 되는 것이다. 나에 대한 정보를 안다는 것은, 내가 어떻게 살아야 할 것인가를 아는 것이다. 글은 '앎'에 대한 채움이다.

　은혜에서 고백으로, 고백에서 소명으로, 그리스도인의 부름 받은 삶은 흔적의 여정이어야 한다. 이것은 나의 삶에서 시작된다. 작은 떨림이 흙을 깨우고, 한 점 핏방울이 세상의 이마에 박혔다. 부조리한 세상에서 양심으로 살고 싶었던 안개와 같은 삶을 이야기하고자 하는 것이다. 살고자 먹는 모든 것들은 내 살점이다. 벌레도 자기를 먹고 산다. 사자도, 나무도, 하늘을 날고 있는 독수리도, 그것은 동산을 나온 모두의 운명이었다. 이 모든 현실에서 예수 그리스도를 알게 되었고, 믿게 되었다. 그리고 글이 되고 책으로 포장을 해본다.

책은 그 주인을 스스로 찾는다. 새겨진 글은 누군가의 곁으로 찾아가 나의 이야기를 그에게 말할 것이다. 우리는 복음의 전령자다. 오늘 말씀 그대로 들어온 입김의 모습대로 나는 두 팔을 벌려 십자가 그곳에 몸을 기대고 싶다.

낭송되는 십자가의 기행문으로 고통의 한 줄을 훔쳐보리라. 정말 그곳은 먼 곳일까?

이제 잘못된 만남이 없는 나무에 매달려 사람의 소리를 내며 살리라. 그것이 한 줄 글이다. 사랑을 알고 이미 두 아이의 아비가 되었을 때 정해진 흔적은 자유가 될 수 없었다. 사람은 내 이야기로 채워진 역사 속에서 산다. 어느 누구에게도 에덴의 긴 강물처럼 끝이 없는 이야기가 있다. 그들의 이야기 속에 오늘 우리는 내 이야기를 한다. 죽어야 할 아이 모세가 남긴 이야기와, 죽어야 할 아이 예수 그리스도의 이야기다. 소반에 얹힌 세례 요한의 머리도 침묵하지 않는다.

"여우도 굴이 있는데 나는 누울 곳이 없다." 예수의 누울 곳은 살이 찢기고 피가 튀었던 십자가였던가. 하나님께서는 그리운 이들을 왜 이렇게 우리에게 보여주시는가? 위대한 죽음이 위대한 사람을 만든다는 것을 알게 하기 위함인가? 우리는 오늘 섬뜩한 이별을 보면서 무엇을 생각해야 하는가? 이제 우리의 머리를 어디에 둘 것인가 들어보자.

어떤 문제의 답을 찾기 위해 여러 사람들이 생각나는 대로 아이디어를 마구 쏟아내는 방법을 브레인스토밍이라고 한다. 원래 의미는

'정신병 환자의 두뇌가 미친 상태'라고 한다. 브레인스토밍을 잘하기 위한 규칙은, 비판을 금지하고, 자유분방하며, 질보다 양을 추구하고, 어떤 아이디어든지 자신의 것처럼 편승해도 좋다는 것이다.

  자서전을 쓰는 것은, 지나온 이야기뿐만 아니라, 지금의 나와 미래의 혼합물을 남기는 것이다. 어떤 구속도 없고 나 자신의 순수와 감정을 그대로 나타내는 것이다. 나는 언젠가, 잎처럼 떨어졌고 불씨처럼 튀어올랐다. 그렇게 긴 여정을 지나 한 장의 종이에 내가 남았다. 한 자락 웃음과 한 줄기 울음과 이름 모를 사랑과 깨지지 않는 믿음이 조용히 눌어붙었다.

  종이에 나무의 뼈를 조각한 그날 영원을 향한 시작이 된다. 이 작은 책자는 시작이 될 것이며, 글은 창조주가 허락할 때까지 이어질 것이다. 창세기가 닫히면 출애굽이 시작되고 말라기가 잠들면, 언젠가 누구의 함성으로 마태가 이어지고, 계시록의 예언이 멈출 때까지 글은 종이의 성전을 벗어나지 않을 것이다. 다시 에덴으로 돌아가 울어야 할 순간을 기도하면서, 글은 사명을 대신할 것이다. 나 자신에 대한 짝사랑의 연서는 생각이 지상에 머무는 순간까지 이어질 것이다. 그리고 나의 생애 마지막 단어는 사랑이었으면 좋겠다.

  "우리에게 우리 날 계수함을 가르치사 지혜로운 마음을 얻게 하소서"(시 90:12).

그리스도의 자서전 쓰기
땅에서 쓰는 生命錄

1판 1쇄 인쇄 _ 2025년 10월 25일
1판 1쇄 발행 _ 2025년 10월 30일

지은이 _ 이준영
편집 _ 문형봉
펴낸이 _ 이형규
펴낸곳 _ 쿰란출판사

주소 _ 서울특별시 종로구 이화장길 6
편집부 _ 745-1007, 745-1301~2, 747-1212, 743-1300
영업부 _ 747-1004, FAX 745-8490
본사평생전화번호 _ 0502-756-1004
홈페이지 _ http://www.qumran.co.kr
E-mail _ qrbooks@daum.net / qrbooks@gmail.com
한글인터넷주소 _ 쿰란, 쿰란출판사
페이스북 _ www.facebook.com/qumranpeople
인스타그램 _ www.instagram.com/qrbooks
등록 _ 제1-670호(1988.2.27)
책임교열 _ 최찬미 · 최은샘

ⓒ 이준영 2025 ISBN 979-11-24013-18-2 03230

책값은 뒤표지에 있습니다.
이 출판물은 저작권법에 의해 보호를 받는 저작물이므로 무단 복제할 수 없습니다.
파본(破本)은 구입처에서 교환해 드립니다.